_____ 님의 소중한 미래를 위해
이 책을 드립니다.

주린이도 술술 읽는
친절한 미국주식책

주린이도 술술 읽는

친절한
미국주식책

미국주식 왕초보가 꼭 알아야 할 기본

최정희 · 이슬기 지음

메이트북스

메이트북스 우리는 책이 독자를 위한 것임을 잊지 않는다.
우리는 독자의 꿈을 사랑하고,
그 꿈이 실현될 수 있는 도구를 세상에 내놓는다.

주린이도 술술 읽는 친절한 미국주식책

초판 1쇄 발행 2021년 4월 10일 | **초판 2쇄 발행** 2021년 4월 15일 | **지은이** 최정희 · 이슬기
펴낸곳 (주)원앤원콘텐츠그룹 | **펴낸이** 강현규 · 정영훈
책임편집 안정연 | **편집** 유지윤 · 오희라 | **디자인** 최정아
마케팅 김형진 · 이강희 · 차승환 | **경영지원** 최향숙 · 이혜지 | **홍보** 이선미 · 정채훈
등록번호 제301-2006-001호 | **등록일자** 2013년 5월 24일
주소 04607 서울시 중구 다산로 139 랜더스빌딩 5층 | **전화** (02)2234-7117
팩스 (02)2234-1086 | **홈페이지** blog.naver.com/1n1media | **이메일** khg0109@hanmail.net
값 18,000원 | ISBN 979-11-6002-324-4 03320

뛰어난 기업의 주식을 보유하고 있다면
시간은 당신의 편이다.

• 피터 린치(전설적인 투자자) •

일러두기 ──

1. 이 책에 나오는 주가 등의 숫자는 원칙적으로 2020년 12월을 기준으로 작성됐습니다.
2. 원·달러 환율은 1,100원을 기준으로 했습니다.
3. 소수점 첫째 자리 또는 둘째 자리까지 표기하는 것을 원칙으로 했습니다.

지은이의 말
지금이라도 잘나가는 말에 올라타라

코로나19가 온 세상을 완전히 바꿔놨습니다. 그래서 코로나19가 터졌던 2020년은 너무 특별해서 방 한구석에 달력이라도 박제해버리고 싶은 심정입니다. 정반대로 전 세계 사람들의 모의하에 지난 1년은 없었던 것으로 치고 코로나19가 없는 2020년을 다시 한 번 살고 싶기도 합니다. 왠지 이대로 한 살을 더 먹는다는 게 억울하다는 생각이 들기 때문이죠.

2020년은 경제·사회적으로 가히 변곡점이 될 만한 해였습니다. 누군가는 코로나19라는 새로운 적을 만나 허덕이고 또 허덕였지만 또 다른 누군가는 남몰래 웃었습니다.

기사에서 이런 내용을 본 적이 있습니다. "사업이 어려워 집 팔고 주식 팔아 사업자금에 보탰는데 사업은 더 어려워졌고 집과 주식만 올랐다"는 원통한 사연입니다. 또 이런 내용도 본 적이 있습니다. "지난 주 토요일에는 동태탕 한 그릇 팔았어요. 모아둔 돈도 다 떨어져가고, 그나마 지난주 사놓은 주식이 30%나 올랐어요. 주식이 유일한 희망이에요."

코로나19에 직격탄을 맞은 많은 수의 자영업자들이 문을 닫았고, 일부는 직장을 잃었습니다. 그런데 주가는 사상 최고치를 찍으며 훨훨 날았죠. 코스피지수는 기어코 3000선을 찍었고, 삼성전자 주가는 8만원을 훌쩍 넘어버렸습니다.[*] 일부 대기업에 다니는 직원들은 수출 계약을 따냈다며 특근에 야근에 주말출근까지 한다고 야단이었습니다. 잘나가는 몇 개 기업들은 사상 최대의 이익을 내며 주가까지 쭉쭉 끌어올렸죠.

이런 극과 극의 상황들을 어떻게 이해해야 할까요? 코로나19가 앞으로 우리 삶에 어떤 영향을 미칠지 현재로선 뚜렷하게 알 수 없습니다. 백신이 코로나19가 없었던 세상으로 우리를 데려가줄지도 함부로 예견하기 어렵죠.

다만 우리는 몇 가지 사실들을 알게 됐습니다. "회사에 출근하지 않고도 집에서도 일이란 것을 할 수 있네" "주말마다 마트 가는 것도 일이었는데 클릭 몇 번만 하면 필요한 물건들이 내일 아침 바로 배송이 되는구나"라고 말입니다. 사소하게는 "마스크를 쓰니 환절기마다 달고 살았던 감기가 안 걸리네"라는 것도 알게 됐죠. 일부 기업인들은 "직원들 해외출장 안 보내주면 큰일 날

---

[*] 2021년 2월 말 기준

줄 알았는데… 화상회의로도 일이 되고 매출이 유지되네"라고 생각하게 됐을지 모릅니다. 마이크로소프트 창업자 빌 게이츠는 "코로나19 이후 비즈니스 출장의 50% 이상이 사라질 것"이라고 예견했습니다.

우리의 생각과 행동은 분명히 달라졌습니다. 그게 어떤 방향으로 흘러갈지는 확실하게 알기 어렵지만 지금 나타나는 현상들을 보면 잘나가는 쪽과 못나가는 쪽이 점점 더 분명해지고 있다는 것은 확실해 보입니다. 잘나가는 쪽이 새로운 성장동력이 되고 못나가는 쪽이 사양산업의 길로 접어들지는 알 수 없습니다.

어떻게 결론이 나더라도 누구든 좀 더 잘나가는 쪽에 서 있기를 바랄 것입니다. 그렇다면 어떻게 해야 할까요? 동학개미운동 등 전 세계적으로 일어난 개인투자자들의 주식투자 붐은 금리가 싸고 주식 외에 딱히 투자할 곳이 없어서 나타난 현상이기도 하지만 동시에 잘나가는 쪽의 이익을 나눠 먹을 수 있는 가장 쉬운 방법임을 다수의 투자자가 눈치챘기 때문에 나타난 현상일 수도 있습니다. 돈 잘 벌고 잘나가는 기업의 이익을 나눠 먹기 위해선 그 기업의 오너가 되거나 그 기업에 취업하는 것이 좋은 대안이 될 수 있겠지만 누구나 다 그렇게 할 수는 없습니다. 그런데 주식투자에는 그 어떤 조건도, 그 어떤 장벽도 없습니다.

그렇다면 그 잘나가는 기업들은 어디에 있을까요? 우리나라에도 세계적인 반도체 회사 삼성전자가 있고, 전기차 배터리 1위

업체 LG화학이 있고, 코로나19에도 끄떡없는 온라인 플랫폼 회사 네이버와 카카오가 있습니다. 그런데 국내만 쳐다보기엔 한계가 있죠. 눈을 돌려 바다 건너를 보면 세계적으로 잘나가는 회사들이 넘쳐납니다. 이왕이면 잘나가는 큰 시장에 올라타야 나눠 먹을 수 있는 이익이 커지겠죠. 그 시장은 바로 미국입니다.

2020년은 동학개미운동과 함께 서학개미운동이라는 미국주식 직접투자 붐이 일어난 해이기도 합니다. 한국예탁결제원에 따르면 미국주식투자액(보관 잔액, 주가 상승분 포함)은 2020년 12월 23일 기준 362억 1,300만달러에 달합니다. 우리나라 돈으로 40조원에 육박하죠. 2년 전인 2018년까지만 해도 5조원에 불과했던 금액이 무려 8배가량 증가했습니다. 테슬라, 애플, 아마존, 엔비디아, 마이크로소프트 등 미국 나스닥 시장에 상장된 주식을 사들이기 시작한 것입니다.

그러나 한편에선 "이제 막 국내주식투자를 시작했는데 무슨 미국주식이냐"고 할 정도로 미국주식에 대한 마음의 벽이 여전히 높습니다. 단순히 영어의 문제라고 보긴 어렵습니다. 아직은 잘 모르는 세상에 대한 두려움이라고 생각합니다. 미국주식을 거래할 수 있는 증권사가 수두룩하고 국내주식과 똑같이 쉽게 거래된다는 사실을 알고 있더라도 그 한꺼풀을 쉽게 벗기지 못하는 것입니다. 그 한꺼풀만 벗기면 그동안 알지 못했던 새로운 세상이 열리는데 말이죠.

이 책이 미국주식에 대한 막연한 두려움을 떨치고 그 장막을 여는 데 조금이라도 보탬이 됐으면 좋겠습니다. 미국주식도 마치 우리가 아이폰을 사듯이, 블랙프라이데이 때 아마존에서 싼 물건을 주워 담듯이 그렇게 하면 됩니다.

이 책을 쓰는 동안 처음 가보는 나라의 작은 골목 귀퉁이에 있는 시장에서 혼자만의 잇템을 발견하는 듯한 느낌을 종종 받았습니다. 알기 어려울 것 같았던 정보들이 생각보다 가까운 곳에 숨어 있다는 것을 직접 느끼고 배웠습니다. 전작인 『주린이도 술술 읽는 친절한 주식책』이 한국주식투자를 시작하는 이에게 길라잡이가 될 수 있었듯, 이 책 역시 미국주식투자를 시작하는 이에게 훌륭한 지도가 될 수 있길 바랍니다.

주말이면 골방에 틀어박혀 미국주식이란 커다란 시장 구석구석을 샅샅이 뒤지느라 한동안 소홀했던 가족들에게 고마움과 따듯함을 느낍니다. 시장통을 여러 바퀴 돌고 난 후 지친 몸을 잠시 쉴 수 있었던 것도 가족들이 제 곁에 있었기 때문입니다. 이 책이 누군가에게 위로와 희망이 되길 기원해봅니다.

최정희, 이슬기

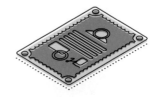

- 압도적인 과거 수익률이 증명한다
- 김씨 부인은 와타나베 부인을 따라갈 수밖에 없다
- 같은 돈 투자해도 돌려받는 게 더 많다
- 달러자산에 투자한다는 든든함
- 잘난 놈들 모두 끌어들이는 미국의 매력
- 보호무역 시대, 미국의 힘은 더 강해진다

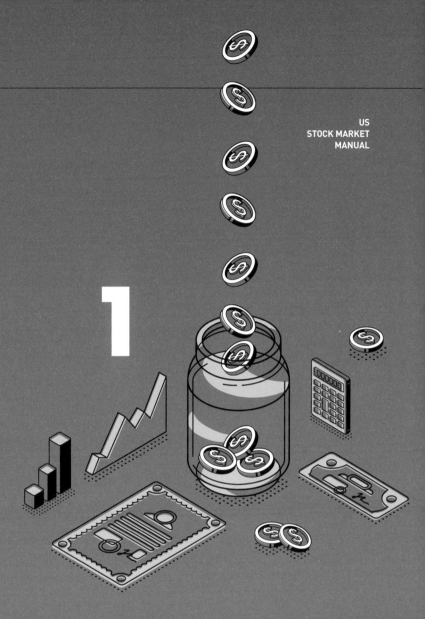

1

왜 미국주식을 사야 할까?

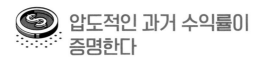

압도적인 과거 수익률이 증명한다

10년 동안 코스피가 64% 오를 때 231%나 오른 S&P500. 미국시장은 글로벌 금융위기나 코로나19 등 위기에도 꾸준히 성장하는 거의 유일한 주식시장이다.

"유서에 내가 죽은 뒤 아내에게 남겨진 돈의 10%는 국채를 매입하고, 나머지 90%는 스탠더드앤드푸어스(S&P)500 인덱스 펀드에 투자하라고 썼습니다."

투자의 대가이자 버크셔 해서웨이(Berkshire Hathaway) 최고경영자(CEO)인 워런 버핏이 2017년 5월 6일 미국 네브래스카 주 오마하에서 열린 버크셔 해서웨이 주주총회에서 한 말이다.

대부분의 자산을 미국 대표 500개 회사의 주식에 쭉 묻어두란 얘기다. 그런데 한번 생각해보자. 워런 버핏이 미국 사람이 아니라 대한민국 사람이었다고 해도 이런 말을 과감히 할 수 있었을까? 아마 모르긴 몰라도 엄청 고민됐을 것이다.

우리나라에 워런 버핏 같은 투자의 대가가 없는 것은 자본시장이 덜 발달해서도, 그만큼 현명하고 똑똑한 사람이 없어서도 아니다. 미국주식은 투자해놓고 가만 놔두면 웬만하면 올랐다. 그러나 국내증시는 어땠는지 보자. 코스피지수는 2007년 2000선을 처음 돌파했는데 10년이 지난 후에도 거의 제자리 수준이었다.*

미국주식, 지난 10년간 2~5배 올랐다

그래프를 보면 답이 나온다. 2000년 닷컴버블 붕괴, 2008년 글로벌 금융위기를 겪으면서 2000년대 S&P500지수 수익률은 마이너스를 기록했다. 그러나 그런 위기를 지나 2010년 이후 10년간 미국주식에 돈을 묻어놨다면 자산이 2~5배 불어났을 것이다. S&P500지수는 2010년 이후 2020년 12월 15일까지 무려 231.3% 급등했다. 나스닥과 다우존스30산업평균지수는 455.1%, 189.6% 올랐다.

같은 기간 코스피지수에 투자했다면 어땠을까? 고작 63.8% 오르는 데 그쳤다. 코스닥은 81.3% 올랐다. 독일 DAX30지수(124.3%), 일본 니케이225지수(153.1%), 인도 센섹스지수(164.9%), 베트남 호치민지수(113.3%)가 100% 넘는 수익률을 보이긴 했으나 미국처럼 안정적이진 못하다.

만약 1999년 말에 투자해 지금까지 미국주식을 보유했으면 어땠을까? 2010년대 수익률을 따라가진 못해도 S&P500지수, 나스

* 2017년 초까지만 해도 코스피지수는 2000선 초반에 불과했다.

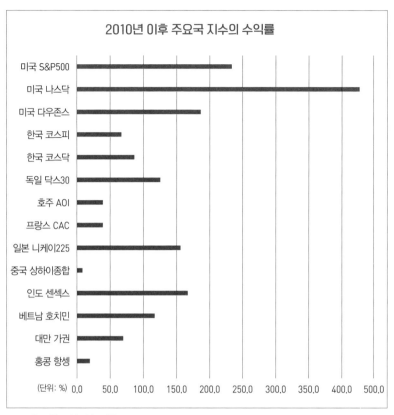

2010년 이후 주요국 지수의 수익률

미국 S&P500	
미국 나스닥	
미국 다우존스	
한국 코스피	
한국 코스닥	
독일 닥스30	
호주 AOI	
프랑스 CAC	
일본 니케이225	
중국 상하이종합	
인도 센섹스	
베트남 호치민	
대만 가권	
홍콩 항셍	

(단위: %) 0.0　50.0　100.0　150.0　200.0　250.0　300.0　350.0　400.0　500.0

2020년 12월 15일 지수 기준

출처: 마켓포인트(marketpoint)

닥지수, 다우존스지수는 각각 151.5%, 209.5%, 162.7% 상승해 다른 나라 지수 상승률보다 월등한 성적을 냈다. 같은 기간 독일, 일본의 지수 수익률은 각각 92.0%, 40.9%로 100%를 넘지 못했다. 인도는 824.2%의 수익률로 경이로운 기록을 냈으나 불안정한 인도 루피화(Rupee)를 고려하면 마음 편한 투자처는 아니었을 것이다. 국내지수는 어땠을까? 코스피지수는 이 기간 168.2% 오

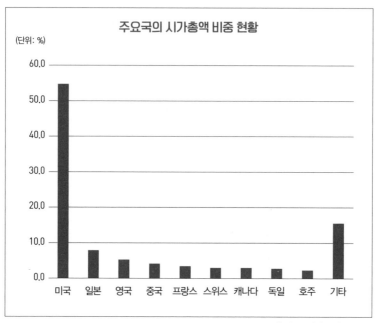

주요국의 시가총액 비중 현황

(단위: %)

출처: 스타티스타(statista)

르긴 했으나 코스닥지수는 외려 63.6% 하락했다.

우리나라 사람들이 2000년대 초중반 가장 많이 투자했던 중국은 어떨까? 중국 상하이종합지수는 1999년 말 이후 계속 투자했다면 146.4%의 비교적 높은 수익률을 얻을 수 있었으나, 2010년 이후 투자했다면 수익률은 고작 2.7%에 불과했다.

미국의 주가 수익률이 좋은 이유는 단순하다. 미국은 세계에서 가장 잘나가는 나라이기 때문이다. 미국은 국내총생산(GDP) 기준 세계 1위 경제대국이고, 전 세계 시가총액의 절반 이상(54.5%, 2020년 1월)을 차지하고 있다. 시가총액 2위, 3위, 4위는 일본, 영국, 중국으로 각각 비중이 7.7%, 5.1%. 4.0%밖에 안 된다. 미국의 시장 영향력이 얼마나 큰지를 엿볼 수 있는 대목이다.

미국은 '달러화'를 찍어내는 곳이다. 기축통화국의 마력은 참으로 무섭고 강하다. "미국에 까불다가 살아남은 사람은 있어도 달러에 까불다가 살아남은 사람은 없다"는 말까지도 나온다. 달러의 역사는 흔들림이 없었다.

제일 잘나가는 기업들이 미국에 있다

누군가는 그럴지 모른다. 그래봤자 과거 아니냐고, 앞으로는 어떻게 될지 모르는 거 아니냐고 말이다. 그렇다. 미래는 어떻게 될지 아무도 알 수가 없다. 그러나 '4차 산업혁명'이 삶 곳곳에 침투하고 있다는 것은 쉽게 부인하기 어려울 것이다. 데이터가 쌀이고 석유인 시대, 4차 산업혁명과 관련돼 가장 많이 진보된 나라가 어디일까? 세계에서 가장 잘나가는, 누구나 이름만 대면 아는 기업들이 어느 나라에 많을까? 바로 미국이다.

글로벌 미디어 그룹 WPP와 시장 조사업체 칸타밀워드 브라운은 2006년부터 매년 5월 글로벌 100대 브랜드를 선정해 발표한다. 2020년 선정된 100대 브랜드 중 52개 브랜드가 미국이다. 10위권 브랜드 중에선 8개가 미국이다. 아마존, 애플, 마이크로소프트, 구글, 비자, 페이스북, 맥도널드, 마스터카드가 여기에 속한다. 이들 8개는 대부분 온라인 쇼핑, 클라우드, 컴퓨터, 데이터센터, 지급결제 등 4차 산업혁명과 떼려야 뗄 수 없는 회사들로 채워져 있다.

나머지 2개는 알리바바, 텐센트로 중국 기업이 차지했다. 우리나라 기업 중에선 삼성전자가 40위로 유일하게 100대 브랜드 중 하나가 됐다.

고령화 사회에선 주가가 오르는 것도 중요하지만 안정적으로 꾸준히 이자와 배당을 받는 자산이 부각될 것이다. 이 역시 주주환원 정책이 발달한 미국이 유리하다. 우리나라는 '짠물 배당'이란 말이 있을 정도로 주주환원 정책에 인색했다. 배당을 하는 기업들이 점점 늘어나고 있지만 분기 배당을 하는 삼성전자 등 일부를 제외하곤 대부분 1년에 한 번 배당을 한다. 배당을 아예 안 하는 기업이 더 많다. 그러나 미국은 매달 배당하는 기업도 있고, 분기별 배당이 주를 이룬다. 50년 이상 배당을 늘려온 기업이 있어 이를 '배당왕(Dividend king)'이라고 부르는 별도의 용어까지 있을 정도다.

지금까지 미국주식은 안정적으로 올랐고, 앞으로도 그럴 가능성이 높다. 국내주식만 투자해서 돈을 굴리기엔 뭔가 아쉬움이 남을 수밖에 없다. 국내증시는 외국인이 언제 주식에 투자할지 눈치를 봐야 하고 그것에 따라 많은 것들이 좌지우지되지만, 미국주식은 기업실적에 예민해 실적이 계속 좋아지는 종목만 잘 선택한다면 꾸준한 주가상승을 기대할 수 있다. 개인투자자에겐 미국주식이 오히려 더 단순하게 접근할 수 있는 시장일 수 있다.

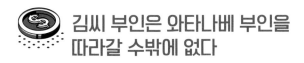

김씨 부인은 와타나베 부인을 따라갈 수밖에 없다

이미 저성장 저금리를 겪었던 일본은 한국보다 더 빨리 해외투자에 눈을 떴다. 김씨 부인도 와타나베 부인을 따라가지 않을까?

2007년 도쿄의 외환딜러들은 원인을 알 수 없는 현상에 당혹감을 감추지 못했다. 점심시간만 되면 별다른 이슈가 없는데도 불구하고 외환시장의 방향성이 갑자기 돌변했기 때문이다. 외환 딜러들은 열심히 원인을 찾았다. 그랬더니 일본의 평범한 주부들과 샐러리맨들의 모습이 드러났다. 그들이 점심시간을 이용해 대량의 주문을, 그것도 시장흐름과 반대방향으로 베팅하는 일이 잦다보니 이런 일이 발생한 것이다. 나중에 글로벌 시장으로부터 '와타나베 부인(Mrs. Watanabe)'이라고 명명되는 일본의 외환투자자에 대한 얘기다.

그렇다면 일본인들은 왜 이렇게 열심히 외환투자에 나설 수밖에 없었던 걸까? 사실 와타나베 부인이 그럴 수밖에 없었던 몇 가지 이유가 있다. 그리고 그들의 과거를 되돌아보면 우리나라의 평범한 김씨 부인들의 미래 역시 보인다.

저성장 저금리가 탄생시킨 와타나베 부인

일본경제가 가장 휘황찬란했던 1980년대. 당시 "도쿄를 팔면 미국을 산다"는 우스갯소리가 있었을 정도로 일본경제는 전 세계 경제를 쥐락펴락했다. 소니, 파나소닉, 도요타 같은 일본 브랜드가 미국 소비시장을 점령했다.

하지만 하늘 아래 2개의 태양은 있을 수 없는 법, 미국이 이런 상황을 가만 지켜볼 리 없었다. 1985년 미국은 다른 강대국들을 압박해 일본에 '플라자 합의'를 맺도록 한다. 엔화의 가치를 인위적으로 끌어올려 일본 수출기업의 경쟁력을 앗아간 것이다. 수출시장을 호령했던 일본제품들의 가격 경쟁력은 추락했고, 일본인들이 보유하고 있던 미국국채의 가치 역시 반토막 났다.

이에 일본정부는 금리인하와 부동산 대출 규제완화를 통해 경기부양에 나선다. 플라자 합의 후 몇 년 동안 일본 자산시장 붐이 일어나며 1987~1988년 전 세계 시가총액 1위를 일본 통신사인 NTT가 차지하기도 했다. 당시 10위권 내에 일본 기업만 총 8곳이었고, 나머지 2곳은 미국 IBM(2위)과 엑슨모빌(4위)이었다. 그러나 실물경제가 뒷받침되지 않는 자산시장 버블은 이내 꺼질 수밖에 없었고, 일본인들은 그 뒤 '잃어버린 30년'이라고 불리는 불황의 터널을 맞게 된다.

그렇게 저성장 저금리에 오랫동안 신음하던 일본인들이 찾은 대안이 바로 외환투자였다. 1990년 이후 몇몇 일본인들이 이자율이 낮은 일본에서 엔화를 빌린 뒤 금리가 높은 국가에 투자함으로써 수익을 내기 시작한 것이다. 일본에서 저금해봤자 이자도 높지 않았고, 성장이 둔화된 일본기업에 투자해봤자 큰 수익을 기대할 수도 없었다. 국민연금에 의존하기엔 저출산 고령화가 심각했다. 일본인들은 노후를 대비하고자 일찌감치 해외투자에 눈을 떴다.

일본가계의 해외투자금액과 외화예금잔고는 여전히 성장세다. 일본은행에 따르면 2018년 말 기준 일본 가계의 외화예금은 7조 엔을 넘기는 등 꾸준히 우상향 중이다. 일본인들의 투자 포트폴리오 중 해외투자가 차지하는 비중도 상당하다. 2020년 3월 말 기준 일본 투자신탁의 금융자산구성을 보면, 전체의 41.8%가량이 해외주식·채권에 투자돼 있다. 일본 국내주식투자 비중은 단 22%에 지나지 않는다.

와타나베 부인을 따라갈 김씨 부인들

우리나라 경제는 일본경제의 구조를 10~20년 뒤늦게, 하지만 보다 과격하게 따라가는 경향이 있다. 저출산 고령화 문제가 대표적이다. 일본의 2019년 합계출산율(여성 한 명이 평생 낳을 것으로 예상되는 자녀의 수)은 1.36명인데, 같은 해 우리나라는 단 0.92명에 불과했다. 우리나라가 일본보다 뒤늦게 늙기 시작했지만 오히려 노화속도는 더 빠르다.

산업전반의 개혁도 더디게 이뤄지고 있다. 전국경제인연합회 산하 한국경제연구원에 따르면 우리나라 잠재성장률 역시 4.7%(2001~2005년)에서 3.0%(2016~2019년)로 1.7%p 하락해, 경제협력개발기구(OECD) 국가 23곳 중 여덟 번째로 하락속도가 빠른 것으로 나타났다.

생산인구는 감소하는데 부양해야 할 노인 인구가 증가하면서 경제성장이 둔화되고 있다. 심지어 신성장 산업이 활발히 등장하지 않으면서 경제가 활력을 잃고 있다. 이렇다 보니 우리나라 역시 국내에 투자해봐야 큰 수익을 내기 어려워졌다.

급기야 2020년 3월 코로나19로 제로금리 시대를 맞이하게 된다. 이제 은행에 1년 동안 돈을 맡겨도 1% 남짓의 이자밖에 기대할 수 없다. <u>우리나라와 일본의 상황이 빼닮았다 보니 "김씨 부인들이 일본의 와타나베 부인의 행보를 따라갈 수밖에 없다"고 말하는 것이다.</u>

우리나라 역시 최근 해외투자가 급격히 늘어나고는 있다. 한국은행이 2020년 9월 말 기준으로 집계한 바에 따르면 대외금융자산은 1조 8,062달러로 사상 최대치를 기록했다. 해외주식 직구족이 늘어난 데다 그들이 매수한 미국주식의 가치가 급등한 탓이다.

그러나 여전히 시선이 국내에 머무르고 있는 투자자가 적지 않다. 자본시장연구원이 조사한 결과에 따르면, 지난 2018년 말 기준 모국투자편향 정도를 나타내는 HB(Home Bias Index) 지수는 우리나라가 0.79로, 일본(0.67), 호주(0.63), 미국(0.56), 독일(0.38),

영국(0.33) 등 주요국보다 높게 나타났다. 수치가 1에 가까울수록 모국투자편향 정도가 높다. 국내 투자자의 주식투자 총액(국내 및 해외주식) 대비 해외주식투자 잔액 비중은 21% 수준으로, 영국(64%), 독일(60%), 호주(36%), 일본(30%), 미국(24%) 등 주요국 대비 낮았다.

내 노후는 내가 챙겨야 하는 시대가 도래했다. 이젠 해외투자, 특히 그중에서도 성장기업이 몰린 미국으로의 투자는 필수적이다.

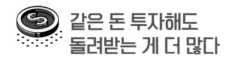

같은 돈 투자해도
돌려받는 게 더 많다

'주주지상주의'라는 말이 통하는 미국은 자사주 매입과 꾸준한 배당으로
주주환원이 활발한 시장이다.

미국에는 '주주지상주의(Shareholder Primacy)'라는 말이 있다. 회사는 주주의 것이니 회사는 돈을 벌면 배당이든 자사주 매입이든 해서 주주의 배를 불려줘야 한다는 것이다. 물론 시대가 지나면서 주주지상주의는 철퇴를 맞았다. 회사는 주주뿐 아니라 공공의 이해에 부합하는 판단을 내려야 한다는 생각이 퍼지면서다. 다만 오래도록 주주를 우선시했던 기조가 남아 있어 미국기업들은 여전히 "돈을 벌면 가능한 한 주주들과 나눠야 한다"고 생각한다.

반면 아직도 우리나라에선 상당수의 상장사 오너들이 "회사는 내 것"이라고 생각한다. 이는 이른바 '짠물배당' 등 인색한 주주환원으로 이어지기도 한다. 주주에 대한 인식이 두 나라 사이에 이렇게나 벌어지다 보니 주주에게 떨어지는 돈도 천지 차이다.

미국기업이 한국기업보다 10% 더 배당을 준다

먼저 배당 성향을 보자. 배당 성향은 당기순이익 중 지급한 배당금의 비율을 뜻하는데, 높으면 높을수록 번 돈에서 배당으로 돌려준 돈이 더 많단 얘기다.

국회예산정책처에서 조사한 바에 따르면 지난 2008~2018년 10년간 우리나라 기업들의 배당 성향 평균값은 24.8%다. 반면 미국기업들의 10년 평균 배당 성향은 38.69%에 이른다. 같은 돈을 벌면 미국기업이 우리나라 기업보다 평균 10%p를 주주에게 더 돌려준 셈이다. 우리나라 기업들도 최근 들어 주주환원에 적극적으로 변하고 있고 2008년 25%대였던 배당 성향은 2018년 29%대까지 올라오긴 했지만, 여전히 미국(2018년 배당 성향 39.27%)엔 비할 바가 못 된다.

물론 배당 성향이 높다고 해서 무조건 좋은 것은 아니다. 기업이 배당을 감당하지 못해 나중에 배당을 깎는 '배당컷'이 발생할 수 있기 때문이다. 다만 미국의 기업들은 주주환원을 금과옥조로 여기는 만큼 수십 년 동안 꾸준히 배당을 늘려왔다는 강점이 있다.

심지어 미국은 배당을 자주 준다. 미국기업들은 적게는 분기마다, 많게는 달마다 배당을 돌려주는 기업이 적지 않다. 그러나 우리나라는 상당수의 기업이 반기 혹은 1년에 단 한 번만 배당을 준다. 분기마다 배당을 주는 종목은 삼성전자 등 손꼽히는 기업

뿐이다. 달마다 배당을 주는 기업은 한 곳도 없다.

이 같은 차이는 왜 나타날까? 우리나라 기업은 외환위기 등 굵직한 위기를 겪으면서 번 돈의 상당 부분을 기업 내에 쌓아둘 필요가 있다고 생각하는 경우가 많았다. 또한 주주환원보단 설비투자 등을 우선시하는, 즉 성장위주의 경영판단을 하는 게 옳다고 생각하는 기업인들도 여전히 많다. 반면 자본시장의 역사가 긴 미국의 경우 기업의 성장과 함께 그 과실을 주주가 나눌 방법에 대해서 오랫동안 고민해왔고, 그 결과가 높은 배당 성향으로 이어진 것이다.

자사주 매입과 자사주 소각도 활발

기업이 주주에게 이익을 돌려주는 법은 배당 말고도 자사주 매입과 자사주 소각이라는 방법이 있다.

자사주 매입은 어떤 기업이 발행한 주식을 다시 그 기업이 되사는 것을 말하는데, 이는 일반 주주들의 주식가치를 상승시키는 대표적인 주주환원 정책이다. 이렇게 되산 것을 다시 회사가 태워 없애면(소각) 주주들은 기업가치까지 상승하는 효과를 누릴 수 있다.

예컨대 A회사의 주식 100주가 시장에 유통되고 있다고 치자. 만약 50주가 매물로 나온 상황에서 A회사가 이를 모두 사들이면 시중에 유통되는 A회사의 주식은 50주로 줄어든다. 유통주식 수가 2분의 1로 줄어들면서 내가 갖고 있던 주식의 가치는 2배가 된다.

이때 사들인 주식을 서류상에서 태워 없애면 자기자본(순자산)을 줄이는 효과가 난다. 자본을 이용해 산 주식이 사라지니 자본만 사라지는 셈이다. 이렇게 순자산을 줄이면 자기자본이익률(ROE＝순이익/자기자본×100)의 분모가 되는 값이 적어지므로 ROE가 높아지는 효과가 나타난다. 적은 자기자본으로도 높은 순이익을 내는 기업이 되기 때문에 기업가치를 더 높게 평가받을 수 있게 된다. 이는 통상 주가상승으로 이어진다.

S&P500지수에 상장된 기업의 자사주 매입규모는 2009년 1,377억달러(약 151조원)에서 2019년 7,287억달러(802조원)로 급증했다(환율 1,100원 적용). 심지어 자사주 매입에 나선 기업들의 70%가량이 자사주를 꼬박꼬박 소각하기도 한다. 이 때문에 <u>최근까지 미국증시를 끌어올린 힘은 자사주 매입·소각 효과에 있다고 지적하는 전문가들이 적지 않다.</u> 미국시장의 '큰손'은 다름 아닌 기업들 자신이었단 얘기다.

반면 우리나라는 자사주 매입에도 인색하고, 자사주 소각에는 더 인색하다. 2019년 국내증시의 자사주 매입 규모는 44조 8,820억원이다. 이 중 자사주 소각 비중은 17.8%로 규모는 8조 80억원에 불과했다. 같은 주주라도 우리나라에서 받는 대접과 미국에서 받는 대접이 이렇게나 다르다. 국내주식이 아닌 미국주식을 사려는 투자자가 늘어나는 것도 이와 무관하진 않을 것이다.

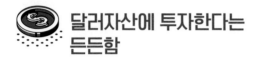

달러자산에 투자한다는 든든함

미국주식에 투자한다는 건 달러에 투자한다는 것과 같은 의미다. 미국 주가가 내린다면 달러는 오를 테니 주가하락을 달러가 방어해주기도 한다.

경기가 좋든 나쁘든 강남 부자들의 투자 포트폴리오에는 항상 달러가 들어가 있다. 불안할 때는 '달러'만 한 자산이 없다. 미국 주식에 투자하게 된다는 것은 비용을 들여 환헷지를 하지 않는 이상, 달러자산에 투자하게 된다는 것을 의미한다. 주식 자체가 위험자산이지만, 달러자산에 투자하는 만큼 다른 주식에 비해 마음 편한 투자처다.

미국은 기축통화국으로서 얼마든지 달러를 마음대로 찍어낼 수 있는 권리와 자유를 갖고 있는 나라다. 그것도 다른 나라 눈치 보지 않고 말이다. 미국은 중국이나 우리나라를 보고 툭하면 환율을 조작했느니 마니 하지만 그 누구도 미국을 보고 그런 말을 하지 않는다. 뭐든지 공급이 많아지면 값어치가 떨어지게 마련이지만 달러는 이상하게도 그렇지만은 않다.

'달러 스마일', "수익률을 지켜줘"

달러에겐 '달러 스마일(Dollar smile)'이란 별명이 있다. 미국경기가 나쁠 때도, 미국경기가 좋을 때도 달러 가치가 상승한다는 의미다. 미국경기가 나쁠 때는 전 세계경기와 금융시장이 불안해질 때이고, 미국경기가 좋을 때는 미국을 시작으로 세계경기가 회복되기 시작할 때라고 할 수 있다.

경제와 금융시장이 불안해지면 전 세계에서 달러를 구하지 못해 난리가 난다. 전 세계 무역 결제의 40% 이상이 달러로 이뤄진다. 종이 낱장에 불과하지만 달러는 전 세계 어느 곳에 가서도 값어치를 인정받을 수 있는 거의 유일한 통화다.

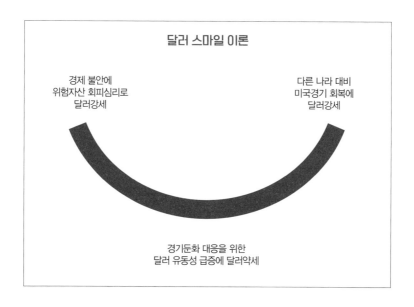

달러 스마일 이론

경제 불안에
위험자산 회피심리로
달러강세

다른 나라 대비
미국경기 회복에
달러강세

경기둔화 대응을 위한
달러 유동성 급증에 달러약세

2008년 금융위기는 미국 부동산 금융의 과도한 욕심이 전 세계를 위기로 몰아넣은 사건이었다. 미국이 사건의 발단이 됐지만 그 역풍을 맞은 것은 오히려 신흥국 시장(이머징마켓) 등 취약국이었다. 당시 우리나라는 미국에 찾아가 원화를 주면 달러로 바꿔주지 않겠냐며 '통화스와프(Currency swaps, 두 나라가 약정된 환율에 따라 해당 통화가 필요할 경우 상호 교환하는 외환거래)'를 맺었다. 그제서야 흔들리던 금융시장이 서서히 안정을 찾아갔다. 너도나도 달러가 부족하다며 미국을 찾아가니 달러가치가 상승할 수밖에 없었다.

2020년 코로나19가 전 세계를 잠식하면서 금융시장이 흔들릴 때 역시 우리는 미국과 통화스와프를 맺으며 "걱정 마. 우리는 언제든 달러를 조달할 수 있어"라며 금융시장을 달랬다. 이처럼 달러는 늘 위기 때 빛을 발했다.

그렇다면 세계경기가 서서히 회복할 때는 왜 달러가 오를까? 특정통화의 가치가 다른 나라 통화보다 높다는 것은 기본적으로 그 나라의 경기가 좋다는 것을 의미한다(물론 아닐 때도 있지만 말이다). 그렇다면 미국을 빼놓고 세계경기가 좋아질 수 있을까? 그러기가 쉽지 않다. 국제통화기금(IMF)에 따르면 2019년 기준 미국의 GDP는 전 세계 190개국 중 1위를 차지하고 있고, 그 비중은 무려 24.1%에 달한다. 세계 GDP의 4분의 1을 차지하고 있다. 그 다음으로 중국(16.82%), 일본(5.97%)의 비중이 높고 나머지 국가들은 5%도 채 안 된다. 세계경기가 회복되기 시작했다는 것은 미국의 경기가 일어나고 그 온기가 옆 나라로 서서히 번지기 시작했다는 것을 말한다. 그러니 경기회복기에 달러가 강해진다.

물론 세상일은 절대적이지 않다. 미국경기가 다른 나라 대비 안 좋을 때도 있다. 그럴 때는 달러도 약세를 보인다.

위기 때 주가하락을 방어하는 '달러'

미국주식에 투자한 후 주가와 달러가 함께 오르면 가장 행복한 상황일 것이다. 그러나 미국주식에 투자했는데 경기가 안 좋은지 주가가 하락한다면 "괜히 투자했나" 후회할 수 있다. 이때 달러는 어떻게 될까? 달러는 반대로 오르는 경우가 많다. 주가하락을 달러가 방어해주는 셈이다.

2020년 코로나19로 인해 전 세계 주가가 폭락했던 당시 주가는 하락했으나 달러는 오히려 올랐다. S&P500지수는 2월과 3월의 두 달간 19.9% 하락했다. 반면 원·달러환율은 1191.80원에서 1217.40원으로 25.6원이나 상승했고(달러상승·원화하락), 3월 한때는 1285.7원을 찍기도 했다. 1달러를 얻기 위해선 1월 말에는 1191.80원만 있으면 됐는데, 3월 말에는 1217.40원이 필요해 달러 값이 비싸졌다.

달러인덱스(Dollar Index)는 3월에 100을 넘어설 정도로 올라섰다. 달러인덱스는 유로화, 엔화, 파운드화, 캐나다 달러화, 스웨덴 크로나화, 스위스 프랑화 등 경제규모가 크고 통화가치가 안정된

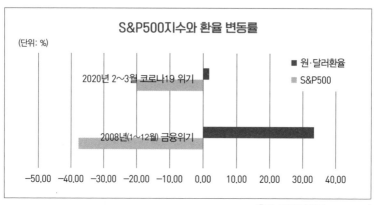

6개국 통화를 기준으로 달러화 가치를 지수화한 것이다. 다만 유로화 비중이 절반 이상을 차지하기 때문에 유로화 가치가 떨어지면 자연스럽게 달러인덱스가 올라가게 돼 있다.

미국이 원인을 제공했던 2008년 금융위기 때는 어땠을까? S&P500지수는 2008년 한 해 동안 38.5%나 급락했다. 1980년대 이후 가장 많이 지수가 폭락했던 해였다. 그해 원·달러 환율은 1,525원까지 치솟아 무려 34.5% 급등했다. 이 당시 미국주식에 투자했다면 마이너스 수익률을 냈을 것으로 보이지만 지수가 하락한 것의 상당부분을 달러상승이 커버해줬을 것으로 보인다.

미국달러를 보면 아바(Abba)의 'The Winner Takes It All'이란 노래가 생각난다. 승리자가 모든 것을 갖게 된다는 뜻이다. 이 구역의 승리자는 달러다. 달러자산에 투자한다는 것은 그 '위너(Winner)'와 한배를 탄다는 얘기다.

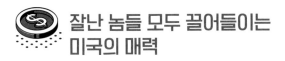

잘난 놈들 모두 끌어들이는
미국의 매력

미국시장에는 돈이 몰리고, 그 덕분에 미국기업들은 쑥쑥 자라서 또 투자하고 또 성장하는 일이 반복된다.

"말은 키워서 제주도로 보내고, 사람은 서울로 보내라"란 옛말이 있다. 말이든 사람이든 규모가 크고 기회가 많은 곳으로 가서 살아야 성공 가능성이 높다는 이야기일 테다.

기업은 어떨까? 말에겐 제주도가, 사람에겐 서울이 있다면, 기업에겐 미국이 있다. 미국에는 세계적으로 잘나가는 기업들이 유독 많이 모여 있다. 전 세계에서 시가총액이 가장 큰, 즉 가장 비싼 기업은 2020년 12월 기준 미국 애플이다. 애플의 시가총액은 2조 781억달러(12월 11일 기준)에 달한다. 우리나라 돈으로 2,300조원이다. 애플보다 GDP가 많은 나라는 2020년 예상치 기준 미국(20조 4,900억달러), 중국(13조 4천억달러), 일본(4조 9,700억달러), 독일(4조달러), 영국(2조 8,300억달러), 프랑스(2조 7,800억달러), 인도(2조 7,200억달러) 등 총 7개국에 불과하다. 애플의 기업가치는 이탈리아 GDP(2조 700억달러)를 넘어서는 수준이다.

시가총액 상위 20개 종목 중 14개가 미국

애플 다음으로 비싼 기업은 사우디아라비아의 아람코, 미국의 마이크로소프트(MS), 아마존, 알파벳 등이다. 이들은 모두 시가총액 1조달러를 넘어선다. 그 뒤를 페이스북, 중국의 텐센트와 알리바바가 차지하고 있다. 시가총액 상위 10개 기업 중 7개가 모두 미

전 세계 시가총액 상위 20위 기업

순위	기업명	국가명
1위	애플	미국
2위	아람코	사우디아라비아
3위	마이크로소프트	미국
4위	아마존	미국
5위	알파벳	미국
6위	페이스북	미국
7위	텐센트	중국
8위	알리바바	중국
9위	테슬라	미국
10위	버크셔해서웨이	미국
11위	TSMC	대만
12위	삼성전자	한국
13위	월마트	대만
14위	비자	미국
15위	존슨앤존슨	미국
16위	JP모건	미국
17위	귀주모태주	중국
18위	프록터앤드갬블	미국
19위	네슬레	스위스
20위	마스터카드	미국

국기업이라는 점이 특징이다.

범위를 시가총액 상위 20개 기업으로 더 넓혀봐도 사정은 별반 다르지 않다. 시가총액 20위 기업에 대만의 반도체 파운드리 업체 TSMC, 스웨덴의 네슬레, 우리나라의 삼성전자, 중국의 귀주모태주가 추가될 뿐 시가총액 상위 20개 기업 중 13개 기업이 미국기업이다. 버크셔해서웨이, 비자, 테슬라, 존슨앤존슨, 월마트 등이 포함된다.

시가총액 상위에 포진한 미국기업 대부분이 4차 산업혁명에도 거뜬히 살아남을 수 있는 클라우드, 온라인 플랫폼, 데이터센터, 지급결제, 전기자동차, 바이오 등과 관련된 기업임에 각별히 주목할 필요가 있다. 이들은 현재도 높은 기업가치를 인정받고 있지만 앞으로도 지금보다 더 잘나갈 가능성이 높다. 미국 상장기업들은 자본시장이 발달한 만큼 '자금조달 → 기술투자 → 실적향상 → 주가상승 → 자금조달'이란 선순환 구조를 누리고 있기 때문이다.

잘나가는 놈은 이리로 와!

이뿐 아니다. 미국은 자국의 기업들이 잘나가는 것 외에 잘나가는 기업들을 자국의 자본시장으로 흡수한다. 이름만 들어도 알 만한 기업들이 상당수 미국시장에 상장돼 있다. 물론 직접적인 주식상장보다는 주식예탁증서(DR, Depositary Receipt) 형태로 상장된다. 특별히 미국에 상장돼 있는 DR은 앞에 A(American)를 붙여 'ADR'이라고 부른다. ADR은 달러로 거래하지만 본국에 상장된 주가를 따라가도록 설계돼 있다. ADR은 주로 기업 홍보나 해외자금 조달목적으로 상장된다.

미국 뉴욕증권거래소(NYSE)를 비롯해 나스닥 거래소, 장외주식시장(OTC)에 기업을 상장한 나라는 62개국에 달한다.[*] 기업 수로 따지면 2713개다. 우리나라에선 한국전력, 포스코, KT, KB금융, 신한지주, SK텔레콤, LG디스플레이 등 10개 기업이 뉴욕증권거래소, 나스닥 거래소, OTC 시장에 ADR 형태로 상장돼 있다.

국내 시가총액 1위인 삼성전자는 미국에 ADR 상장을 하지 않았지만 같은 반도체 파운드리(위탁 생산) 업체인 TSMC는 뉴욕증권거래소에 상장돼 있다. 핀란드의 노키아, 일본의 캐논·닌텐도·혼다·라인·소니, 중국의 알리바바도 미국에서 거래된다. 독일의 SAP을 비롯해 루이비통으로 유명한 프랑스의 LVMH 등도 마찬가지다. 일본은 331개, 중국은 299개, 영국은 235개, 호주와 홍콩은 각각 164개, 124개 기업이 미국에 상장하고 있다. 프랑스, 독일, 캐나다도 100개가 넘는 기업이 미국에 상장 중이다.

그러니 이곳저곳 기웃거리면서 잘나가는 기업들 찾는 데 시간 보낼 것 없이 미국시장에서 찾으면 된다. 이 구역의 잘나가는 애들은 다 이리로 모이니 말이다.

[*] 2020년 8월 말 기준

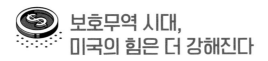

보호무역 시대, 미국의 힘은 더 강해진다

미국은 전 세계에 강대국은 미국 하나뿐이어야 한다고 생각한다. 그에 따라 미국기업도 혜택을 받는다.

2018년 7월, 미국은 중국으로부터 수입되는 물건에 갑자기 추가 관세를 매긴다. 중국산 제품은 싸고 쓸 만하다는 게 장점인데, 관세를 추가로 매기면 중국제품의 가격 경쟁력이 사라진다. 이렇게 '미중 무역분쟁'의 서막이 올랐다.

당시 미국은 중국이 미국의 기술과 지식재산권을 훔쳐 관세를 부과한 것이라고 밝혔다. 그러나 국제사회에선 이를 단지 표면적 이유일 뿐이라고 생각했다. 미국의 속내는 'G2'라는 이름으로 경제·사회적 지위를 높여가고 있는 중국을 견제하고 싶었을 뿐이라고 말이다. 이른바 미국 우선주의(아메리카 퍼스트)가 발동된 것이다.

하늘 아래 2개의 태양은 있을 수 없다는 미국

"하늘 아래 2개의 태양은 있을 수 없듯, 전 세계의 강자는 오로지 미국 하나여야 한다." 이것이 오랜 역사에서 미국이 보여온 태도이며, 미국이 세계강국의 자리에서 내려오지 않을 수 있던 비결이기도 하다.

실제 미국이 이와 같은 행동을 했던 건 이번이 처음은 아니다. 30여 년 전에도 비슷한 일이 일어난 바 있다. 그 유명한 '플라자 합의'가 그것이다.

1985년 미국은 당시 경제대국으로 급부상하는 일본 때문에 커다란 무역적자에 시달리고 있었다. 이를 못마땅하게 여긴 미국은 일본을 강하게 압박해 일본엔화의 평가절상을 유도하는 플라자 합의에 나선다. 강대국 미국이 가진 힘으로 막 떠오르기 시작한 일본을 찍어누른 셈이다.

이에 1985년 달러당 240엔대였던 엔화는 1987년 말에는 절반 수준인 130엔까지 추락했고(달러약세·엔화강세), 이 때문에 일본기업들의 수출가격 경쟁력이 떨어지면서 일본은 '잃어버린 30년'을 겪게 된다. 당시 플라자 합의를 이끌었던 주역은 라이트 하이저 당시 미국무역대표부(USTR) 부대표인데, 그는 30여 년 뒤 USTR의 대표가 되어 미중 무역분쟁을 주도한다.

미중 무역분쟁에 기세 꺾이는 중국

2018년 여름 미중 무역분쟁이 일어난 뒤 약 2년의 시간이 흘렀다. 그동안 중국이 미국으로부터 입은 유무형의 피해는 상당하다.

대표적인 게 '화웨이 제재'다. 미국은 화웨이에 부품을 수출하는 미국기업에 대해 정부의 허가를 받아야 한다고 제재한 데 이어, 해외기업들도 미국기술과 미국부품을 이용한 제품을 화웨이에 수출할 경우 미국의 승인을 받아야 한다고 못 박았다. 글로벌 기업들에게 화웨이와 거래를 끊으라고 종용한 것과 다름없다. 이에 구글과 TSMC 등이 화웨이와 부품거래를 끊으면서 화웨이의 실적성장은 급격히 둔화됐다. 이전까지만 해도 매출이 전년 대비 두 자릿수로 성장해왔지만, 2020년 3분기엔 단 3.7% 성장하는 데 그쳤다. 그동안은 비축한 부품으로 어떻게든 신제품을 만들었지만, 앞으로는 새 제품을 만들지 못할 수 있다는 시각이 제기되고 있다.

뿐만 아니라 'SMIC 제재' 역시 중국의 반도체 굴기에 큰 타격을 입히고 있다. SMIC은 2000년 설립된 중국 1위의 파운드리 업체로, 세계시장 점유율 5위를 차지하고 있다.* 그런데 미국정부는 미국기업이 SMIC에 반도체 기술·장비를 수출하려면 사전에 정부의 허가를 받아야 한다고 통보했다.

* 2020년 말 기준

이렇듯 중국의 기술 경쟁력을 전방위적으로 압박하겠다는 미국의 의지가 노골적으로 드러나고 있다. 심지어 미국은 국가 안보위협을 이유로 중국의 인기 어플리케이션 '틱톡'을 매각하라고 압박했고, 실제 틱톡은 꼼짝없이 M&A 시장의 매물로 나오기도 했다.

<u>다른 나라의 힘이 강해질 때면 경제력과 동맹국과의 관계를 이용해 '때리기'에 나서는 미국. 그리고 그럴 때마다 그 혜택을 입는 건 미국기업들이다.</u> 플라자 합의 당시에도 미국은 달러가치를 낮추면서 호황을 구가한 바 있다. 미국인이 아닌 입장에서는 미국의 이러한 태도가 찜찜한 것은 사실이나, 그런 미국의 기업에 투자하는 것만큼 든든한 것이 없다. 미국은 미국의 기업이 어려울 때면 가만있지 않을 테니 말이다.

2020년 10월 기준으로 미국은 아직도 중국에 대해 무역적자를 보고 있다. 무역분쟁에도 불구하고 미국을 상대로 한 무역에서 중국이 여전히 흑자를 보고 있단 얘기다. 그러나 4차 산업혁명에서 기술 패권국이 되려는 양국의 경쟁은 이어질 수밖에 없는 숙명이고, 이런 상황에서 기존 패권국인 미국이 중국과의 경쟁에서 보다 유리해 보이는 것은 사실이다.

2021년 도널드 트럼프로 대표되는 공화당 정권이 물러나고 조바이든 대통령 체제의 민주당 정권이 들어섰음에도 미중 무역분쟁은 계속해서 이어지고 있다.

막간 코너 미국증시의 역대 위기 사례

"미국주식, 내가 샀는데 내리면 어떡해?" 미국증시의 역대 하락국면과 하락폭을 보고 가늠해보자.

코로나19를 겪은 투자자라면 알 것이다. 시장이 축포를 터뜨리는 건 한순간이지만 무너지기 시작하면 무섭도록, 심지어 오랫동안 무너진다는 것을 말이다. 한국시장이라면 대략의 역사적 지식이 있기 때문에 대강 가늠해볼 수라도 있지만, 미국시장의 경우 미국역사를 자세하게 알기가 어려워 더 무방비적으로 공포에 휩싸이기 쉽다.

여기서는 역대 미국증시의 대폭락기가 언제 있었는지, 또한 대폭락이 왜 일어났는지, 폭락의 기간은 어땠는지를 짚어본다. 역사는 똑같이 반복되진 않지만 운율은 맞추는 일이 많다는 점에서 참고가 될 수 있다. S&P500지수를 기준으로 각 국면별로 언제부터 주가가 하락하기 시작했고, 또 언제 전고점을 회복했는지 알아본다.

미국증시의 역대 하락국면

역대 금융위기	주가하락 시작일과 종료일	주가하락 기간	저점까지 하락폭
대공황	1929.9.16 ~ 1954.9.22	300개월	−86%
블랙먼데이	1987.10.13 ~ 1989.5.15	19개월	−29%
닷컴버블 붕괴	2000.5.24 ~ 2007.5.30	86개월	−49%
글로벌 금융위기	2007.10.9 ~ 2013.3.28	65개월	−57%
코로나19	2020.2.19 ~ 2020.8.18	6개월	−34%

대공황(1929.9.16.~1954.9.22.)

1920년대 미국은 '광란의 20년대(Roaring Twenties)'를 보내고 있었다. 제1차 세계대전으로 유럽이 쑥대밭이 된 반면, 미국은 유럽에 군수물자를 수출하면서 호황기를 맞은 것이다. 이때부터 미국에선 자동차나 세탁기 등의 소비가 급증하기 시작했다. 미국식 자유 방임주의 자본주의와 소비문화가 절정에 이르렀고, 이에 힘입어 주가도 지속적인 상승세를 달렸다. 사람들도 자연스레 주식시장에 몰려들었다.

당시엔 주식 얘기를 하지 않는 사람을 찾기 어려웠다고 하고, 심지어는 상당수의 사람들이 주식 매수금액의 10%만 증거금으로 내고 주식을 매수했다고 한다. 아무런 이익을 내지 못하는 기업들조차 주식시장에 쉽게 데뷔했다.

이러한 상황 속에서 1929년을 전후로 서서히 거품의 붕괴를 지적하는 목소리들이 나오기 시작한다. 언론은 주식시장을 투기

판으로 정의하는 유명인들의 발언을 연일 신문에 실었다. 시장이 뚜렷한 추가 상승동력을 찾지 못한 채 위태위태하자 마진콜(Margin Call, 원금손실 또는 가격변화에 따른 추가증거금 청구)에 시달리는 투자자가 하나둘씩 늘어나기 시작했다. 증권사는 이들의 주식을 시장에 내던지기 시작했고(반대매매), 상당수의 계좌가 깡통을 차면서 주식시장은 점점 공포 분위기가 조성됐다.

1929년 9월 무렵 하락하기 시작한 S&P500지수는 1932년 6월까지 총 86% 하락하며 바닥을 찍었고, 이후 22년이 지난 1954년에야 전고점을 회복했다. 특히 급격한 하락을 보인 게 1929년 10월 24일부터 29일까지의 5일간인데, 패닉이 심각했던 10월 24

출처: 매크로트렌즈(macrotrends.net)

일은 '검은 목요일'로, 10월 29일은 '검은 화요일'로 각각 명명됐다. 1929년의 주가폭락과 함께 미국은 세계 대공황을 맞았고, 경제와 주가가 이전 수준을 회복하기까지 매우 오랜 시간이 걸렸다.

블랙먼데이(1987.10.13.~1989.5.15.)

1981년 로널드 레이건이 대통령 자리에 오르면서 '레이거노믹스'를 구사한다. 신자유주의 경제 체제는 이때 도입됐다. 레이건 대통령은 기업들의 세부담뿐만 아니라 자본이득세 등 각종 세부담을 줄이면서 주식시장이 상승하기 시작한다. 경제회복에 따른 주식시장 강세는 1987년까지 이어진다.

그런데 1987년 10월 13일부터 흔들리던 증시는 1987년 10월 19일에 무려 20.5%나 하락한다. 19일이 월요일이라 해서 '블랙먼데이'라는 이름이 붙는다. 1987년 10월 13일 하락하기 시작한 S&P500지수는 1987년 5월 15일, 무려 19개월이 지나서야 겨우 회복된다.

블랙먼데이는 엄청난 충격을 줬으나 그 원인에 대해서는 아직도 불분명한 부분이 많다. 다만 가장 큰 이유로 지적되는 건 이른바 '프로그램 매매'다. 당시 금융혁신으로 활기가 넘쳤던 월스트리트에는 컴퓨터가 일정한 시장조건이 충족될 경우 자동으로 매수·매도하는 프로그램 매매가 성행했다.

그런데 이날 주가가 하락하기 시작하자 비슷한 매매로직을 갖고 있던 증권사 등에서 똑같이 매물을 내놓았고, 매물이 매물을 부르며 주가가 급락했다. 이때 대부분이 현물주식을 보유하고 선물을 매도하는 전략을 취했는데(주가가 내려가면 현물주식 가치는 내려가지만, 반대로 선물을 매도해서 이를 상쇄할 수 있다), 주가가 폭락하고 선물 매도가 지속되면서 결국 현물시장까지 끌어내리는 상황이 발생했다. 이 때문에 블랙먼데이 이후로 미국증시엔 서킷브레이커(Circuit Breakers, 현·선물 시장의 급등락이 있을 경우 거래를 잠시 중단하는 제도)가 도입된다.

프로그램 매매가 블랙먼데이를 부른 유일한 원인은 아니라는 지적도 있다. 레이거노믹스 시절 감세 정책으로 늘어난 재정수지 적자와 경상수지 적자, 즉 '쌍둥이 적자'가 그 원인으로 지목되기

출처: 매크로트렌즈(macrotrends.net)

도 했다. 레이거노믹스로 인해 미국증시엔 이미 거품이 끼어 있었고, 블랙먼데이는 그 계기가 됐을 뿐이란 얘기다.

닷컴버블 붕괴(2000. 5. 24.~2007. 5. 30.)

1990년대 후반부터 미국에서는 "인터넷이 곧 세계를 지배한다"는 목소리가 힘을 얻기 시작했다. 처음 접한 인터넷은 너무나도 신기했고, 사람들은 인터넷이 곧 기존 산업을 다 뒤엎어버릴 수 있을 것이라고 생각했다. 그러나 당시에는 전화선을 통한 인터넷 접속이 일반적이었으므로 사람들의 기대만큼 기술력이 발전하긴 힘든 상황이었다. 그런데도 사람들의 근거 없는 기대감에 적자인 IT 기업들도 속속 주식시장에 상장하고 인기를 얻는 등 거품은 커져만 갔다.

결국 미국 연방준비제도(연준, Fed)는 버블을 억제하기 위해 1999년 5월부터 2000년 6월까지 기준금리를 4.75%에서 6.5%까지 끌어올렸다. 금리가 상승하면 위험을 감수하며 주식을 사는 것보단 무위험 국채를 사는 게 더 이익이다. 특히 성장주엔 취약이다. 금리가 높은데 구태여 실적도 나오지 않는 성장주를 살 필요는 없으니 말이다. 연준의 금리인상 이후 IT 관련주들이 폭락하면서 닷컴버블 사태가 터진다.

닷컴버블 사태는 2000년 5월 24일 시작돼 저점까지 무려 49%나 하락했고, 2007년 5월이 돼서야 고점을 회복했다.

글로벌 금융위기(2007. 10. 9.~2013. 3. 28.)

2000년 무렵부터 닷컴버블이 터지고 아프가니스탄·이라크 전쟁이 이어지며 미국경제는 나날이 악화됐다. 이에 미국은 경기부양책의 일환으로 초저금리 정책을 펼친다.

2000년만 해도 6.5%에 달하던 기준금리는 2001년이 되자 1.75%로 낮아졌고(이하 모두 연말 금리 기준), 2003년엔 1%까지 떨어졌다. 금리가 낮아지자 빚을 끌어 집을 사는 사람이 늘어났다. 그러자 부동산 가격이 급등하기 시작한다. 돈이 당장 없어도 얼마든지 싼 이자로 빚을 끌어 쓸 수 있었기 때문에 신용불량인 사람들도 빚을 내 집을 샀다.

금융시장에서는 주택담보대출을 묶어 증권형태로 팔았다. 쉽게 말해 이런 식이다. 은행은 고객에게 주택을 담보로 대출하는 과정에서 대출자의 주택에 저당권을 설정하고 담보로 대출금을 회수할 수 있는 권리(대출채권)를 가진다. 고객에게 돈을 빌려는 주겠지만 만약 못 갚으면 그 집을 다시 은행이 가져간단 얘기다. 그런데 은행 입장에선 수십 년이 지나야 원금과 이자를 받게 되니 너무 오래 기다려야 한단 생각이 든다. 더 많은 사람에게 대출을 해줘야 돈을 벌 텐데 말이다. 그래서 은행은 당장 현금을 챙기고자 이 대출채권을 다른 투자회사에게 판다. 이때 판 대출채권을 주택저당증권(MBS)이라 부른다.

이제 투자회사는 빚 갚는 고객의 이자를 은행에게 나눠 받는

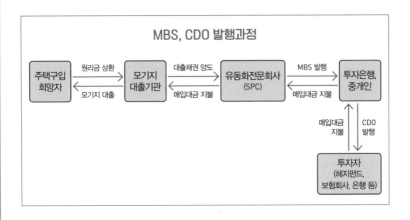

MBS, CDO 발행과정

한편 이 MBS를 여러 개 묶은 뒤 부채담보부증권(CDO)을 만들어 투자자에게 팔아 이득을 챙긴다. 부동산의 활황이 지속되면서 점차 신용등급이 낮은 사람들에게도 대출이 나갔고, 금융권은 신용등급이 낮은 사람들의 대출채권과 높은 사람들의 대출채권을 한데 묶어 CDO로 만들어 팔았다. 그래야 안전하다고 눈속임할 수 있고, 값을 높게 받을 수 있기 때문이다. 집값도 올랐고, 금융권도 MBS와 CDO로 돈을 벌었다. 그야말로 '님도 보고 뽕도 따고'인 셈이다.

그러나 2004년부터 다시 금리가 오르기 시작했다. 2004년 2.25%로 오른 금리는 2005년 4.25%까지 더 뛰었고, 2005년이 되자 5.25%까지 올랐다. 2007년엔 4.25%로 낮아졌긴 했지만 여전히 높은 수준이었다. 금리가 높아지자 대출금리도 높아졌고, 저소득층 대출자들은 대출을 제대로 갚지 못하기 시작했다. 즉시

MBS부터 부실화되기 시작했고, 이 MBS를 여러 개 묶은 CDO도 당연히 깡통이 됐다. 이 과정에서 미국 4대 투자은행 중 하나였던 리먼 브라더스가 파산하는 등 여러 기업이 무너졌다.

경기침체에 주식시장도 타격을 입었다. 2007년 10월 하락하기 시작한 주식시장은 2009년 2월 저점을 찍기까지 총 57% 떨어졌다. 이후 전고점을 회복한 건 2013년 3월이 돼서였다.

코로나19 사태(2020. 2. 19.~2020. 8. 18.)

2020년 초, 처음 감기가 유행했을 때만 해도 이렇게 세계경제가 큰 타격을 입으리라곤 그 누구도 생각하지 못했다. 그러나 코로나19는 전염성이 강했고, 감기로 인해 사망자도 점점 늘어났다. 각국 정부는 국경을 닫는 데 이어 외출을 자제시키는 등 바이러스 전파를 최대한으로 막고자 노력했다.

사람들이 나가질 않으니 소비도 이뤄지지 않았고, 주변 음식점부터 공장들이 개점휴업 상태에 접어들었다. 무역조차 제대로 이뤄지지 않으면서 세계 주요국가의 GDP가 쪼그라들며 마이너스 경제성장률을 기록했다.

주식시장은 경기둔화를 반영해 2020년 2월부터 하락하기 시작했는데, 3월 23일 저점을 찍기까지 무려 34%나 떨어진다. 주가가 떨어지는 속도도 매우 빨랐는데, 전고점 대비 주가가 20% 떨어지는 데 소요했던 기간은 단 22일로, 앞서 나열한 그 어떤 위

IT버블·금융위기·코로나 위기 당시 코스피 추이

출처: 매크로트렌즈(macrotrends.net)

기보다 빠르게 급락했다.

참고로, 고점 대비 20% 떨어지는 데 걸쳤던 기간을 따져보면 대공황이 42일, 블랙먼데이가 55일, 닷컴버블이 353일, 글로벌 금융위기가 274일 등이다.

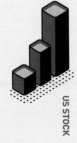

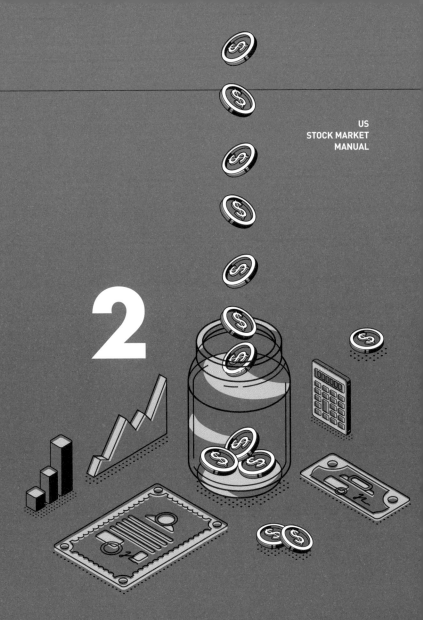

2

미국주식시장의 기본이 궁금해

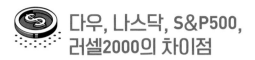

다우, 나스닥, S&P500, 러셀2000의 차이점

미국 전통 거래소는 뉴욕증권거래소. 혁신기업이 모이는 거래소는 나스닥. S&P500은 두 거래소에서 잘난 500종목만 뽑은 지수. 다우지수는 30종목만 엄선한 지수. 러셀2000은 중소기업 2000곳만 고른 지수.

우리나라에서 상장된 주식을 사고팔 수 있는 곳은 '한국거래소' 딱 한 곳밖에 없다. 한국거래소가 코스피, 코스닥으로 양분된 시장을 관리한다. 그러나 미국은 다르다. 미국은 이러한 거래소가 13곳에 이르고, 민간사업자들이 관할한다. 가장 유명한 거래소는 뉴욕증권거래소(NYSE), 나스닥 거래소(NASDAQ), 아메리칸 증권거래소(AMEX) 등 3곳이다. 거래소는 여러 곳이지만 모든 종목을 거의 모든 거래소에서 사고팔 수 있다. 각각의 거래소마다 상장이나 퇴출 요건, 거래비용 등이 다를 뿐이다.

뉴욕증권거래소, 나스닥 거래소 등에 상장된 종목을 잘 섞어 만든 유명한 지수들도 있다. 우리가 한 번쯤은 들어봤던 다우존스30산업평균지수, S&P500지수가 그것이다. 나스닥 거래소에 상장된 종목으로 만든 나스닥지수까지 합해 이들을 '뉴욕 3대 지수'라고 부른다. 미국 대표기업이자 시가총액 1위 회사인 애플은 나스닥 거래소에 상장된 종목인데 다우존스30산업평균지수, S&P500지수, 나스닥지수에 모두 포함돼 있다. 동일한 종목이 코스피, 코스닥에 모두 포함된 경우가 없다는 점을 고려하면 이들 지수를 우리나라 코스피, 코스닥과 단순 비교하긴 어렵다.

뉴욕증권거래소와 나스닥 거래소의 차이점은?

뉴욕증권거래소는 미국 대표 증권거래소다. 2,800개 종목이 상장돼 있고, 2019년 기준 시가총액이 22조 9,230억달러 규모로 전세계에서 가장 크다. 미국주식의 80%가 이 거래소를 통해 거래된다. 상장 요건이 까다롭다. 주가는 주당 최소 4달러 이상이어야 하고, 100주를 보유한 주주가 적어도 400명 이상이어야 한다. 상장주식은 110만 주를 넘어야 하고, 상장 직전 3개 연도의 총 세전 이익(법인세를 내기 전의 이익)이 1천만달러 이상이어야 하는 이익요건도 갖춰야 한다(2019년 기준).

　나스닥 거래소는 뉴욕증권거래소 다음으로 큰 거래소로 세계 2위 규모다. 3,300개 종목이 상장돼 있고, 2019년 기준 시가총액이 10조 8,570억달러에 달한다. 나스닥은 자본금 200만달러, 300명 이상의 주주, 상장 주식 10만 주 이상 정도로 뉴욕증권거래소보다 상장요건이 낮다. 전기자동차 업체 테슬라가 적자인 상태에서 나스닥에 상장했듯이 적자기업도 나스닥에 들어갈 수 있다. 코스닥시장에선 이를 본 따 '테슬라 요건'을 도입해 적자기업도 상장할 수 있도록 상장요건을 낮추기도 했다. 나스닥은 자동차 한 대 팔아본 적 없는, 아직까진 그 실체가 불분명한 수소자동차 업체 니콜라까지도 포용한다.

뉴욕증권거래소 상장회사들은 안정적으로 실적을 내는, 어느 정도 성장 궤도에 오른 기업인 반면 나스닥 상장회사들은 신사업을 영위하는 이제 막 성장하는 기업들이 많다. 그러다 보니 뉴욕증권거래소를 코스피시장, 나스닥 거래소를 코스닥시장에 비교하기도 하지만 사실 코스피, 코스닥과 비교하기엔 이들은 넘기 힘든 벽에 가깝다. 아메리칸 증권거래소는 뉴욕증권거래소, 나스닥 거래소에 비해선 규모가 작고 주로 소규모 기업들 위주로 상장돼 있다. 1,700여개 종목이 상장 중이다. 미국주식 거래대금의 10%를 차지한다.

미국 3대 뉴욕지수는 이렇게 다르다

다우존스산업평균지수는 1800년대 〈월스트리트저널〉 공동 창간인인 '찰스 다우(Charles Dow)'가 만든 주가지수로 가장 오래됐다. 다우존스지수는 신용이 우수하고 똘똘한 초우량 종목 30곳만 딱 추려서 지수화한 것이다.

다우존스지수는 나스닥에 상장된 애플, 마이크로소프트, 시스코, 인텔 등 총 6개 회사와 뉴욕증권거래소에 상장된 골드만삭스, IBM, 비자, 3M, 코카콜라, 맥도널드, 나이키, 월마트, 월트디즈니,

존슨앤존슨 등으로 구성돼 있다.[•] IT, 미디어, 유통, 소비재, 산업재, 금융 등 다양한 업종이 고루 분포돼 있는 게 특징이다.

가장 잘난 놈만 30곳 모았다는 다우존스는 대표성에서 한계점이 있다. 고작 30곳을 모아놓은 터라 "다우존스를 보고 시장의 전체 흐름을 과연 읽을 수 있을까"에 대한 의문이다.

이런 고민을 해결해준 것이 S&P500지수다. S&P500지수는 뉴욕증권거래소, 나스닥 거래소에 상장된 종목 중 회사 규모, 유동성, 산업 대표성을 고려해 500개 종목을 뽑아 만들었다. S&P500지수에는 다우존스지수 내 종목이 모두 포함돼 있다. 그러다 보니 S&P500지수 전체 시가총액은 2020년 11월 말 기준 30조달러가 넘어간다. 미국 전체 시가총액의 70~80%를 차지하고 있다. S&P500지수는 우량주 다우존스지수와 기술 성장주 나스닥지수의 중간성격을 띠고 있기 때문에 미국을 대표하는 지수로 기능한다. 다우존스지수에는 속하지 않은 버크셔 해서웨이, 아마존, 알파벳, AT&T 등도 S&P500에 속해 있다.

나스닥지수는 나스닥 거래소에 상장된 종목 3,300개를 갖고 시가총액 가중방식으로 산정한다. 이를 '나스닥종합지수'라고 한다. 시가총액 상위 100개 기술주를 뽑아 만든 나스닥100지수도 있다. 나스닥지수에는 애플, 아마존, 페이스북, 알파벳(구글), 마이크로소프트 등 미국 대표 대형 기술주들이 대거 포함돼 있다. 여

• 2020년 12월 기준

기에 테슬라로 대표되는 전기자동차 업체 등 미래에 돈이 될 만한 종목들도 들어간다.

다우존스와 S&P500, 나스닥100지수가 규모가 큰 회사들만 모아놨다면 반대로 중소형주만 모아 산출한 지수도 있다. 바로 러셀(Russell)2000지수다. 시가총액 1001위부터 3000위에 해당하는 종목만 모아놨다.

경기가 진짜 회복되는지 아닌지 보려면 러셀2000지수가 상승하는지 여부를 살펴보라는 얘기가 있다. 경기가 막 회복하기 시작할 때는 먼저 대기업을 중심으로 돈이 돌기 시작하는데, 회복의 온기가 뻗어 나가는지를 보려면 대기업으로 들어간 돈이 중소기업으로 이동하는지 여부가 중요하기 때문이다. 중소기업의 이익이 개선돼 주가가 상승하기 시작한다는 것은 경기회복의 좋은 신호다.

지수 산정방식과 수익률도 제각각

3대 지수의 장기 수익률은 크게 차이가 나지 않는다. 2000년 이후부터 2020년 말(12월 15일 기준)까지 다우존스지수는 162.7% 올랐고, S&P500지수는 151.5% 상승했다. 나스닥지수는 209.5%의 수익률을 냈다. 다만 2020년 한 해만 보면 수익률 차이가 크다. 다우존스는 5.8% 오르는 데 그쳤고, S&P500은 14.4%가량 상승했다. 나스닥지수는 무려 40.4% 급등했다. 4차 산업혁명 흐름

미국 뉴욕 3대 지수 비교

구분	다우존스	S&P500	나스닥
종목수	30	500	3,300개 이상
지수계산 방식	주가 단순평균	시가총액 가중평균	시가총액 가중평균
특징	초우량 회사	미국 대표성	기술 성장주
편입 종목	3M, 존슨앤존슨, 코카콜라 등	버크셔 해서웨이, AT&T, 애플 등	애플, 마이크로소프트, 아마존 등
거래소	뉴욕증권거래소, 나스닥 상장	뉴욕증권거래소, 나스닥 상장	나스닥 상장

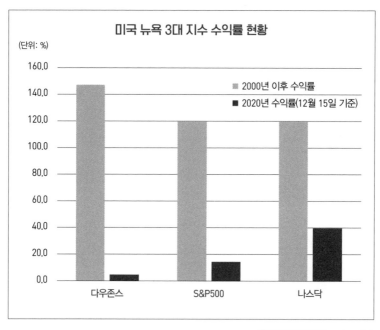

출처: 마켓포인트(marketpoint)

속에 2020년 코로나19까지 겹치면서 언택트(Untact, 접촉하지 않는) 활동에 애플, 아마존, 마이크로소프트 등 나스닥 시가총액 상위 종목들이 40~70% 오른 영향이다. 4차 산업혁명과 언택트의 영향에 클라우드, 데이터센터, 인공지능(AI), 스트리밍, 화상회의 업체 등의 주가가 높은 평가를 받았다.

3대 지수는 지수 산정 방식에서도 차이가 난다. S&P500과 나스닥지수는 시가총액이 큰 종목일수록 지수에 영향력이 커지는 '시가총액 가중평균 방식(구체적인 방법론은 다름)'을 적용하지만 다우존스지수는 단순히 주당 주가가 높은 종목일수록 지수 영향력이 커지는 '주가단순평균 방식'을 적용한다. 그러다 보니 다우존스지수에 포함된 종목이 주식분할을 할 경우엔(주당 주가가 낮아질 경우) 다우존스지수에 큰 변동이 생길 수 있다.

2020년 8월, 전 세계에서 가장 비싼 회사인 애플이 주식 1주를 4주로 쪼개는 주식분할을 하면서 주당 가격이 450달러선에서 120달러 선으로 낮아졌다. 애플의 기업가치는 떨어지지 않았는데 다우존스지수 내 비중은 12%에서 3%로 떨어지게 됐다. 다우존스지수를 관리하는 S&P다우존스 인디시스(지수를 만드는 사업자)는 지수가 크게 흔들리는 것을 막기 위해 같은 달 말 지수의 종목을 변경했다. 클라우드 컴퓨팅 업체 세일즈포스닷컴, 바이오 제약사 암젠, 항공 우주회사 허니웰을 신규 편입하고 석유회사 엑슨모빌, 제약회사 화이자, 방산회사 레이시온테크놀로지스를 퇴출했다.

세일즈포스닷컴은 주당 200달러 중반의 주가*로 애플의 주식 분할에 따른 영향을 줄이기 위해 편입됐다는 평가가 많았다. 세일즈포스닷컴의 다우존스지수 편입으로 IT업종의 비중은 23% 수준(애플 주식분할로 IT업종 비중 27%에서 20%로 감소)으로 맞춰지게 되었다.

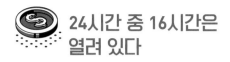

24시간 중 16시간은 열려 있다

정규거래를 닫아도 시간 외 거래를 통해 투자자에게 충분한 거래시간을 보장하는 미국시장. 한국에서도 시간 외 거래가 편리해지고 있다.

"깜짝실적 소식에 테슬라 시간 외 폭등"
"주식 4대 1로 쪼갠다… 애플, 시간 외 주가급등"

미국주식 관련 기사를 보면 종종 접할 수 있는 기사들이다. 미국주식들은 하필 정규장도 아니고 시간 외 장에서 폭등하는 경우가 많다. 미국시장은 쉬는 시간이 없는 걸까? 도대체 정규장과 시간 외 거래는 각각 언제 이뤄지고, 정규장과 시간 외 거래 사이에 어떤 차이점이 있는 것일까?

24시간 중 16시간 열려 있는 미국시장

미국의 정규시장(Regular trading hours)은 미국 동부시간으로 오전 9시 30분에서 오후 4시까지 열린다. 대부분의 사람들은 이 시

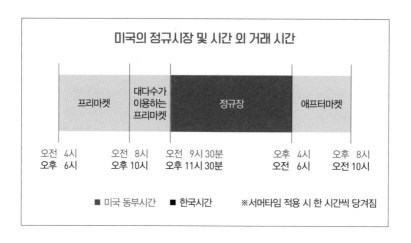

간에 거래를 한다.

하지만 정규시장의 앞뒤로 시간 외 거래라는 또 다른 장이 열린다. 정규시장이 열리기 전인 새벽 4시부터 오전 9시 30분까지는 프리마켓(Pre market)이 열리고, 정규시장이 닫힌 후인 오후 4시부터 저녁 8시까진 애프터마켓(After hours trading)이 열린다. 프리마켓이 새벽 4시부터 열리긴 하지만, 대부분의 프리마켓 거래자는 오전 8시부터 오전 9시 30분까지 거래한다.

프리마켓과 애프터마켓을 보통 시간 외 거래(Extended trading hours)라고 통칭한다. 즉 <u>정규장과 시간 외 거래를 모두 합치면 일일 거래시간이 새벽 4시부터 오후 8시까지 총 16시간 열려 있는 셈이다.</u> 참고로 서머타임˙이 적용되는 3월 둘째 주 일요일부터 11월 첫째 주 일요일까진 거래시간이 한 시간씩 당겨진다.

이렇게 거래시간이 긴 것은 충분한 거래시간을 보장해줌으

써 가격왜곡을 막기 위함이다. 정규장이 닫힌 이후 기업에 큰 호재나 문제가 생겼다고 가정해보자. 만약 시간 외 거래가 없다면 해당 종목의 주가는 그 기업의 가치와 무관하게 유지될 수밖에 없다.

심지어 전 세계 시장이 하나의 유기체처럼 움직이는 시대이기에, 바다 건너 나라에서 발생한 호재나 악재에도 실시간으로 대응할 필요가 있다. 자유시장의 원리를 충실히 따르는 미국의 경우, 시장을 되도록 오래 열어 이와 같은 일을 방지하고 있다.

또한 대부분의 기업들이 실적이나 호재·악재를 정규장 중에 발표하지 않기 때문에 시간 외 거래는 그만큼 중요하다. 기업들은 정규장에 뉴스를 발표할 경우 주가가 크게 출렁일 것을 우려해 거래가 그나마 줄어드는 시간 외 거래시간에 실적을 발표하는 일이 많아서다(우리나라 역시 마찬가지다). 호실적이나 호재 때문에 시간 외 거래에서 주가가 뛰었다는 뉴스가 많은 건 그래서다.

정규거래와 시간 외 거래는 투자방식에 있어 개인투자자들에겐 거의 다를 바가 없다. 대부분의 미국 상장주식들은 시간 외 거래에서도 정규장과 똑같이 거래할 수 있기 때문이다.

하지만 몇 가지 차이점들은 분명히 존재한다. 가장 대표적으로, 시간 외 거래에선 한 번 거래할 때 2만 5천 주 이상 거래하지

• 미국의 서머타임은 3월 둘째 주 일요일 오전 2시에 시작된다. 이땐 오전 1시 59분에서 바로 오전 3시로 시간이 넘어간다. 반대로 11월 첫 번째 일요일 서머타임이 해제될 땐, 오전 1시 59분이 지나면 다시 오전 1시로 시간이 되돌려진다.

못한다. 또한 시간 외 거래에서 움직인 주가는 기록되지 않고, 정규장이 시작되면 소멸된다. 낮은 유동성도 함정이다. 정규시장에 비해 거래하는 사람이 크게 줄어들기 때문에 가격 변동성이 커질 수 있다.

우리나라 투자자에게도 열리기 시작한 시간 외 거래

"이렇게 오래 시장을 열 거면 애초 정규시장이나 시간 외 거래나 구분 둘 것 없이 24시간 열어두면 되는 거 아닐까?"라는 질문도 나올 수 있다. 하지만 여기엔 그만한 사정이 있다.

미국이라고 해서 처음부터 시간 외 거래가 개인투자자에게도 자유로웠던 건 아니었다. 한국에서 시간 외 거래는 지금도 이른바 '큰손'이나 기관투자가, 외국인 투자자가 주로 이용하는 수단인 것처럼 미국도 과거엔 그랬었다.

미국 역시 시간 외 거래는 뮤추얼 펀드나 기관투자가가 주로 이용하는 수단이었을 뿐 개인투자자의 참여는 그리 많지 않았기 때문이다. 대부분은 정규시장에서 거래를 했고, 인프라가 갖춰진 극소수의 사람만 시간 외 거래를 이용했다.

그러나 전자 장외 증권 중개회사인 전자증권거래 네트워크(ECN)가 활성화되면서 개인투자자도 시간 외 거래에 활발히 참여할 수 있게 됐다. 즉 적극적인 시장참여를 원하는 개인투자자의 욕구를 IT기술의 발달이 충족시켜주게 된 셈이다.

국내 주요 증권사의 시간 외 거래 제공현황

(2020년 12월 15일 기준, 서머타임 적용 시 한 시간씩 당겨짐)

증권사	프리마켓	애프터마켓
미래에셋대우	8:00~9:30 (한국시간 22:00~23:30)	×
NH투자증권(나무)	4:00~9:30 (한국시간 18:00~23:30)	16:00~17:00 (한국시간 06:00~07:00)
신한금융투자	8:00~9:30 (한국시간 22:00~23:30)	
키움증권	7:00~9:30 (한국시간 21:00~23:30)	
유안타증권		
하나금융투자	8:00~9:30 (한국시간 22:00~23:30)	
KB증권	7:00~9:30 (한국시간 21:00~23:30)	
삼성증권		×

*NH투자증권의 경우 서머타임 적용 시에도 프리마켓 오픈시간은 한국시간 오후 6시로 동일. 마감 시간은 한 시간 당겨져서 22시 30분까지.

    미국주식에 투자하는 국내 투자자가 점점 늘어나면서 시간 외 거래를 제공하고자 하는 증권사들이 점점 늘어나는 추세다. 2020년 코로나19로 인한 주가폭락으로 해외주식 직구에 나서는 사람도 증가한 만큼, 증권사도 해외투자 관련 서비스 제공에 힘을 쏟고 있다. 2020년 하반기에만 신한금융투자, NH투자증권, 미래에셋대우 등의 증권사가 한꺼번에 시간 외 거래서비스를 제공하기 시작했다. 우리나라에서도 애프터마켓과 프리마켓에서 미국주식을 거래하는 게 보편적인 방식으로 자리잡고 있다.

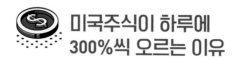

미국주식이 하루에
300%씩 오르는 이유

위아래로 30%씩 밖에 못 움직이는 한국과 달리 위아래 제한폭이 없는
미국시장. 가격을 시장에 맡기기 위함이다.

2020년 7월 29일 필름회사로 유명한 이스트만 코닥(티커: KODK)
은 뉴욕증권거래소에서 무려 전날 대비 318%나 급등하며 장을
마쳤다. 이날 코닥은 장중 한때 무려 655%나 급등했을 정도로
주가가 용솟음을 쳤다.

사진을 스마트폰으로 찍는 시대가 되면서 '필름왕국' 코닥은
파산까지 내몰리며 상장폐지가 된 역사도 있다. 이후 가까스로
기사회생하면서 뉴욕증시에 다시 데뷔했지만, 주가는 꾸준히 내
리면서 최근 1~2년간은 불과 2~3달러에 거래됐다.

그런 코닥의 주가가 별안간 급등한 건 코닥이 코로나19 치료
약 제조사로 변신한다는 소식 때문이었다. 도널드 트럼프 전 미
국 대통령*도 직접 코닥의 제약사 전환을 지원하겠다고 밝히면

---

* 미국의 제15대 대통령으로 2021년 1월 20일 임기가 종료됐다.

서 코닥의 거래량은 파산신청 이후 최고치를 기록하는 등 7월 27~31일 단 1주일 동안 총 10배나 올랐다.

당시 폭등하는 코닥의 주가를 보면서 상당수의 국내 투자자들이 당황했다. "하루에 주가가 어떻게 300%씩이나 뛸 수 있나?"라고 말이다. 국내주식시장에선 상·하한가가 고작해야 ±30%, 레버리지 상장지수펀드(ETF)의 상·하한가여 봤자 ±60%다. 어째서 미국시장은 저렇게 주가가 하루에 크게 뛸 수 있는 걸까? 문제는 없을까?

미국엔 상·하한가가 없다

가격제한폭이란 그날 하루 오르거나 내릴 수 있는 주가를 정해 놓는 제도를 말한다. 우리나라의 경우 전날 대비 30% 이상(레버리지 ETF의 경우 60% 이상) 주가가 오르내릴 수 없다. 상·하한가가 ±30%인 셈이다. 지나치게 가격이 변동될 경우 시장의 충격이 커질 수 있다고 보고 이를 완화하기 위한 장치로 가격제한폭을 두는 것이다.

그러나 미국시장은 우리나라와 달리 '가격제한폭'을 두지 않는다. 주식의 가격은 시장이 주체적으로 찾아가야 하지, 거래소나 금융당국이 인위적으로 개입하는 것은 바람직하지 않다는 생각에서다. 당일 발생한 이벤트에 대해서는 그날 바로 주가에 반영하는 게 옳다는 생각 역시 반영됐다. 그래서 정규시장과 프리마켓·애프터마켓으로 거래시간을 충분히 보장해 시장이 자율적으로 가격을 찾아가도록 하고 있다.

실제 가격제한폭을 두지 않기 때문에 미국시장은 가격왜곡이 덜하다. 우리나라에선 어떤 호재나 악재가 나왔을 때 가격제한폭 제도 때문에 하루에 다 이벤트를 반영하지 못한 채 며칠씩 상한가 혹은 하한가를 기록하는 일이 적지 않다. 가격이 제때 반영되지 못하고 변동성이 며칠씩이나 이어질 수밖에 없단 얘기다.

또한 "상한가를 쳤다"는 게 '가장 인기 있는 종목'의 증표가 되는 만큼 가격제한폭이 있으면 작전세력이 달라붙기도 쉽다. 작전세력의 흔한 수법 중 하나가 유동성이 적은 종목을 집중 매입해 상한가까지 가격을 올려 종목의 존재감을 알린 뒤 멋모르는 개인투자자가 주식을 매입해 주가를 더 들어올리기를 기다리는 것이다. 이후 작전세력은 몰래 빠져나가 개인투자자들의 돈으로 시세차익을 챙기고 개인투자자만 피눈물을 흘린다. 만약 가격제한폭이 없다면 이런 식으로 작전에 개인투자자를 꼬드기는 방법이 사라질 테다.

서킷브레이커로 시장충격 완충

대신 미국에선 '서킷브레이커'란 제도로 시장의 충격을 낮춘다. 미국은 1987년 10월 19일 하루 만에 다우 지수가 22%나 폭락하는 이른바 '블랙먼데이' 사태를 맞았었다. 도널드 레이건 전 대

한국과 미국 간 가격제한폭 및 서킷브레이커 제도의 차이

		한국	미국
가격제한폭		±30% (레버리지·곱버스 ETF는 ±60%)	없음
서킷브레이커		있음	있음
	발동 단계	8%, 15%, 20% 하락	7%, 13%, 20% 하락
	거래 중단 시산	1~2단계: 20분 3단계: 거래종결	1~2단계: 15분 3단계: 거래종결

통령의 규제완화에 그동안 과열양상을 보이던 주식시장이 무역 적자 규모확대, 연방준비제도(연준, Fed)의 기준금리 인상 가능성, 미국의 이란티격 가능성 등이 부각되며 하루 만에 수가가 크게 하락한 것이다.

영화 〈첨밀밀〉을 보면 '똑순이' 여주인공 이요가 주식으로 자산을 몇 배나 불리다가 하루아침에 재산 대부분인 3만홍콩달러를 날린 에피소드가 나오는데, 이때 이요가 겪은 게 바로 블랙먼데이 사태다. 이후 충격에 빠진 미국시장에선 증시급락에 따른 혼란을 막기 위해 거래를 일시 중단시키는 서킷브레이커 제도를 도입했다.

현재 미국의 서킷브레이커는 3단계로 이뤄져 있다. 뉴욕증권거래소든 나스닥시장이든 간에 S&P500지수를 기준으로 '1단계 7% 이상 하락, 2단계 13% 이상 하락, 3단계 20% 이상 하락' 시 각각 서킷브레이커가 발동된다. 1~2단계는 미국 동부시간으로 오후 3시 25분 이전에 해당될 경우 발동되고, 거래가 15분간 중단된다. 만약 3단계 서킷브레이커가 발동됐을 경우엔 그날 거래는 즉시 마감된다.

서킷브레이커는 각 단계별로 한 번씩만 발동된다. 만약 하루에 7% 이상 하락해서 1단계 서킷브레이커가 발동됐는데, 이후 5%대로 다시 상승했다가 다시 8%대로 떨어진다고 해서 1단계 서킷브레이커가 다시 발동하지는 않는단 얘기다.

야간선물엔 가격제한폭이 있다

미국 선물시장에서는 가격제한폭이 있다. 미국 시카고선물거래소(CME)에서 거래되는 미국 주가지수선물의 경우 야간시장에서 5%의 가격제한폭이 적용된다. 야간시장에서 5% 상승 또는 하락할 경우 시장은 개장 상태를 유지하지만 5% 범위 안에서만 거래할 수 있다. 반면 주간거래에서는 현물시장과 동일하게 가격변동폭을 기준으로 −7%, −13%, −20%에서 서킷브레이커가 적용된다.

미국시장을 보다 보면 우리나라 투자자들이 자주 당황하는 게 차트의 색깔이다. 한국에서는 주가차트 봉이 빨간색이면 상승을, 파란색이면 하락을 나타낸다. 하지만 미국에선 초록색이 상승이고, 빨간색이 하락이다. 오늘 봉차트가 빨간색이어서 주가가 올랐다고 흥분하다가 이내 상승이 아닌 하락이었다는 것을 깨닫고 실망하는 경우가 적지 않으니 주의가 필요하다.

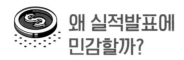

왜 실적발표에
민감할까?

외국인과 기관이 얼마씩 사고팔았는지 알 수 없는 미국시장. 투자자가 의지할 수 있는 거의 유일한 데이터는 기업들의 실적이다.

테슬라 투자자들은 실적시즌이 되면 일론 머스크(Elon Musk)의 트위터를 염탐하기 바쁘다. 실적에 대한 힌트를 얻기 위함이다.

평소에 자신의 생각을 거침없이 트위터로 드러내던 일론 머스크 테슬라 최고경영자(CEO)는 2020년 7월 22일(현지시간) 테슬라 2분기 실적 발표를 앞두고도 트위터로 투자자들의 마음을 흔들었다. 머스크는 실적 발표를 몇 시간 앞둔 시점에 "coming soon(개봉박두)"이라고 올리더니 잠시 후 드래곤볼의 악당 캐릭터 '프리저'의 사진과 함께 "2minutes later(2분 뒤)"라는 메시지를 올렸다. 누가 봐도 "실적에 자신 있나"라고 생각하게 할 만한 행동이었다.

역시 아니나 다를까, 2분기 테슬라의 순이익은 1억 400만 달러로 4개 분기 연속 흑자를 냈다. 주당순이익(EPS)이 2.18달러로 시장 예상치(0.03달러)를 훌쩍 뛰어넘었다. 테슬라 주가는 실적 기대

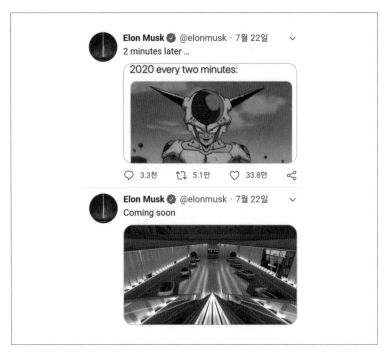

일론 머스크 테슬라 최고경영자(CEO)가 2020년 7월 22일 2분기 실적 발표를 앞두고 자신의 트위터에 올린 글.

감 때문인지 7월 들어 실적 발표일까지 47.5% 상승했다.

테슬라는 2020년 주가가 최대 8배 올라 '세상에서 가장 위험한 주식'으로 불렸다.● 투자자들의 불안한 마음을 달래주는 것은 실적뿐이었다. 실적이 잘 나와야 "그럴 만했구나"라며 그동안 올랐던 주가에 대한 정당성이 부여되기 때문이다.

● 테슬라 주가는 2020년 12월 15일 633.25달러에 거래를 마쳐 2020년 말(83.67달러)보다 6.6배 올랐다. 2020년 12월 8일엔 649.88달러까지 치솟아 7.8배의 상승률을 보이기도 했다.

월말 S&P500지수와 분기별 EPS 추이

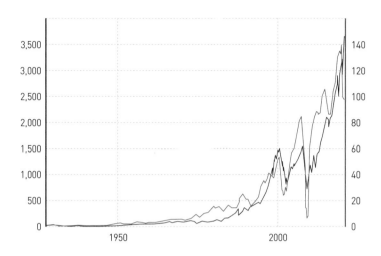

S&P500지수는 검은색(좌) 선, EPS는 분홍색(우) 선

출처: 매크로트렌즈(macrotrends.net)

미국은 '누가 어떤 종목을 얼마 샀다, 팔았다'라는 매매 수급에 대한 데이터가 없다.** 우리나라에선 '외국인이 어떤 종목을 얼마 샀는지, 팔았는지'가 실시간으로 집계되며 투자자들에게 중요한 지표가 되지만 미국은 관련 데이터가 집계되지 않는다. <u>미국에선 주가가 의지할 수 있는 것이라곤 오롯이 '실적'뿐이다.</u>

•• 미국 증권거래위원회(SEC)는 자산이 1억달러가 넘는 헤지펀드 운용사 등 기관투자가에게 의무적으로 매분기 종료 후 45일 이내에 분기별 보유지분의 변동사항을 13F라는 보고서 양식을 통해 보고하도록 의무화하고 있다. 이는 분기별 데이터인데다 매매 이후 한 달 이상이 지난 후에야 공개되기 때문에 우리나라처럼 외국인, 기관투자가들의 매매현황이 실시간으로 집계되는 형태와는 다르다.

S&P500지수는 실적과 손잡고 간다

S&P500지수와 실적은 같은 방향으로 움직여왔다. 1928년 이후 S&P500지수의 월말 수치와 분기별 주당순이익(EPS)을 그래프로 그려보면 2000년까지 우상향하다가 2001년 닷컴버블이 터지면서 함께 하락하더니 다시 2007년까지 상승하다 2008년 금융위기에 고꾸라진 후 2020년까지 우상향하는 모습을 볼 수 있다. 2000년 이후, 2010년 이후의 그래프를 보더라도 마찬가지다.

특히 S&P500지수는 종목을 새로 편입할 때 코스피200지수처럼 시가총액 규모나 거래대금을 보기도 하지만 4개 분기 연속 흑자 등의 이익 요건도 고려하므로 지수와 이익의 상관관계가 높다.

개별 종목의 이익과 주가를 비교해도 비슷한 현상이 나타난다. 애플은 2006년 EPS가 0.32달러에서 2019년 11.89달러로 37배가량 급증했는데 연평균 주가는 2.5달러에서 52.1달러로 20.6배가량 상승했다. <u>이익증가와 주가상승 속도는 같을 수 없지만 엇비슷한 방향성을 갖고 움직인다.</u>

아마존도 같은 흐름을 보였다. 2005년부터 2014년까지 아마존의 주가와 EPS는 모두 제자리걸음을 걸었다. 그러다 2015년 흑자로 전환되더니 2018년엔 EPS가 20.14달러로 전년(6.15달러)보다 무려 3배 넘게 증가했다. 평균 주가 역시 같은 기간 968.2달러에서 1641.7달러로 1.7배 상승했다.

반대로 실적이 감소하면서 주가가 떨어진 종목도 있다. 제너럴

데이터는 2019년까지다.

출처: 매크로트렌즈(macrotrends.net)

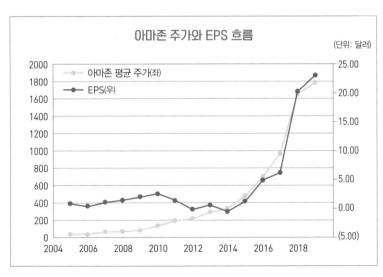

데이터는 2019년까지다.

출처: 매크로트렌즈(macrotrends.net)

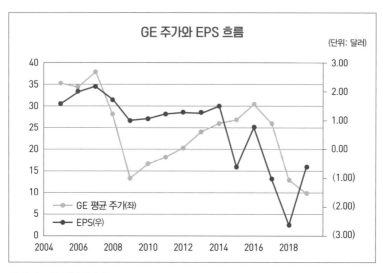

GE 주가와 EPS 흐름

데이터는 2019년까지다.

출처: 매크로트렌즈(macrotrends.net)

일렉트릭(GE)이 대표적이다. GE 평균 주가와 EPS 그래프가 같은 선상에서 움직이진 않았지만 앞서거니 뒤서거니 하면서 동반 하락세를 보이고 있다. 2005년 GE의 EPS는 1.57달러였는데, 2020년 0.62달러 적자를 기록한 후 3년째 적자신세에서 벗어나지 못하고 있다. 주가 역시 같은 기간 35.2달러에서 2020년 9.8달러로 4분의 1 토막으로 주저앉았다.

물론 실적과 상관없이 주가가 급등하는 종목들도 있다. 주가가 실적에 비해 비싼지 싼지를 알기 위해선 통상 주가수익비율(PER), 즉 순이익 대비 주가가 몇 배 올라 있는지, 그 수준은 과거 또는 동종업종에 비해 높은지 여부를 따져보는 것이 일반적이다.

그러나 실적은 전혀 나오지 않는데 주가만 둥둥 떠다니는 기업들이 있다. 꿈을 먹고 사는 기업들이다. 그래서 PER과 주가순자산비율(PBR)을 본딴 'PDR'이라는 신조어가 만들어지기도 했다. 여기서 'D'는 Dream을 의미한다. 주가를 떠받치는 것들이 기업의 실적이나 자산 등이 아니라 꿈, 희망, 믿음 따위라는 뜻이다.

대표적인 기업이 니콜라다. 수소자동차 업체인 니콜라는 2020년 나스닥 거래소에 상장했는데 2018년과 2019년 EPS는 고작 0.08달러, 0.09달러에 불과했다. 영업이익으로 보면 적자신세였다. 2019년엔 100만달러 적자를 기록했고, 2020년 상반기엔 8,700만달러 적자로 적자 규모가 대폭 증가했다. 하지만 니콜라 주가는 2020년 6월 상장한 지 1주일도 안 돼 장중 90달러를 훌쩍 넘어 상장 당시보다 3배가량 급등했다.

니콜라 같은 주식의 주가는 단기간의 흐름일 뿐, 미국주식은 결국엔 실적에 연동돼 움직인다는 게 오랜 세월 경험한 진리다. 니콜라 주식은 실적이 증명될 때까지 '거품' 논란에서 자유로울 수 없다. 실제로 금융 분석업체 힌덴버그 리서치는 니콜라를 사기업체로 규정하면서 도로 위를 달리는 수소 전기 트럭 영상을 찍기 위해 트럭을 언덕 위로 끌어올렸다가 굴렸다고 지적했다. 니콜라는 억울하다고 하면서도 개발이 완료되지 않은 시제품이었던 데다 '자체 추진 중'이란 표현을 사용하지 않았다고 말했다. 사실상 자동차를 언덕 위에서 굴렸음을 시인한 셈이다. 주가는 곤두박질치며 2021년 2월 10달러대로 내려앉았다.

내가 투자한 종목의 실적은 언제 나오나

그렇다면 내가 투자한 종목의 실적은 어떻게 확인할 수 있을까? 미국은 전 세계 시가총액의 절반 이상을 차지하고 그만큼 전 세계 투자자를 거느리고 있기 때문인지 미국기업의 실적정보를 제공하는 사이트들이 많다. 회원가입이 필요한 곳도 있지만 대부분의 사이트는 별다른 수고 없이 클릭 몇 번으로 실적발표 일정을 알 수 있도록 정보를 제공하고 있다.•

금융정보 제공 사이트로 특화된 '야후 파이낸스(yahoofinance)'의 경우 홈페이지 상단 마켓(market)에서 캘린더(calendars)로 찾아가면 주간 단위로 실적 발표 예정인 회사들을 볼 수 있다. 증권 전문매체 CNBC에선 실적 전망치가 상향조정됐는지, 하향조정됐는지 여부의 정보까지 제공한다. 주식 등 재무분석 사이트인 팁랭크스(Tipranks)와 잭스(ZACKS), 어닝스 위스퍼스(Earnings Whispers)에서도 실적 전망 일정을 살펴볼 수 있다.

보통 미국 상장기업들은 실적발표를 정규시장 외 프리마켓(Pre

• 실적을 찾다 보면 주당순이익(EPS)을 표시하는 게 GAAP EPS와 Non-GAAP(Adjusted) EPS로 나뉘는 것을 볼 수 있다. 먼저 GAAP EPS는 공식적인 회계기준에 따라 산출한 EPS이고, Non-GAAP는 공식적인 회계기준을 적용하지 않고 일시적인 수익이나 비용(인수합병·구조조정·스톡옵션 등)을 제외해서 산출한 EPS를 뜻한다. 즉 Non-GAAP은 올해 썼지만 앞으론 쓰지 않을 비용은 빼는 거고, GAAP은 일시적인 비용까지 포함하자는 것이다. SEC에 공시되는 EPS는 GAAP EPS이나, 회사가 실적을 발표하거나 뉴스에서 나오는 EPS는 대부분 Non-GAAP EPS가 기준이다. 실적을 보는 이유는 지금 실적을 토대로 향후의 실적을 예측하기 위함이기 때문에, 전문가들은 일시적인 비용을 빼고 추세를 볼 수 있는 Non-GAAP EPS를 더 중요하게 생각한다.

미국 상장종목 실적발표 일정을 알려주는 홈페이지

홈페이지명	홈페이지 주소
야후 파이낸스	finance.yahoo.com/calendar
CNBC	cnbc.com/earnings-calendar
Tipranks	tipranks.com/calendars/earnings
Earnings Whispers	earningswhispers.com/calendar
ZACKS	zacks.com/earnings/earnings-calendar

market, 정규시장 개장 전)이나 애프터마켓(After hours trading, 정규시장 개장 후)에서 하는 경우가 많은데, 팁랭크스는 실적 발표일에 해당 기업이 정규시장 전 또는 후 언제 실적을 내는지까지 공개한다. 대략적인 애널리스트의 평균 전망치뿐 아니라 과거 EPS추이까지 보여준다. 단, 애널리스트의 보고서는 돈을 내고 봐야 한다. 잭스의 경우 12개월 EPS의 과거치와 향후 전망치 데이터까지 한눈에 볼 수 있다.

어닝스 위스퍼스는 팁랭크스보다 한발 더 나아가 구체적인 실적발표 시간까지 알려준다. 또한 실적 추정치가 실제치를 상향·하향 돌파할 가능성이 몇 퍼센트인지까지 보여준다.

내가 투자한 종목이 최소한 언제 분기 실적을 발표하는지는 이런 사이트들을 통해 충분히 알아낼 수 있다. 실적발표 시점 등을 알고 투자하면 내가 투자한 종목의 주가가 왜 오르고 있는지, 하락하고 있는지 어림짐작할 수 있다.

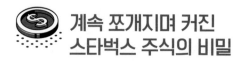

계속 쪼개지며 커진
스타벅스 주식의 비밀

기업이 성장해서 주가가 비싸지면, 미국기업들은 주식을 쪼개서 싸게 만들어 더 많은 투자자를 유치한다. 주식분할과 성장을 통해 투자자의 이익은 극대화된다.

미국은 하나의 주식을 여러 개로 쪼개는 '주식분할'이 수시로 일어난다. 주식정보를 제공하는 사이트에는 매일 실적발표 기업과 함께 주식분할 기업들을 공개할 정도로 그 수가 많다.

우리나라에선 주식마다 액면가격(일종의 표시가격, 주당 액면가격과 발행주식총수를 곱하면 자본금이 된다)이 붙어있기 때문에 주식을 쪼개는 '액면분할'을 할 경우 이사회 의결은 물론 주주총회 승인, 법원 인가 등을 거쳐야 한다.* 액면가보다 낮은 금액으로 주식을 발행할 수도 없다.

반면 미국은 액면가격이 없는 무액면 주식을 발행한다. 그래서 미국은 액면 분할이 없고 주식분할만 있다. 미국에서는 경영진의

---

* 2012년 4월 상법 개정으로 무액면주식 발행을 기업 정관으로 정할 경우엔 무액면주식 발행이 가능하나, 아직 그 사례가 없다.

판단하에 언제든 주식을 쪼갤 수 있다. 언제 주식분할을 하겠다고 공시하면 거래정지기간 없이 곧바로 분할된 주식으로 거래된다.•

주식분할의 역사, 성장의 역사

기업이 돈을 많이 벌고 기업가치가 높아지면 그만큼 주가도 많이 오른다. 그런데 주가가 너무 올라 투자자가 감히 함부로 매수하기 어려운 수준까지 오른다면 미국기업들은 주식을 쪼개 주당 가격을 낮췄다. 주식분할은 해당 기업이 오랜 시간 꾸준히 성장을 해왔고, 기업가치가 높아졌다는 것을 의미한다.

스타벅스는 1992년 나스닥에 상장한 후 2020년 현재까지 여섯 번의 주식분할을 해왔다. 1993년 9월, 1995년 12월, 1999년 3월, 2001년 4월, 2005년 10월, 2015년 4월에 1주를 2주씩 쪼개는 주식분할을 했다.

1993년부터 2005년까지는 주가가 주당 40~60달러에 가까워질 때마다 주식분할을 해왔다. 원화로 하면 4만원에서 7만원 수준일 때마다 주식을 쪼갠 것이다. 이후 돈의 가치가 떨어지면서 2015년엔 90달러(10만원 수준)를 넘어서야 주식분할을 단행했다.

• 증권사가 주식분할, 주식병합에 따른 주식 수 변동을 각 계좌에 반영하기까지 시간이 걸리기 때문에 분할·병합일 전후로 주식 잔고와 수익률이 부정확할 수 있다. 주식분할은 이뤄져 주가는 낮아졌는데 주식 수가 제대로 반영이 안 됐다면 큰 폭의 마이너스 수익률(주식병합의 경우 반대 현상)로 표시될 수 있으나, 이는 실제와 다르니 주의가 필요하다.

스타벅스 기준주가(분할 전 주가) 흐름

출처: 매크로트렌즈(macrotrends.net)

스타벅스 분할 후 가격으로 조정된 수정주가 흐름

출처: 매크로트렌즈(macrotrends.net)

스타벅스 주식분할의 역사

날짜	분할 현황
1993년 09월 30일	1주를 2주로 분할
1995년 12월 04일	1주를 2주로 분할
1999년 03월 22일	1주를 2주로 분할
2001년 04월 30일	1주를 2주로 분할
2005년 10월 24일	1주를 2주로 분할
2015년 04월 09일	1주를 2주로 분할

　스타벅스가 상장할 때 1주를 갖고 있었던 투자자가 2015년 주식분할 때까지 주식을 보유했다면 무려 64주를 갖게 되는 것이다. 스타벅스는 주식분할을 반복하면서 주당 가격을 낮췄으나 기업가치가 높아지면서 주가가 계속해서 우상향하는 흐름을 보였다.

　만약 스타벅스 상장 당시 약 1천달러를 투자했다고 가정해보자. IPO(기업공개) 가격은 주당 17달러였으므로 58주를 살 수 있다. 58주는 현재 주식분할로 3,712주가 되어 있을 것이다. 현재 주가가 104.18달러*이니 보유가치는 38만 6,716달러로 불어난 게 된다(물가상승률 등은 고려하지 않음). 상장 당시 대비 약 392배나 이익을 보게 되는 것이다. 우리 돈으로 따지면 110만원을 투자해서 4억 2,500만원을 남기게 된 셈이다.

• 2020년 12월 15일 종가

출처: 매크로트렌즈(macrotrends.net)

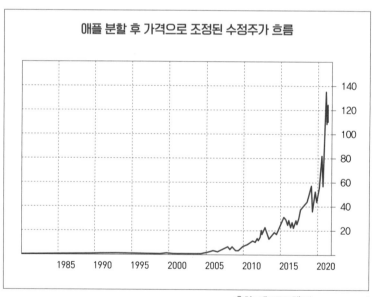

출처: 매크로트렌즈(macrotrends.net)

애플 주식분할의 역사

날짜	분할 현황
1987년 06월 16일	1주를 2주로 분할
2000년 06월 21일	1주를 2주로 분할
2005년 02월 28일	1주를 2주로 분할
2014년 06월 09일	1주를 7주로 분할
2020년 08월 31일	1주를 4주로 분할

2020년엔 애플과 테슬라가 과감한 주식분할을 단행해 화제가 됐다. 애플은 1주를 4주로 쪼개고, 테슬라는 1주를 5주로 쪼갰다. 애플은 2019년 주가가 86.2% 오른 후 2020년에도 75.7%나 올랐다. 2018년 말까지만 해도 주당 150달러대였던 주가가 2020년 8월 말 주식분할 전, 400달러대(약 44만원)로 치솟았다.

이에 애플은 1주를 4주로 쪼갰다. 400달러대였던 주가가 100달러대로 낮아졌다(기준주가 흐름). 애플은 1980년 나스닥에 상장한 이후 다섯 차례 주식을 분할했다. 2014년 6월엔 1주를 무려 7주로 쪼개기도 했다.

2010년 나스닥에 상장한 테슬라도 2020년 주가가 폭등했다. 2019년 말까지만 해도 400달러 조금 넘었던 주가가 2020년 7월 말 1,400달러를 넘어섰다. 8월엔 장중 주가가 2천달러를 넘어서기도 했다. 1주에 200만원이 훌쩍 넘는 가격이다. 테슬라는 8월 말 1주를 5주로 쪼개는 주식분할을 실시했고, 그 결과 1주의 가격은 400달러 밑으로 내려갔다.

1950년 뉴욕증권거래소에 상장한 코카콜라와 1986년 나스닥에 상장한 마이크로소프트도 상장 이후 아홉 번이나 주식을 쪼갰다. 주식분할은 '기업가치 상승 → 주가상승'으로 이어지는 기업성장의 과실이다.

실제로 미국의 상당수 기업들은 주식분할 이후에도 주가가 꾸준히 올라 다시 분할 전 수준으로 돌아갔다. 그러면 또 주식을 쪼갰다. 주식을 쪼개면 1주당 가격이 싸지니까 투자자들의 접근성이 좋아진다. 주당 몇 백만원에 달하는 주가가 너무 부담스러워 주식을 사지 못했는데 주가가 몇 십만원 수준으로 낮아지니 주식을 사는 데 부담이 줄어든다. 그래서 주식분할을 하면 매수세가 증가해 주가의 상승에 도움이 된다는 얘기도 있다.

그러니 투자한 종목이 주식분할을 한다는 소식은 호재다. 그러나 늘 주식분할의 마법이 통하진 않는다. 주가는 항상 기업의 실적을 앞서간다. 주식을 분할했어도 앞으로의 실적이 나빠질 것 같다면 주가는 오르지 않는다.

주식병합은 '투자주의' 신호

반대로 여러 개의 주식을 한 개의 주식으로 합치는 '주식병합'도 있다. 건강 관련 서비스 업체 엑스프레스파는 2019년에 20개 주식을 1주로 합치더니 2020년 6월에도 3개 주식을 1개로 합치는 주식병합을 단행했다. 주가가 계속해서 하락하자 주식을 합쳐 주

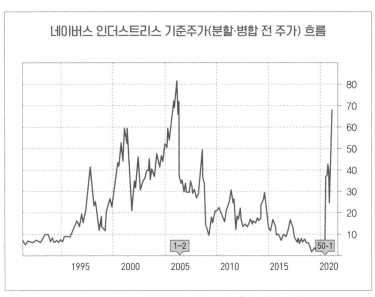

네이버스 인더스트리스 기준주가(분할·병합 전 주가) 흐름

1–2

50–1

출처: 매크로트렌즈(macrotrends.net)

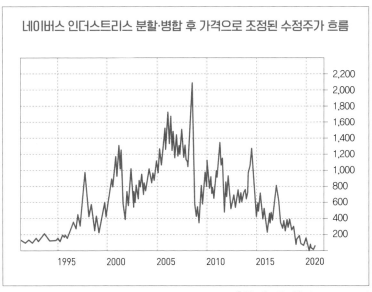

네이버스 인더스트리스 분할·병합 후 가격으로 조정된 수정주가 흐름

출처: 매크로트렌즈(macrotrends.net)

네이버스 인더스트리의 분할 및 병합 역사

날짜	분할·병합 현황
2006년 04월 18일	1주를 2주로 분할
2020년 04월 23일	50주를 1주로 병합

당 1달러도 안 되던 주가를 4~5달러 수준으로 끌어올린 것이다.

주식병합은 주로 주가가 하락했을 때 일어난다. 미국에선 1주당 주가가 낮으면 곤란하고 불리한 경우들이 생긴다. 뉴욕증권거래소는 상장규정에 주가가 주당 최소한 4달러 이상이어야 한다는 규정이 있고, 일부 뮤추얼 펀드는 주당 주가가 일정 수준 이상이어야만 자산에 편입한다. 그러니 미국 상장기업들은 주당 주가에 신경 쓸 수밖에 없다.

그러나저러나 주식병합이 자꾸 이뤄진다는 것은 주가가 계속해서 우하향 흐름을 보인다는 것을 의미한다. 주식병합이 투자주의 신호로 받아들여지는 이유다.

한 기업의 역사에서 주식분할과 주식병합이 함께 나타나기도 한다. 석유 시추업체 네이버스 인더스트리스(Nabors Industries)는 2006년 1주의 주식을 2주로 분할하는 '주식분할'을 단행할 정도로 2008년까지 계속해서 주가가 꾸준히 상승했다. 2008년 주가는 80달러를 넘어서기도 했다. 그러나 그 뒤로 주가는 계속해서 하락했다.

2020년 4월엔 주당 주가가 0.3달러에 불과해 50개 주식을 1주로 합치는 주식병합을 시행했다. 30여 년간의 네이버스 인더스트리스 주가흐름(분할, 병합을 고려한 수정주가)을 보면 산 모양이다. 기업이 성장했다가 다시 쇠퇴했다는 얘기다. <u>기업성장과 쇠퇴에 주식분할과 병합이 함께한다.</u>

GOOG, GOOGL
뭐가 진짜 구글이야?

혁신기업이 마음 놓고 상장할 수 있도록 경영권을 보장해주는 미국시장.
같은 기업인데도 2개 이상의 종목이 존재하는 이유다.

미국주식 가격을 찾아보려고 홈트레이딩시스템(HTS)에서 '구글'
을 치면 2개의 종목이 나온다. 알파벳* A를 뜻하는 'GOOGL'과
알파벳 C를 뜻하는 'GOOG'가 그것이다. 같은 구글이라는데 이
상하게 두 종목의 주가가 다르다.

이번엔 워런 버핏이 운영하는 버크셔 해서웨이를 검색해봤
더니, 이 역시 버크셔 해서웨이 A(BRKa)와 버크셔 해서웨이
B(BRKb)라는 두 종목이 있다. 심지어 버크셔 해서웨이는 A와 B
의 가격이 1천 배나 넘게 차이가 난다.

도대체 미국주식 이름 뒤에 붙어있는 'A'와 'B'의 의미는 무엇
일까? 알파벳 A와 알파벳 C, 이 둘 중에 뭐가 진짜 구글일까?

• 알파벳은 구글의 모회사이다.

창업자 경영권을 보장해주는 차등의결권제도

미국주식시장에선 같은 기업 주식인데도 불구하고 A와 B로 나뉘진 주식들이 간혹 있다. 이를 보통 '차등의결권 주식(dual class stock)'이라고 부른다.

보통 한 기업은 한 종류의 주식만 발행하는데, 몇몇 기업은 의결권과 배당에서 차이가 나는 별도의 주식을 복수로 발행하고 또 상장시키기도 한다. 이는 한국의 보통주-우선주 간 관계와도 비슷하지만 조금 다르다. 의결권이 있고 없고의 차이가 아니라, A주는 의결권이 1주당 1표인데 B주는 1주당 10표를 가지는 정도다. 또한 의결권이 많은 주식은 상장시키지 않기도 한다.

이러한 차등의결권 주식은 미국, 일본, 영국 등에선 발행이 가능하지만 우리나라에선 아예 불가능하다. 그러지 않아도 오너가에 좌지우지되는 우리나라 기업의 특성상, 차등의결권을 도입하면 자칫 기업이 오너가에 휘둘릴 가능성이 더 커진다는 우려가 높아서다.

예컨대 한 주 당 의결권이 1표밖에 없는 삼성A와 10표나 있는 삼성B를 발행한 뒤, 상장은 삼성A만 했다고 가정해보자. 그리고 이재용 부회장과 이부진 신라호텔 사장 등 삼성 관계자들은 비상장 삼성B 주식을 가지고 있다.

이렇게 되면 일반 주주들은 삼성A밖에 살 수 없고, 그들이 아무리 의결권을 한 표씩 모아봤자 한 주당 10표를 갖는 삼성가에 대적하기가 어려워진다. 즉 오너가가 일반 주주의 눈치를 보지 않고 본인들이 원하는 대로 기업을 이끌 수 있는 셈이다. 한국과 달리 미국에서는 이를 허용한다.

보통 기업을 상장시키면 새로운 주주들이 들어오기 때문에 기존 경영자가 가진 지분이 줄어들고 회사에 대한 지배력은 약해진다. 그래서 유망한 기업일수록 상장을 꺼린다. 미국은 그런 기업들로 하여금 지배력을 보전해줄 수 있는 차등의결권 제도를 허용, 상장을 통해 더 많은 자금을 조달해 더 크게 성장할 수 있도록 하고 있다.

구글은 어떤 주식을 사야 하나?

그렇다면 A와 B 중 무엇을 사야 할까? 사실 이 문제는 차등의결권 주식을 발행한 기업마다 사정이 다르기 때문에 각각 따져봐야 한다. 기업마다 A주, B주 간 의결권이나 배당을 어느 정도 차등화하는지 모두 다르기 때문이다.

다만 크게 고민할 것은 없다. 페이스북 등 상당수가 의결권이 많은 쪽, 즉 경영자들이 가진 주식은 아예 상장시키지 않기 때문이다. 그나마 상장된 주식 중에서 투자자들에게 고민의 대상이 되는 건 구글 정도다.

유명한 버크셔 해서웨이의 경우 A주와 B주 모두 상장시켜놨지만 A주의 가격은 1주당 4억원 가까이 되기 때문에 대부분의 투자자에겐 고려의 대상이 되지 않는다. B주는 약 26만원 수준이기에 대부분의 투자자가 B주를 선택할 수밖에 없다.

따라서 여기선 구글의 경우만 살펴보자. 참고로 구글은 A주, B주, C주를 각각 발행했는데, 이 중 창업자 래리 페이지와 세르게이 브린 등 구글 관계자 단 5명만 갖고 있는 B주는 상장시키지 않은 상태다. B주는 1주당 10표를 가지는 탓에, 페이지와 브린이 가진 B주의 의결권이 A·B·C주 전체 의결권의 약 50%를 차지한다. 또한 B주는 다른 사람에게 양도하거나 보유자가 사망하면 A주로 자동 전환된다.

결국 투자자들이 살 수 있는 건 A와 C주뿐이다. 먼저 알파벳 A는 의결권을 1주당 1표를 갖고 있지만 알파벳 C는 의결권이 없다. 애초 C주는 자금 조달은 필요한데 경영권은 지키고 싶었던 경영진들이, 의결권이 있는 A주 대신 의결권이 없는 주식을 발행

알파벳 A·B·C주 비교

	A주	B주	C주
상장 여부	○	×	○
의결권	주당 1표	주당 10표	×
다른 주식으로 전환 가능성	전환 불가	소유자가 사망하거나 양도할 경우 A주로 전환	기업 청산 시 A주로 변환
종류	보통주	보통주	자본주(A·B주에 대한 배당을 위해 2014년 만들어진 주식)

출처: 구글

출처: 마켓포인트(marketpoint)

하려고 만든 것인 까닭이다.

그런데 의결권도 없는 알파벳 C가 A보다 주가가 높을 때가 적지 않다. 보통은 기업에 이래라저래라 참견할 수 있는 의결권이 없으면 주가가 싼데, 구글은 반대인 것이다.

그렇다면 알파벳 C가 A보다 배당을 더 받나? 아니다. 구글은 어느 주식에든 배당을 지급하지 않는다. 심지어 C주는 종업원에게 스톡옵션으로 줄 수도 있어 기존 주주의 지분가치가 훼손될 수 있는 단점도 가진다.

이렇게만 보면 C주가 열위에 있는데 이상하게 주가만 비싸다. 비밀은 자사주 매입에 있다.

구글은 현재 자사주 매입(Buyback)을 알파벳 C에 대해서만 시행하고 있다. 구글 경영자들의 경영권을 보장하기 위해서 C주의 가치를 보장하고 있는 격이다.* B주의 의결권이 독보적인 지금, 1주당 1표를 가진 A주나 아예 없는 C주나 의결권의 가치가 그리 차이나지 않는 것도 한 이유일 것이다.

따라서 당장 구글에 투자하고 싶다면 A주나 C주 중 어느 것을 골라도 크게 상관없다. 의결권을 B주가 독차지하는 상황에서 1표를 가진 A주를 사봤자 별 의미가 없다고 생각된다면 차라리 자사주 매입의 대상이 되는 C주가 더 유리할 수도 있다.

다만 수십 년을 오래 보유할 것이라면 얘기는 달라진다. 결국 B주를 가진 창업자 등은 언젠가 사망해 세상을 떠날 수도 있는데, 이 경우 B주가 A주로 변환되며 B주는 서서히 사라져갈 것이기 때문이다.

아주 먼 훗날에는 B주의 영향력이 점점 줄어들면서 1표를 가진 A주의 의결권 프리미엄은 점점 높아져갈 것이다. 그땐 C주보다 A주의 가치와 주가가 더 높아질 수 있다.

---

* 알파벳 C가 발행된 처음엔 의결권이 없다는 이유로 A보다 더 가격이 저렴했었다. 구글은 C 주주들의 불만을 잠재우기 위해 약속을 하나 한다. 만약 C주가 A주에 비해 1% 이상~2% 미만의 가격에 거래가 된다면 차액의 20%를, 차이가 2~3%라면 차액의 40%를, 3~4일 경우엔 차액의 60%를, 4~5%의 차이일 땐 80%를, 5% 이상으로 싸진다면 A주와 C주 간 격차 중 5%까지 전액을 보상한다는 내용이다.

미국에서도 비판이 높아지는 차등의결권 제도

근래 와서 구글, 페이스북 등 빅테크 기업은 차등의결권 제도를 대거 채택하고 있다. IT업계처럼 트렌드가 획획 변하는 업계에선 창업자의 빠른 판단이 필요하다는 이유에서다. 실제 페이스북 창업자 마크 저커버그는 주식 지분율이 14.3%에 불과하지만, 주당 10표의 의결권을 갖는 B주식(비상장)을 보유하고 있기 때문에 주주총회 때 행사할 수 있는 의결권은 60%에 달한다.

다만 최근 미국에서도 차등의결권에 대한 비판여론이 점점 커지고 있다. <u>아무리 천재적인 창업자에 의해 기업이 크게 성장했을지언정, 오래가는 기업을 만들려면 창업자 독단적으로 여러 선택을 해선 안 된다는 이유에서다.</u> 같은 주주들끼리 누구는 한 표를 갖고 누구는 10표를 갖는 불평등한 구조 문제 역시 비판의 이유다.

실제 글로벌 공유 오피스 업체인 위워크는 창업자인 애덤 뉴먼이 처음 기업공개(IPO)를 계획했을 때, 창업자는 1주당 20표를 행사할 수 있게끔 차등의결권제도를 채택하려다가 비판의 대상이 된 바 있다. 이에 애덤 뉴먼은 1주당 10표만 행사하겠다고 방침을 바꿨지만, 이후 방만한* 경영이 문제가 돼 최고경영자(CEO) 자리에서 물러나면서 지금은 1주당 3표만 행사한다.

---

* 애덤 뉴먼은 위워크 주식을 담보로 대출을 받거나, 자신이 갖고 있는 건물을 위워크가 임대하게 만들어 임대료를 챙기기도 했다.

막간 코너 AI가 장악한 미국증시

주식시장 전체매매의 80%는 기계가 하는 미국시장. 가격이 오르거나 내릴 때 그 추세를 극대화시키는 경향이 있다.

금융시장의 역사를 다룰 때 2010년 5월 6일은 빼놓을 수 없을 것이다. 이날 미국 동부 시각으로 오후 2시 32분부터 다우존스30산업평균지수가 불과 10분 만에 998.5포인트, 전일 종가보다 무려 9% 넘게 급락했다. 순식간에 시가총액 1조달러가 허공에 날아간 것이다. 우리나라 돈으로 1,100조원에 달한다.

이날 1만 868.12에 개장했던 다우존스지수는 9869.62까지 폭락했다. 장중 고점 1만 879.76에 비해선 1010.14p가량 폭락한 것이다. 당시엔 그리스 등 유럽 재정위기가 금융시장의 가장 큰 악재가 됐지만 적어도 단시간 내에 다우존스지수를 1000포인트 가까이 끌어내릴 만한 뉴스는 없었다. 과연 무슨 일이 있었던 것일까?

미국 규제당국인 증권거래위원회(SEC)와 상품선물거래위원회(CFTC)는 자산관리회사인 와델&리드파이낸셜(Waddell & Reed

Financial)의 대규모 매도주문이 초단타 알고리즘 매매(1초 내에 수백 번, 수천 번 매매주문)를 자극해 매도주문이 폭발했다고 밝혔었다. 그러나 5년이 지난 뒤 규제당국은 이날 사건의 주범으로 영국 트레이더인 나빈더 싱 사라오(Navinder Singh Sarao)를 지목했다. 그가 시장 가격을 조작하는 초단타 알고리즘을 설계했고 그것이 시장을 붕괴시켰다고 결론 내렸다.

일명 '플래시 크래시(Flash crash)' 사건의 전말이다. 플래시 크래시는 기계매매로 주가가 빠르게 급락하는 현상을 말한다. 규제당국은 이 사건 이후 S&P500지수 기준으로 전일 종가보다 7%, 13%, 20% 이상 하락하면 거래를 정지하는 '서킷브레이커(circuit

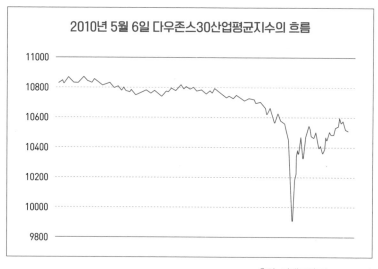

출처: 마켓포인트(marketpoint)

breaker)'를 강화하는 등의 조치를 단행했다. 그러나 그 뒤로도 유사한 플래시 크래시 사건이 여러 차례 발생했다.

미국증시의 80%는 알고리즘 매매

2015년 8월 24일 S&P500지수는 1965.15에 개장했으나 불과 몇 분도 안 돼 1867.01로 5%가량 급락했다. 중국 경기둔화 우려에 중국 상하이종합지수가 8.5%나 급락한 이후 미국증시가 개장하긴 했으나 단시간 내 지수가 급락하면서 투자자들의 마음을 불안하게 만들었다. 2018년 2월 5일엔 다우존스지수가 5분도 안 돼 700포인트 이상 급락하기도 했다. 이날 다우존스지수의 고점과 저점의 차이는 무려 1596.65포인트에 달했다. 2010년 5월 6일의 하락폭보다 더 컸다.

　미국에선 왜 주가가 단시간 내 폭락하는 일이 자주 일어날까? 주식시장 전체매매의 80%가량이 알고리즘 매매로 이뤄지기 때문이다. 사람이 매매주문을 하지 않고 사전에 짜인 알고리즘에 따라 기계가 매매를 하는 일이 대부분이다. 2000년대 초반까지만 해도 알고리즘 매매의 비중은 15%에 불과했으나, IT기술이 발달할수록 이 비중은 급속도로 증가했다.

　특히 미국은 우리나라처럼 주식을 매매할 때마다 증권거래세를 내지 않으니 초단타 매매 비중도 높다. 초단타 매매는 1초에 수백 번, 수천 번까지 매매해 눈 깜짝하는 것보다 더 빠른 시간 내에 매매차익을 내는 것을 말한다. 0.00001초 단위로 거래가 이뤄진다. '머니볼'로 유명한 논픽션 베스트셀러 작가 마이클 루이스는 『플래시 보이스(Flash boys)』란 책에서 초단타 매매의 문제점을 다루기도 했다. 그는 책에서 "컴퓨터가 모든 것을 결정하기 때문에 시장에서 일어나는 일들에 사람들이 책임을 더 이상 안 지게 된다"는 말을 남겼다.

실제로 2015년 4월 플래시 크래시의 주범 나빈더 싱 사라오가 체포됐으나 4개월간 복역하고 보석으로 풀려났다. 2020년 미국 시카고 법원은 380년의 중형을 받을 것이라고 예상됐던 그에게 1년 자택 구금을 선고했다. 그가 범죄 혐의를 순순히 인정한 데다 아스퍼거 증후군을 앓고 있다는 게 이유였다.

단기간에 급락해도 놀라지 마라

투자자들이 유념해야 할 것은 미국증시를 지배하는 알고리즘 매매기법이 주로 '추세 추종형(Trend-following algorithms)'이라는 점이다.

특정 주식을 매매할 때 경기나 기업실적의 변화, 증권사들의 전망치 따위는 하등 고려하지 않는다. 이들은 거래량·가격 변동 등에 따라 매매하는데 가격이 오를 때 사고, 가격이 하락할 때는 판다. 상승추세와 하락추세가 나타나면 그 추세가 계속되도록 가격을 밀어올리거나 끌어내리는 방향으로 자극한다. 그래서 시장의 변동성을 더 자극하는 요인이 된다. 가격이 오를 때는 투자자에게 좋겠지만 하락할 때는 가격을 끌고 내려가기 때문에 주의해야 한다.

2018년 12월엔 뉴욕 3대 지수(다우존스, S&P500, 나스닥)가 2008~2009년 금융위기 이후 최악의 수익률을 기록했다. 다우존스지수는 한 달간 8.66%, 나스닥지수는 9.48%, S&P500지수는 9.18%나 급락했다. 시장에선 이를 사전에 프로그램된 알고리즘이 대규모 매도에 나선 영향이라고 평가했다.

추세 추종형이 초단타 매매와 결합할 경우엔 단시간에 주가가 급등·급락하게 된다. 다만 이런 흐름은 장기적으로 나타나진 않는다. 2010년 5월 6일 플래시 크래시로 주가가 단시간 내 폭락했음에도 장 마감까지 폭락의 70%가량을 빠르게 회복했다. 이날 다우존스지수는 장중 9% 이상 하락했음에도 종가는 3.19% 하락하는 데 그쳤다.

『플래시 보이스』에도 언급됐듯이 이러한 초단타 매매 회사들은 매매포지션을 단 하나도 남겨두지 않고 퇴근한다. 그날 쌓은 매수(매도) 포지션은 그날 청산한다. 그러니 애써 기계와 싸울 필요가 없다. 미국증시는 플래시 크래시를 수차례 겪었음에도 주가는 장기적으로 경기와 기업실적에 따라 제자리를 찾아가며 움직여왔다.

- 주식계좌 트고 주식을 사기까지
- 원화로 살까, 달러로 살까?
- 해외주식으로 돈 벌면 세금은 어떻게 내야 하나?
- 양도소득세를 줄이는 방법이 있다고?
- 이 사이트만 알아도 절반은 간다

3

미국주식, 어떻게 사야 해?

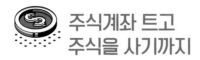

주식계좌 트고
주식을 사기까지

미국주식, 사기 어려워 보이지만 사실은 매우 간단하다. 계좌를 트고 실제 종목을 매수하기까지 어떤 과정이 필요한지 알아보자.

국내주식투자에 익숙한 투자자들도 해외주식을 하려고 하면 왠지 한 단계 더 벽이 있는 것처럼 느껴진다고 한다. 그러나 알고나면 그 벽이 생각보다 굉장히 낮으니 미리부터 겁먹을 필요는 없다.

다만 증권사별로 해외주식 계좌개설부터 해외주식 매수방법까지 제각각이라 자신이 이용하는 증권사가 어떤 방식을 채택하고 있는지를 숙지할 필요가 있다.

삼성전자 팔자마자 바로 애플 살 수 있나?

국내주식계좌를 기존에 갖고 있다면 해외주식투자를 위해 별도의 계좌개설 등은 필요하지 않다. 미래에셋대우, KB증권, 삼성증권, 한국투자증권 등 대형 증권사들은 모바일트레이딩시스템

(MTS) 등에서 해외주식투자를 허용하겠다는 버튼 하나만 누르면 국내주식계좌 하나로 국내주식과 해외주식을 같이 투자할 수 있다. 일명 '통합증거금' 제도라고 한다. 국내주식계좌에 있는 증거금(예탁금)을 해외주식에도 언제든 사용할 수 있다는 얘기다. 삼성전자를 판 돈으로 그 즉시 국내 다른 주식을 살 수 있듯이 애플 등 해외주식을 바로 살 수 있다.

그러나 모든 증권사가 그런 것은 아니다. 대신증권, 키움증권 등의 경우 국내주식은 국내주식계좌에서, 해외주식은 해외주식계좌에서 투자한다.[•] 국내주식계좌가 있어도 해외주식에 투자하려면 별도의 해외주식계좌를 만들어야 한다. 만약 국내주식계좌에서 삼성전자를 판 돈으로 애플을 사고 싶다면, 삼성전자를 팔고 'T(매도일)+2일' 후에 매도대금이 들어오면 이 돈을 해외주식계좌로 이체한 후에야 애플을 매수할 수 있다.

원화로 바로 해외주식을 살 수 있을까?

해외주식 매매신청을 했거나 해외주식계좌를 개설했다면 해외주식매수를 위한 실탄이 필요하다. 바로 '달러'다.

계좌에는 원화밖에 없는데 달러를 미리 계좌에 넣어놔야 할까? 달러가 쌀 때 미리 확보한 후 계좌에 두둑이 넣어두고 투자

• 2020년 12월 말 기준

할 수도 있다. 그러나 굳이 그렇게 하지 않아도 된다.

대부분의 증권사들이 편리성을 위해 원화로 해외주식을 매수하는 서비스를 제공하고 있다. 원화로 매수신청을 하면 증권사가 알아서 환전해 달러로 해외주식을 사준다. 물론 이때 환전수수료는 내야 한다. 증권사에 따라 환전수수료가 조금씩 다르고, 그때그때 하는 이벤트들도 다르다. KB증권은 '글로벌 원마켓'이란 이름으로 환전수수료가 평생 0원이다. 다만 원화를 달러화로 한꺼번에 왕창 바꿔 계좌에 넣어두는 것은 불가능하다. 해외주식을 원화로 살 때만 환전서비스가 무료로 제공된다.

투자자가 원화로 해외주식을 매수하는 서비스를 신청했다고 하자. 그렇다면 증권사는 언제 환전을 할까? 통합증거금 제도를 채택한 증권사는 해외주식 매매 이후 결제할 때 환전한다. 미국주식의 경우 매매체결이 된 후 3일이 지나서야 결제가 이뤄지니 통합증거금을 채택한 증권사는 금요일인 1일 매매했다면 그 다음주 수요일인 6일 결제되는데 이날 환전도 함께 이뤄진다. 그렇지 않은 증권사는 매매주문 다음날 환전한다. 1일 매매됐다면 그 다음주 월요일인 4일 환전한다.

밤새지 말고 '예약주문'으로 해외주식을 사자

환전문제도 어느 정도 해결됐으면 이제 해외주식을 살 일만 남았다. 미국주식은 우리나라 시각으로 밤 11시 30분에 개장해 다

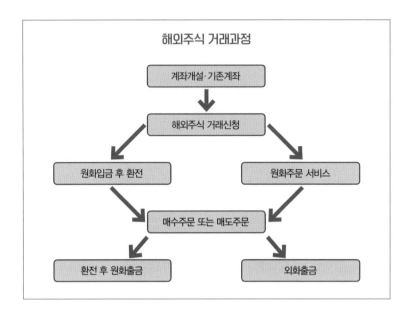

해외주식 거래과정

계좌개설·기존계좌

↓

해외주식 거래신청

↙　　　　　↘

원화입금 후 환전　　　　원화주문 서비스

↘　　　　　↙

매수주문 또는 매도주문

↙　　　　　↘

환전 후 원화출금　　　　외화출금

음날 새벽 6시에 마감한다. 서머타임 때는 한 시간씩 당겨져 밤 10시 30분부터 새벽 5시까지 장이 열린다. 이 시간까지 기다렸다가 해외주식을 살 필요는 없다. '예약주문'이 있기 때문이다.

지정가 주문 등을 활용해 미리 예약주문을 걸어두면 그 다음 날 아침이면 매매가 체결돼 있다. 지정가 주문을 했지만 가격대가 안 맞으면 거래가 체결되지 않을 수도 있다. 예컨대 애플(AAPL) 주식을 주당 100달러에 사겠다고 지정가 주문을 걸어놨다면, 주가가 100달러보다 낮게 거래됐을 때는 체결되는데, 100달러보다 높게 거래됐을 때는 체결이 안 된다.

개장가와 마감가에 주식을 매매하도록 지정할 수도 있다. 각각 LOO(Limit On Open, 장 개시 지정가), LOC(Limit On Close, 장 마감 지정가)라고 부른다. LOO, LOC를 100달러에 매수하겠다고 걸어놨다면 개장가, 마감가가 100달러보다 낮을 때 거래가 체결된다. 반대로 100달러에 매도주문을 걸어놨다면 주가가 이보다 높게 형성됐을 때 거래가 이뤄진다.

대량주문을 할 때 활용하는 매매방식도 있다. VWAP(거래량가중평균가격), TWAP(시간가중평균가격)는 각각 거래량과 시간을 기준으로 주문 수량을 균등분할해 체결시키는 알고리즘 매매방식이다.

VWAP(Volume Weighted Average Price)는 20~30일 매매데이터를 기초로 시장 가격과 거래량의 변화를 실시간으로 모니터링해 주문을 분할체결하는 방식이다. 거래량이 많고 뉴스 등에 민감해 장중 변동성이 클 때 유리한 방식이다.

TWAP(Time Weighted Average Price)는 시간을 기준으로 주문 수량을 균등분할해 체결하는 방식이다. 거래량이 상대적으로 적을 때 유리하다. 다만 이런 주문방식은 증권사별로 허용하는 내용이 다르니 사전에 숙지한 후 투자하는 것이 바람직하다.

예약주문이 아니라 실시간 주문을 하고 싶을 때도 있을 것이다. 다만 HTS 등에서 볼 수 있는 해외주식 실시간 데이터는 15분이 지연된 시세다. 별도로 돈을 내야 실시간 시세를 볼 수 있다.

매매 수수료의 경우 증권사별로 제각각이긴 하지만 국내주식보다 해외주식이 좀 더 비싸다는 데 유의할 필요가 있다. 해외주식은 이벤트가 없을 경우 HTS 기준으로 통상 0.25%의 매매 수수료가 붙는다.

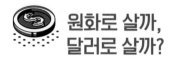

원화로 살까,
달러로 살까?

달러가 쌀 때 사두고 나중에 미국주식을 매수하느냐, 이것저것 따지지
않고 편하게 원화로 미국주식을 사느냐? 선택은 투자자의 몫이다.

미국주식을 사려면 당연히 달러가 필요하다. 그런데 최근 미국주식에 대한 투자자들의 관심이 높아지면서 국내 증권사들은 환전 없이도 주식을 사는 시스템을 속속 도입하고 있다. 누구는 달러를 직접 바꿔서 주식을 사는 게 유리하다고 하고, 누구는 원화로 주문하는 게 더 낫다고 하는데…. 달러로 사는 것과 원화로 사는 것, 어떤 차이가 있고 어떤 방법이 더 유리할까?

직접 환전하면 달러가 쌀 때 사둘 수 있다

직접 원화를 달러로 바꾼 뒤에 미국주식을 사는 방법이 있다. 달러가 싸졌을 때 미리 원화를 달러로 바꿔놓은 뒤 찜해놓은 주식의 주가가 떨어졌을 때 달러로 살 수 있다는 장점이 있다. 주식을 매도할 때도 마찬가지다. 주식을 매도한 뒤 들어온 달러를 달러가 비싸졌을 때 원화로 바꾸게 되면 주식 매도차익과 함께 환차익도 기대할 수 있다. 이 방법은 환율 움직임에 빠삭한 투자자들에게 적합하다.

다만 이 경우 환전수수료가 든다. 대부분의 증권사들이 환전할 때마다 환율의 약 1%를 기본 수수료로 책정하고 있다. 즉 매수와 매도 시 각각 환전한다는 점을 감안하면 환전수수료만으로 2%가 들어가게 된다는 얘기다.

최근 많은 증권사에서 환율우대 이벤트를 내걸고 있기 때문에 이를 적극 활용하는 것도 방법이다. 만약 A증권사의 환전수수료가 1%이고, 그날 환율이 1달러당 1,100원이며, 환율우대 90% 이벤트를 하고 있다고 가정해보자. 이 경우 1달러당 환전수수료는 원래 11원인데, 우대를 받은 뒤 내는 수수료는 여기서 90% 깎인 1.1원에 불과하다. 2020년 하반기 대부분의 증권사들이 80~95%의 환율우대 이벤트를 내걸고 있다. 환전수수료는 거의 신경 쓰지 않아도 될 정도로 미미한 금액만 떼는 게 대부분이다.

달러로 환전할 때엔 은행 영업시간 내에 환전하는 게 좋다. 영업 외 시간에 환전을 하면 가환전율을 적용받기 때문이다. 가환전율이란 해당 영업일 최종 환전율을 기준으로 임의로 적용한 환전율을 말하는데, 보통 그날 환율에서 5%가량 비싼 환율로 환전된다. 예컨대 한 증권사의 가환전율이 적용되는 시간이 오후 5시이고, 오후 5시 기준환율을 '1달러당 1,100원'이라고 가정해보자. 이때 가환율은 1,100원에 5%인 55원을 더한 1,155원이 된다. 영업 외 시간이라 정확한 환율을 알 수 없는지라 일단 그날의 환율에서 5% 높은 환율을 임의로 적용해 돈을 바꿔주는 셈이다.

물론 이는 어디까지나 가환율이기 때문에, 다음날 오전 9시 장이 열렸을 때 환율이 어떻게 결정되느냐에 따라 차액이 입·출금된다. 다음날 환율이 전날과 똑같은 '1달러당 1,100원'이라면, 55원은 고스란히 다시 계좌에 들어오게 된다.

영업시간 외에 환전을 하더라도 금전적인 손해는 없다. 하지만 당장 환전할 수 있는 돈이 그만큼 줄어들기 때문에 은행 영업시간 내에 환전하는 게 유리하다.

"머리 쓰기 싫어, 편리한 게 좋아"라면 '원화주문'

사실 이 모든 걸 각각 따져보는 건 쉽지 않은 일이다. 증권가에선 주가예측보다 환율예측이 더 어렵다고 얘기할 정도이니 말이다. 일반 투자자가 환율을 예측해서 미리 달러로 바꿔놓는 게 그렇게 쉽지는 않단 뜻이다. 또한 각각 증권사의 환전수수료와 그들이 채택하고 있는 고시환율이 얼마인지 일일이 따져보는 것도 복잡한 일이다.

그래서 이것저것 재보지 않고 편리함을 원하는 투자자에겐 원화주문이 제격이다. 키움증권, 미래에셋대우, 한국투자증권, 신한금융투자, NH투자증권, 대신증권, 삼성증권 등 대부분의 증권사가 '원화주문 서비스'를 지원하고 있다. 이 중에서 키움증권과

KB증권은 원화주문 시 환전수수료를 별도로 떼지 않는다.

원화주문은 증거금의 대략 95%만큼(증권사마다 조금씩 다르다)을 매수금액으로 사용할 수 있다. 증거금의 일부만 매수금액으로 쓸 수 있는 이유는 미국 장이 열리는 시간이 우리나라 시간으론 외환시장이 닫혀 있는 시간이기에, 다음날 환율이 오를 경우에 대비해 원금이 모자라지 않는 선에서 매수하기 위함이다.

만약 환율이 오르면 똑같은 수의 주식을 사더라도 돈이 더 필요해진다. 그래서 환율은 그날 종가 기준으로 적용하되, 5%의 여윳돈을 두는 것이다. 진짜 환율은 주식매수를 주문한 다음날 아침, 즉 외환시장이 열린 뒤 정해진다. 다만 환율이 별안간 하루만에 크게 뛰어 매수할 돈이 부족해지면 '기타대여금'이라는 빚이 생긴다. 이 빚을 갚을 때까지는 연체이자가 붙으므로 각별히 주의해야 한다.

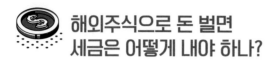

해외주식으로 돈 벌면
세금은 어떻게 내야 하나?

해외주식으로 돈 벌면 소액주주도 국세청에 자진신고해 양도소득세를
내야 한다. 대신 배당소득세는 증권사가 알아서 떼준다.

국내주식투자와 해외주식투자의 가장 큰 차이점 중 하나가 '세
금'이다. 주식을 팔아 이익을 냈을 때 국내주식은 대주주*에 한
해 '양도소득세'를 내지만 해외주식은 대주주, 소액주주 구분 없
이 이익이 나면 모두 양도소득세를 내야 한다.

국세청 문턱 한 번 밟아본 적이 없던 사람도 양도소득세를 신
고해야 하니 약간은 머리가 아플 수 있다. 그렇다고 해외주식투
자 자체를 포기할 만큼 복잡하진 않다. 가끔 무료로 증권사에서
양도소득세 신고 대행도 해준다. 해외주식을 투자할 때부터 팔
때까지 어떤 세금을 어떻게 내야 하는지 살펴보자.

* 2020년 말 기준 코스피, 코스닥 개별 종목당 지분율 1% 또는 시가총액 10억원 이상을 보
유한 경우 대주주로 보고 이들이 2021년 4월 이후 주식을 매도해 양도차익이 발생할 경우
22%(지방소득세 포함. 과세표준 3억원 초과분은 27.5% 세율 적용)의 양도소득세가 부과된다.

해외주식을 살 때는 '세금'이 없다

국내주식을 사거나 팔 때는 증권거래세*를 낸다. 정확히 말하면 살 때는 안 내고, 팔 때 한꺼번에 증권거래세를 낸다. 이름 그대로 주식을 팔아서 이익을 보든, 손실을 보든 상관없이 거래하는 행위 자체에 부과하는 세금이다. 그러나 해외주식에 투자할 때는 증권거래세가 아예 없다.

물론 국내주식보다 더 비싼 수수료는 고민거리다. HTS 기준으로 국내주식 거래수수료는 증권사별로 0.01~0.08% 수준이나 미국은 0.25% 수준이다. 수수료는 증권사별로 큰 차이가 없다.

해외주식을 보유해 '배당' 받으면 '배당소득세'를 내야 한다

미국주식을 보유하면 월 1회 배당부터 분기 1회 배당까지, 국내주식을 보유할 때보다 더 자주 배당을 받게 된다. 배당소득세는 증권사가 알아서 원천징수한 후 배당금을 지급하니 투자자가 크게 신경 쓸 일이 없다.

다만 투자자가 세금을 내는 곳이 다르다. 미국주식에 투자한 후 배당을 받고, 이에 따른 배당소득세는 미국 국세청이 가져간다. 미국은 달러 기준으로 배당소득세로 15%를 거둬간다. 국내

• 코스피, 코스닥 기준 증권거래세율은 2020년 현재 0.25%이나 2021~2022년엔 0.23%, 2023년엔 0.15%로 낮아진다. 코스피 증권거래세율에는 농어촌특별세 0.15%가 포함돼 있다.

배당소득세 14%(지방소득세 합산 15.4%)와 유사하다.

미국주식 중에 'LP'라고 붙은 종목의 경우엔 배당소득세로 무려 39.6%나 떼어가니 주의가 필요하다. 유한책임회사로 법인세 혜택이 큰 대신 배당소득세가 크게 붙는다. Genesis Energy LP(GEL), Natural Resource Parters LP(NRP), NGL Energy Partners LP(NGL) 등이 있다. 배당을 많이 준다고 무턱대고 좋아했다간 일반 주식의 2배 이상 세금을 내야 하니 잘 살펴봐야 한다.

해외주식을 팔아 돈 벌면 '양도소득세'를 내야 한다

해외주식 관련 세금에서 가장 중요한 부분은 양도소득세다. 양도소득세는 재산의 소유권이 바뀌었을 때 발생하는 소득에 부과하는 세금이다. 즉 주식을 팔아 더 이상 내 주식이 내 것이 아니게 되었을 때 이익이 발생한다면 양도소득세를 내야 한다.

1년 동안 해외주식*을 팔아서 돈을 벌었다면 그 다음 해 5월 1일부터 5월 31일까지 국세청에 "나 돈 벌었어요. 세금 낼게요"라고 양도소득세 신고를 해야 한다. 양도세는 '자진 신고'가 원칙이다. 주민세나 재산세처럼 가만히 있으면 집으로 고지서가 날아오는 세금이 아니라 구체적으로 얼마를 벌었는지를 증빙서류와 함께 첨부해 자진해서 신고를 해야 하는 세금이라는 얘기다.

• 해외에 상장된 상장지수펀드(ETF) 포함

"나라에서 나한테 뭐 얼마나 관심이 있겠어?"라고 생각하고 양도소득세를 신고하지 않았다간 무신고 가산세로 세금의 20%를 더 내야 하고, 납부불성실 가산세(일별 0.03%)까지 내야 해 세금 폭탄이 떨어질 수 있다.

해외주식 양도소득세는 1년간 250만원이 공제된다. 만약 1년간 1천만원의 양도차익을 얻었다면 250만원을 빼고 750만원(거래수수료 및 환전수수료 등 필요경비도 제외)에 대해서만 양도소득세를 내게 된다.

그렇다면 해외주식을 팔긴 팔았는데 손실을 봤거나 양도차익이 250만원이 안 되더라도 신고해야 할까? 원칙적으론 세금을 내지 않더라도 신고의무는 생긴다. 다만 신고하지 않더라도 별도의 패널티는 없다.

한 종목만 거래하는 것이 아니고 여러 종목을 거래하는 경우가 흔한 데다 1년간 샀다가 팔았다가 이익 보고 손실 본 모든 내역을 합산해 과세하기 때문에 여러 계좌의 거래내역을 합쳐서 신고해야 한다. 특히 2020년부턴 해외주식뿐 아니라 국내주식까지 양도차익, 양도손실을 합산해 연간 250만원을 공제한 후 양도소득세를 부과하니 계산이 더 복잡해졌다. (3장 중 '양도소득세를 줄이는 방법이 있다고?'에서 더 자세히 알아보자.)

여러 종목을 한꺼번에 수시로 사고파는데 어떤 기준으로 양도차익을 계산해야 할지 난감할 수 있다. 국세청에선 같은 종목을 수차례에 걸쳐 샀다가 팔았을 경우 '선입선출법', 즉 먼저 산 것을 먼저 팔았다고 가정한 후 계산하는 것을 원칙으로 한다.

애플(AAPL)을 1월에 110달러에 100주 사고, 또다시 7월에 120달러를 주고 100주를 사서 보유하다가 11월에 130달러에 100주를 팔았다면 양도차익은 어떻게 될까? 선입선출법에 따라 계산하면 먼저 산 주식을 먼저 팔았다고 가정하기 때문에 110달러에 산 애플 주식 100주가 130달러에 팔렸다고 가정하게 된다. 이 경우 2천달러(약 220만원)의 양도차익이 발생하게 된다. 130달러에 150주를 팔았다면 110달러에 산 100주와 120달러에 산 50주가 팔렸다고 가정, 2,500달러(약 275만원)의 양도차익이 생긴다.

'이동평균법'을 적용할 수도 있다. 매수와 매도 평균가격을 계산해 그 차액을 적용하는 방식이다. 이동평균법을 적용하면 매수 평균 가격이 115달러*가 되므로 양도차익이 1,500달러(약 165만원)로 줄어든다. 한 해에 선입선출법, 이동평균법 둘 중의 하나만 선택해 적용할 수 있으니 어느 방법이 자신에게 유리한지 잘 따져봐야 한다.

"연말정산도 머리 아픈데 몇 푼이나 벌었다고 양도소득세를 신고해야 하나" 싶은 마음이 생길 수 있다. 이런 투자자를 위해 일부 증권사에선 매년 3월부터 5월까지 해외주식 양도소득세 신고대행 서비스를 진행한다. 몇 만원 달라고 하는 증권사도 있는

---

* '〔(110달러×100주)+(120달러×100주)〕/200주'로 계산한다.

데, 때때로 무료로 대행해주는 이벤트를 진행하기도 한다.

그런데 A증권사 한 곳에서만 해외주식을 거래하지 않고 B, C 증권사 등 여러 증권사에서 해외주식을 사고 파는 경우도 많을 것이다. 이런 경우엔 증권사에 따라 '신고대행'을 거부하거나 타 증권사의 거래내역서 등 각종 서류를 떼서 영업점을 방문해야 할 수도 있다. 모 증권사는 2020년 양도소득세 신고(2019년 거래분) 대행을 하면서 3만원을 요구했는데 타 증권사 거래내역까지 있다면 그 2배인 6만원을 달라고 했다.

한 푼이라도 아껴야 하는 마당에 신고대행 비용이 아깝다고 여겨질 수도 있다. 이럴 경우엔 국세청 홈택스에서 직접 양도소득세 신고가 가능하다. 양도소득세 신고코너에서 국외주식을 선택하고 거래내역을 첨부해 신고하면 된다. 양도소득세 세율은 양도차익에서 250만원과 필요경비를 공제한 금액에 20%(과세표준 3억원 초과 25% 세율 적용)를 곱해 계산한 후 납부한다. 이후 지방소득세로 2%(3억원 초과시 2.5%)를 추가로 납부해야 하는데, 이는 고지서 형태로 집으로 날아온다.

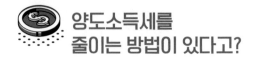

양도소득세를
줄이는 방법이 있다고?

한 종목에서 이익을 많이 봤으면 손실 난 종목을 일단 팔아 당해 양도차익을 250만원 미만으로 맞추자. 판 종목은 다시 사면 그만이다.

해외주식을 팔아 돈을 벌었으면 이에 합당한 양도소득세를 내는 것이 당연하지만 법적 테두리 내에서 최대한 세금을 줄이는 것이 유리하다. 그런데 양도소득세를 어떻게 해야 줄일까? 양도차익 중 1년에 최대 250만원까지는 세금이 공제된다는 점을 잘 활용하면 가능하다.

2020년 1월 1일 매도분부터 해외주식뿐 아니라 국내주식의 양도손익까지 모두 합산해 250만원 한도로 공제하는 방안이 시행됐다는 점도 유의할 필요가 있다. 이전엔 국내주식은 국내주식끼리만, 해외주식은 해외주식끼리만 손익이 합산돼 각각 1년에 250만원씩 공제됐던 것에서 달라진 것이다.

다만 국내주식은 양도소득세를 내는 투자자가 대주주로 한정되니 국내주식, 해외주식 손익을 통산해 양도소득세를 줄일 수 있는 투자자도 역시 소득세법상 '대주주'로 한정된다. 국내주식을 팔아 이익을 보더라도 양도소득세를 내지 않는 소액주주는 기존과 다를 바 없다.

1년 양도차익을 최대한 250만원으로 줄여라

국내주식투자에서 소액주주로 분류되는 투자자는 1년간 사고팔았던 해외주식에만 집중하면 된다. 여기서 말하는 1년은 1월 1일부터 12월 31일까지를 말한다. 다만 양도소득세는 거래일이 아닌 결제일을 기준으로 부과되는 세금이다. 미국주식 결제일은 '거래일(T)+3일'이므로 12월 31일 사고판 주식은 그 이듬해 소득으로 간주되니 이 점에 유의해 매매해야 한다.

　가장 좋은 절세법은 최대한 1년에 250만원어치만 버는 것이다. 일명 '나눠 팔기 기법'이다. 예컨대 애플(AAPL)을 주당 100달러씩 100주 매입했는데, 2020년 12월이 되니 40% 올라 140달러가 됐다고 치자. 애플 100주를 모두 팔아 이익을 내고 싶은데 어떻게 파는 것이 좋을까? 한꺼번에 팔자니 총 4천달러(440만원)의 이익이 생겨 양도소득세로 약 42만원(440만원에서 250만원 공제 후 22% 세율을 곱해 계산)을 내야 한다. 세금을 줄이기 위해선 주가가 별 차이가 없다는 전제하에 12월에 50주만 팔고, 2021년 1월에 나머지 50주를 파는 식으로 나눠 파는 것이 유리하다. 12월에 50주를 팔면 양도차익이 2천달러(220만원)로 줄어들어 내야 할 세금이 0원이다. 2021년에도 마찬가지다.

손실이 난 주식을 팔아서 1년 양도차익을 250만원 이하로 맞출 수도 있다. 애플은 40%가 올라 100주를 모두 팔면 4천달러(440만원) 차익이 생겨서 양도소득세를 내야 할 판이다. 그런데 60달러에 50주를 샀던 델타항공(DAL)은 20달러로 60% 넘게 하락(2천달러 손실)했다. 이럴 경우 델타항공은 애플을 판 연도에 함께 매도해버리면 1년간의 양도차익은 2천달러(220만원)로 줄어들어 양도소득세가 0원이다. 이후 델타항공을 다시 매수하더라도 추가로 들어가는 비용은 수수료 0.25% 정도이니 양도소득세를 내는 것보다 비용이 덜 들게 된다(물론 델타항공 주식을 팔고 다시 사는 과정에서 주가가 20달러보다 더 오른 경우엔 기회비용이 더 들 수 있다).

국내주식과 해외주식의 손익방향이 다르다면?

국내주식과 해외주식에 모두 투자하는 투자자 중 국내주식 기준 대주주에 해당하는 투자자들은 2020년부터 따져봐야 할 것들이 많아졌다. 국내주식과 해외주식에서 둘 다 이익을 보거나 손실을 봤을 경우엔 복잡할 것이 없다. 손익 합산 250만원 공제가 별 의미가 없어지기 때문이다. 그러나 국내주식과 해외주식의 손익방향이 갈릴 경우엔 좀 더 머리를 써야 한다.

A씨는 삼성전자, 현대차, 애플에 투자하고 있다. 삼성전자의 경우 보유주식 시가총액이 3억원을 넘어 소득세법상 대주주에 해당하는데, 현대차는 소액주주로 분류된다. 이런 상황에서 삼성

A씨의 양도소득세 계산법

구분	과세 구분	양도손익	과세손익
삼성전자(대주주)	○	−5천만원	−5천만원
현대차(소액주주)	×	−5천만원	0원(과세대상 아님)
애플	○	+1억원	+1억원
순 손익		0원	5천만원

과세손익은 A씨가 대주주인 삼성전자 손익과 해외주식인 애플의 손익을 합산해 구한다. 소액주주로 과세 대상이 아닌 현대차 손익은 과세 대상이 아니라서 합산하지 않는다.

전자를 팔아서 5천만원 손실을 보고, 현대차를 팔아서도 5천만원의 손실을 봤다.

그런데 애플을 매도해 1억원가량 이익을 봤다면 양도소득세는 어떻게 될까? A씨는 과세대상인 삼성전자 손실과 애플 이익을 합산해 5천만원에 대해서만 양도소득세를 내게 된다. 현대차는 소액주주에 해당돼 양도차익 손익 합산 과세대상이 아니다. 반대로 삼성전자, 현대차를 팔아서 각각 5천만원씩 이익을 보고 애플의 경우엔 1억원의 손실을 봤다. 이럴 경우에도 소액주주에 해당하는 현대차 손익은 무시하고 삼성전자와 애플의 손익만 합산해 5천만원에 대해서만 양도소득세를 내게 된다.

여기서 문제는 양도소득세 신고시기다. 해외주식은 지난 1년간 발생한 양도차익에 대해 이듬해 5월 1일부터 5월 31일까지, 딱 1번 확정신고를 하면 끝이다. 그러나 국내주식(대주주에 한해)의 경우 예정신고 2번과 확정신고 1번, 총 3번의 신고를 하게 된다. 상반기 거래분은 8월 말까지, 하반기 거래분은 이듬해 2월 말까지 예정신고를 하고, 해외주식까지 합산해 이듬해 5월에 또다시 확정신고를 하는 식이다.

국내주식에서 돈을 벌어 예정신고할 때 세금을 냈는데 해외주식에서 손실을 봤다면, 국내주식과 해외주식에 대해 한꺼번에 확정신고를 하는 5월에 세금을 돌려받을 수도 있다. 거꾸로 국내주식에서 손실을 보고 해외주식에서 이익을 봤을 경우엔 국내주식 손실분에 대한 예정신고 없이 국내주식과 해외주식 손익을 통산해 확정신고만 하면 된다.

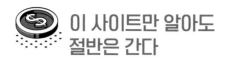

이 사이트만 알아도 절반은 간다

미국주식 정보를 쉽게 볼 수 있는 사이트가 여기 다 모였다. 공시를 보는 방법부터 외국 증권사 투자의견까지 쉽게 보는 방법을 알아보자.

우리나라 주식에 대한 정보는 일반인도 마음만 먹으면 찾는 게 그다지 어렵지 않다. 아침이면 여러 경제신문 기자들이 증권사 리포트를 기사화해줄 뿐만 아니라 전자공시시스템도 잘 갖춰져 있기 때문이다.

하지만 미국주식에 관한 정보는 찾기가 쉽지 않다. 언어장벽의 문제도 있지만, 기본적으로 여러 정보접근이 우리나라만큼 쉽지 않아서다. 특히 일반인이 미국 유명 증권사의 리포트를 직접, 그것도 무료로 구해서 보기란 사실상 불가능하다고 봐야 한다.

하지만 잘 찾아보면 미국주식에 대한 정보를 얻을 수 있는 곳은 무궁무진하다. 여기에선 미국주식 관련 정보를 무료로 잘 정리해둔 웹사이트를 몇 군데 소개한다.

미국 공시의 기본_'에드가'

국내 상장기업들이 금융감독원 전자공시시스템(DART)에 실적이나 공시서류를 제출한다면, 미국 상장기업들은 전자공시시스템 에드가(EDGAR)에 관련 서류를 제출한다. 에드가에 접속해 본인이 알아보고 싶은 종목의 이름을 검색하면 해당 종목이 제출한 공시서류를 볼 수 있다. 또한 '서류 유형(Filing Type)'에 아래 적힌 유형들을 따로 검색하면 해당 유형에 해당하는 서류들만 검색된다.

매 분기마다 제출하는 분기보고서는 '10-Q', 매년 초에 한 번 제출하는 사업보고서는 '10-K'라고 부른다. 실적에 대한 가장

sec.gov/edgar 에드가에 접속해 본인이 알아보고 싶은 종목의 이름을 검색하면 해당 종목이 제출한 공시서류를 볼 수 있다.

미국 공시 종류(form) 분류

미국 공시 분류	10-Q	10-K	3/4/5	SC 13G	SC 13F
	분기보고서	사업보고서	내부자 지분공시	5% 이상 지분공시	1억달러 이상 기관 지분공시
8-K / 1.01	8-K / 2.01	8-K / 2.02	8-K / 5.02	8-K / 7.01	8-K / 8.01
주요 계약체결	자산인수/ 매각	영업실적	임원선임/ 해임	공정공시	기타

기본적이고도 중요한 서류들이다.

지분공시 역시 중요하다. 5% 이상 지분에 대한 변경공시는 'SC 13G', 회사 내부자의 주식매매는 '3·4·5'로 검색이 가능하다. 3은 내부자가 처음 지분을 획득했을 때, 4는 그 이후 주식의 보유현황이 바뀌었을 때, 5는 3, 4에서 신고된 지분현황을 요약한 공시다.

테슬라의 2대 주주인 영국계 자산운용사 베일리 기포드가 보유지분을 줄였다는 것이 2020년 9월 초 이슈가 된 적이 있는데, 이 역시 에드가에서 테슬라를 검색한 뒤 'SC 13G'로 서류 유형을 검색하면 2020년 9월 2일자로 공시가 올라와 있는 것을 확인할 수 있다.

'SC 13F'는 1억달러 이상 운용하는 기관투자자가 해당 종목의 주식을 거래한 현황을 나타낸다. 가끔 워런 버핏이 운영하는 버크셔 해서웨이의 포트폴리오 현황을 기사로 볼 수 있는데, 이 역시 기자들이 버크셔 해서웨이 공시에서 SC 13F를 검색한 뒤 기사화하는 것이다. 1억달러 이상 운용하는 기관의 경우 매 분기 결산일 기준 45일 내에 이를 신고하게 돼 있다.

이 밖에 기타공시는 '8-K'로 묶인다. 그 중에서도 아이템 (item) 번호로 세부종류가 구별가능한데 각각 '1.01(주요계약체결), 2.01(자산인수/자산매각), 2.02(영업실적), 5.02(임원선임/해임), 7.01(공정공시), 8.01(기타)' 등으로 나뉜다.

주가와 공시의 관계는?_'랭크앤파일드닷컴'

랭크앤파일드닷컴은 에드가의 공시사이트를 더 직관적으로 보여준다. 어떤 공시가 언제 발표됐는지 주가 그래프 위에 덧대 보여준다. 사이트에서 자신이 궁금한 종목의 이름만 검색해보면 된다. 보통 실적이 발표되기 며칠 전부터 주가가 오르는지, 또한 주가가 오를 때마다 회사 내부자들이 주식을 팔았는지 여부 등의 정보를 한눈에 파악할 수 있다.

실적과 증권사 투자의견을 한눈에_'마켓비트'

마켓비트에서는 종목의 최근 실적이 어떤지, 증권가의 향후 실적 예상 추정치(컨센서스)는 어느 정도인지, 또한 주요 증권사의 투자의견은 무엇인지를 직관적으로 파악할 수 있다. 검색창에 자신이 알아보고자 하는 종목의 이름만 검색하면 실적과 증권사 투자의견 등의 자료가 나온다.

'애널리스트 평가(Analyst Ratings)' 탭에서는 최근 12개월 동안 주요 증권사 애널리스트들이 제시한 투자의견과 목표주가의 평균치를 알 수 있다. 특히 '180일 전, 90일 전, 30일 전, 현재' 등 시간순으로 변하고 있는 애널리스트들의 평가도 한눈에 파악이 가능하다. 또한 증권사별로 정확히 언제 투자의견을 바꿨는지, 목표주가를 조정했는지 등도 알 수 있다.

'실적(Earnings)' 탭에서는 현재까지 발표된 분기 실적과 당시 증권사의 실적 추정치를 한눈에 볼 수 있다. 또한 향후 분기 실적을 추정한 증권사가 몇 곳인지, 이들의 평균 추정치가 얼마인지도 알 수 있다.

한편 마켓비트 사이트에선 '경쟁종목(Competitors)' 탭을 통해

	Today
TSLA Consensus Rating:	Hold
TSLA Consensus Rating Score:	1.81
TSLA Analyst Ratings:	12 Sell Rating(s) 14 Hold Rating(s) 6 Buy Rating(s) 0 Strong Buy Rating(s)
TSLA Consensus Price Target:	$324.92
TSLA Price Target Upside:	59.29% downside

marketbeat.com 2021년 2월 기준 테슬라에 제시된 애널리스트들의 12개월 평균 투자의견은 '보유(hold)'이며, 증권사 12곳은 '매도(sell)' 의견을, 14곳은 '보유(hold)' 의견을, 6곳은 '매수(buy)' 의견을 제시했음을 알 수 있다. 목표주가의 12개월 평균은 324.92달러로 현 주가 대비 59.29% 낮다.

해당 종목이 경쟁종목에 비해 얼마나 경쟁력이 있는지를 따져볼 수 있다. '회사 내부자 거래(Insider trades)' 탭에서 해당기업의 내부자가 자사주를 샀는지 팔았는지도 볼 수 있다.

대가는 뭘 샀을까?_'웨일위즈덤닷컴·릴레이셔널스톡'

투자를 하다 막막할 때 누군가의 정답을 베끼고 싶은 마음이 들지 않는가? 그때 참고할 수 있는 사이트가 2개 있다. 웨일위즈덤닷컴과 릴레이셔널스톡, 두 곳이다. 이곳에서는 투자의 대가들이 무엇을 사고팔았는지를 쉽게 파악할 수 있다. 에드가 공시에서 'SC 13F' 항목만 잘 정리해놓은 사이트라고 보면 된다.

whalewisdom.com 웨일위즈덤닷컴은 투자기관의 이름을 검색해 알아보는 방식이다. '골드만삭스'나 '버크셔 해서웨이' '사우디아라비아 국부펀드' 등을 검색하면 해당 기관들이 각 분기에 어떤 종목을 가장 많이 사고팔았는지를 볼 수 있다.

relationalstocks.com 릴레이셔널스톡에서 '전문가/기관(Gurus/Institutions)' 탭을 선택한 모습. 투자 대가들의 사진을 클릭하면 그들의 포트폴리오를 파악할 수 있다.

먼저 웨일위즈덤닷컴은 투자기관의 이름을 검색해 알아보는 방식이다. '골드만삭스'나 '버크셔 해서웨이' '사우디아라비아 국부펀드' 등을 검색하면 해당 기관들이 각 분기에 어떤 종목을 가장 많이 사고팔았는지를 볼 수 있다.

또한 몇 년 새 어떤 업종의 비중을 줄였는지, 늘렸는지도 그래픽으로 한눈에 볼 수 있다. '보유 주식 전부 보기(See all holdings)' 탭에 들어가면 보유한 주식이 전체 포트폴리오에서 몇 퍼센트를 차지하는지, 평균 매수단가가 얼마로 추정되는지까지 알 수 있다. 'SC 13F' 보고서 자체가 각 분기 종료 후 45일 이내에 제출하게 돼 있고, 웨일위즈덤닷컴의 업데이트도 제출과 동시에 이뤄진다.

한편 펀드 이름을 검색하는 게 어렵게 느껴지는 투자자에겐 릴레이셔널스톡이 도움이 된다. 이 사이트에선 투자 대가의 사진만 클릭해도 그의 포트폴리오를 알 수 있다. 사이트 내의 '전문가/

기관(Gurus/Institutions)'탭을 선택하면 워런 버핏부터 조지 소로스, 짐 시몬스 등 투자의 대가들이 최근 어떤 업종을 중심으로 포트폴리오를 구성했는지, 가장 많이 들고 있는 종목 20개는 무엇인지 알 수 있다. 또한 이 탭 안에서 '주요 기관(Major Institutions)'을 클릭하면 JP모건이나 골드만삭스가 보유 중인 주식을, '헤지펀드(Hedge Funds)'를 클릭하면 데이비드 아인혼이 이끄는 그린라이트 캐피탈 등의 기관이 보유한 주식을 파악할 수 있다.

간밤 미국시장은 어땠나?_'핀비즈닷컴'

잠에서 깨서 간밤 미국시장이 어떤 상황인지 한눈에 파악하고 싶다면 핀비즈닷컴이 제격이다. '지도(Maps)'탭에선 시장에 상장된 종목들의 주가가 현재 어떻게 움직이고 있는지 티커명(Ticker)과 색깔로 직관적으로 표현해준다.

해당 종목이 차지하고 있는 공간이 크면 클수록 시가총액이 크다는 말이다. 지도는 S&P500지수로 국한해서 볼 수도 있고, 미국시장에 상장된 모든 종목(Full)을 대상으로도 볼 수도 있다. 뿐만 아니라 전 세계의 흐름도 한눈에 파악이 가능하다. 다만 무료버전은 시세반영이 15분 느리기 때문에 주의가 필요하다.

뿐만 아니라 '스크리너(Screener)'탭에서 조건을 설정해 자신만의 종목발굴도 가능하다. 시가총액(Market cap)이 얼마 이상이고, 배당률(Dividend Yield)이 몇 퍼센트 이상인지, 또 목표주가

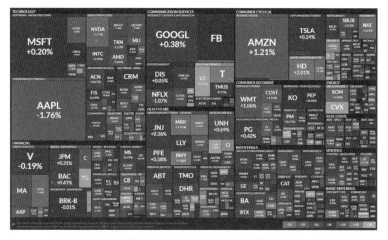

finviz.com 핀비즈닷컴에서 미국시장에 상장된 모든 종목의 주가 등락폭을 한눈에 파악할 수 있다.

(Target Price)가 현 주가보다 어느 정도 차이 나는지 등의 조건을
설정해 자신이 원하는 매수종목을 찾아낼 수 있다.

배당은 언제 주나?_'디비던드닷컴'

배당주 투자를 주로 하는 투자자들에겐 디비던드닷컴이 유용하
다. 이 사이트에서 본인이 알아보고 싶은 종목 이름을 검색하면
된다. 배당정책(Dividend policy)이 최근 바뀌었는지부터, 배당을
주는 날은 언제(Pay date)인지, 몇 달 간격(Dividend Frequency)으
로 주는지, 1주당 얼마의 배당(Amount)을 주는지 등을 한눈에 알
수 있다. 배당금이 최근 몇 달 혹은 몇 년 동안 꾸준히 늘었는지
(Consecutive Yrs of Div Increase)도 알 수 있다. 연간 배당금 및 배

Dividend.com 2020년 12월 20일 디비던드닷컴에서 미국의 대표적 리츠인 리얼티인컴(O)의 배당을 검색해본 결과. 다음 배당은 2021년 1월 15일에 이뤄지며 1주당 0.2345달러를 준다고 적혀 있다. 이는 전에 비해 배당금이 0.2% 증가한 규모다. 배당 주기는 매달(Monthly)이다.

당률 추정치(Fwd Annualized Dividend/Yield)뿐만 아니라 최근 12개월 기준 확정 연간 배당금 및 배당률(LTM Dividend/Yield)도 파악할 수 있다.

CEO의 생각이 궁금해_'알파스트릿'

알파스트릿에선 각 기업이 분기별로 진행한 어닝콜(Earnings Call, 실적발표)의 스크립트(Script)를 텍스트로 볼 수 있다. 우측 상단에 자신이 검색하고 싶은 종목명을 입력하면 된다.

테슬라를 예로 들었을 경우, 'Tesla, Inc. (TSLA) Q2 2020 Earnings Call Transcript'의 제목으로 스크립트가 올라와 있는

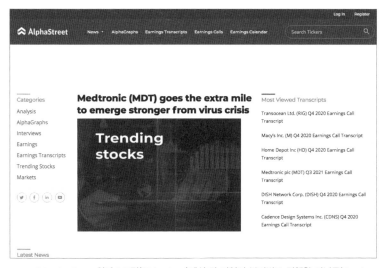

news.alphastreet.com 알파스트릿(Alphastreet)에선 각 기업이 분기별로 진행한 어닝콜(Earnings Call, 실적발표)의 스크립트(Script)를 텍스트로 볼 수 있다.

것을 확인할 수 있다.

스크립트엔 대표이사(CEO)가 이번 분기 실적에 대해 설명한 내용뿐 아니라 애널리스트와 기업 간의 질의응답도 날것 그대로 담겨 있다. 기업이 각 분기 실적에 대해서 어떻게 평가하는지, 애널리스트들은 무엇을 가장 궁금해하는지 등을 스크립트를 통해 매우 세세하게 파악할 수 있다. 뿐만 아니라 '알파그래프(AlphaGraphs)' 탭에는 최근 실적을 발표한 기업들의 매출과 그 매출이 아시아나 유럽 등 어느 대륙에서 주로 발생했는지 등을 인포그래픽(infographic)을 통해 보여준다. 주당순이익(EPS)이나 잉여현금흐름(Free cash flow)에 대해서도 파악이 가능하다.

막간 코너 꼭 알아야 할 미국주식 용어

티커, YoY, GAAP EPS···. 미국주식을 하다 보면 맞딱뜨리는 모르는 단어들을 여기서
한눈에 알아보자.

"영어도 할 줄 모르는 내가 미국주식에 어떻게 투자해?" 많은 사
람들이 미국주식투자에 섣불리 도전하지 못하는 이유다. 그런 사
람들을 위해 꼭 알아야 할 주식 용어들을 선별했다. 이 용어들을
익힌 뒤 인터넷 자동번역기 서비스를 적절히 이용하면 영어 까
막눈인 투자자들도 미국주식 관련한 웬만한 사이트는 이해할 수
있을 것이다.

종목정보 관련

Ticker / Symbol	종목코드	Benchmark	벤치마크. 보통 S&P500이나 나스닥지수 등 대표적인 지수를 뜻함.
Market Cap	시가총액	Previous Close / Open	전일 종가 / 시초가
Volume	거래량	Bid, Buy, Call / Ask, Sell, Put	매수 / 매도

Shares Outstanding	발행주식수	Delist	상장폐지
Stock Split	주식분할	Stock Repurchase / Buy-back	자사주 매입
Large Cap / Mid Cap / Small Cap	대형주 / 중형주 / 소형주	Individual(retail) Investors / Institutional Investors	개인투자가 / 기관투자가
B / M	시가총액 등 숫자 뒤에 붙은 B는 Billion Dollar, 즉 10억달러를 의미함. M은 Million Dollar로 100만 달러를 의미함.	Fair Value (Overvalued / Near Fair Value / Undervalued)	주식의 적정가치 (고평가됐음/적정평가 됐음/저평가됐음)
TTM(Trailing Twelve Month) / LTM(Last Twelve Month)	최근 12개월	MRQ(Most Recent Quarter)	가장 최근 분기
Trailing P/E	과거 12개월 실적으로 따진 주가수익비율(PER)	Forward P/E	향후 12개월 실적 예상치로 따진 주가수익비율(PER)
GAAP EPS	표준화된 회계기준 (GAAP)으로 계산한 주당순이익(EPS)	non-GAAP EPS	표준화된 회계기준이 아닌, 인수합병이나 일시성 비용 등 비정기적인 비용을 제외해 산출한 EPS
Diluted EPS	전환우선주, 스톡옵션 등 미래에 보통주로 전환될 수 있는 주식수까지 포함해 계산한 EPS	1Y Target Est	1년 내 목표주가
Beta Ratio	베타지수. 시장평균은 1.0으로, 이보다 높으면 변동성이 크다는 뜻	Short Ratio	1일 거래 주식수 대비 공매도 주식수
Offer price	공모가	Futures	선물. 주식선물이나 유가선물 등

기업실적 관련

Earning	실적	Interest rates	금리
Q / H 예: 2Q20 / 2H20	Q는 Quarter, 분기. H는 Half, 반기. 2Q20은 2020년 2분기. 2H20은 2020년 하반기	E / P / A 예: 3Q20(E) / 3Q20(P) / 3Q20(A)	E는 Estimate, 추정치. P는 Provisional, 잠정치. A는 Actual, 확정치. 3Q20(E)는 2020년 3분기 실적 추정치
YoY	전년 동기 대비	QoQ	전 분기 대비
Balance Sheet	대차대조표	Net income / Net loss	당기순이익 / 당기순손실
(Total)Revenue	(총)매출	Net Profit Margin	순이익률 (당기순이익/총매출)
Operating Income	영업이익	Current Assets / Liabities	유동자산 / 유동부채
Operating Expense	영업비용	Book Value	순자산

배당 관련

Dividend	배당	Pay date	배당지급일
Dividend per share	1주당 배당금	Ex–Div Date	배당락일
Declaration Date	배당계획 발표일	Record Date	배당기준일
Dividend Yield	배당률	Annual Dividend (Annualized payout)	연간배당금
Pay–out Ratio	배당 성향	Dividend Growth	배당성장률

투자의견 관련

Consensus	컨센서스. 예상 평균치	Target Price(TP)	목표주가
Strong Buy / Conviction Buy	강력매수	Dovish / hawkish Bullish / Bearish	비둘기파적 / 매파적 강세 / 약세
Buy / Overweight	매수 / 비중확대	Outperform	시장수익률 상회 예상
Hold(Neutral)	중립	Marketperform	시장수익률과 비슷한 주가 기록 예상
Sell / Underweight	매도 / 비중축소	Underperform	시장수익률 하회 예상
Trading Buy	단기 매수	Long Term Buy	장기매수

- 연준과 싸우지 마라
- 기업이 잘 돌아가는지 봐라
- 다들 월급은 잘 받고 있나
- 달러가 중요해
- 주식시장은 얼마나 공포에 질렸나
- 장단기 금리가 가진 예지력

4

미국주식할 때 꼭 알아야 하는 것들

연준과
싸우지 마라

코로나19로 큰 타격을 받은 시장을 끊임없는 달러공급으로 구해낸 연준.
미국 중앙은행인 연준의 정책이 증시의 방향을 좌우한다.

"Don't fight the FED."

미국 중앙은행인 "연방준비제도(연준, FED)와 싸우지 마라"는 유명한 증시 명언이 있다. 연준의 정책결정, 연준 의장의 말 한마디가 증시에 미치는 영향이 워낙 크니 이들의 결정에 반대로 행동했다간 큰코다친다는 뜻에서 나온 말이다.

2008년 금융위기, 2020년 코로나19 위기를 극복하게 만들었던 힘도 연준에 있었다고 해도 과언이 아니다. 연준이 전 세계를 향해 엄청난 규모의 달러를 풀자 폭락했던 증시도 빠른 회복세를 보였다.

증시 방향성을 좌우하는 슈퍼파워, 연준

연준은 2008년 금융위기가 터졌을 때 주택담보증권(MBS) 등 담보부 증권, 국고채권(국채) 등을 대거 매입하는 '양적완화(QE)'를 과감하게 도입했다. 양적완화는 연준이 달러를 주고 시장에 있는 국채 등을 매입하는 것을 말한다. 연준의 장바구니엔 국채가 늘어나는 대신 시장엔 달러공급이 급증하는 효과가 나타난다.

양적완화 효과에 금융시장은 점차 안정을 찾아갔다. 공급된 유동성은 경기가 회복할 시간을 벌어줬다. 시중에 돈이 많아지면 돈의 값인 금리가 낮아지고, 이에 가계와 기업은 돈을 쉽게 빌려 소비나 투자 등을 하면서 경기가 살아나게 된다.

미국은 오랜 쌍둥이 적자(경상수지 적자, 재정수지 적자)로 나랏빚을 내 경기를 부양할 만한 여력이 부족했다. 유럽도 마찬가지였다. 그로 인해 전 세계 금융위기 극복에 정부 대신 중앙은행이 전면에 서게 됐다. 연준이 그 선봉장에 섰다.

2008년의 학습효과는 2020년 코로나19로 인한 주가폭락 등 금융시장 불안을 벗어나는 데 큰 도움이 됐다. 연준은 그 어느 때보다 빠른 속도로 국채 등을 매입하며 달러공급을 늘렸다. 이는 연준의 자산이 얼마나 늘어났는지를 보면 알 수 있다. 2020년 3월 세계보건기구(WHO)가 코로나19 팬데믹(Pandemic, 세계적인 대유행)을 선언하기 이전인 2월 말 연준의 보유 자산은 4조 1,586억 달러였으나 6월 초순께 7조 1,689억달러로 급증했다. 석 달이 조

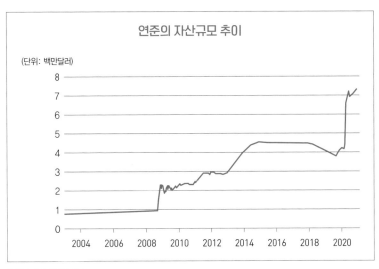

연준의 자산규모 추이

(단위: 백만달러)

| | 2004 | 2006 | 2008 | 2010 | 2012 | 2014 | 2016 | 2018 | 2020 |

*매주 수요일 업데이트

출처: 세인트루이스 연방준비은행

금 넘는 기간 동안 보유자산이 무려 72.4%나 늘어난 것이다.

연준의 과감한 달러공급에 S&P500지수는 'V자' 반등에 성공했다. S&P500지수는 3월 23일 장중 2191.86까지 급락, 코로나19 팬데믹 이전 고점을 찍었던 2월 19일(종가 3386.15) 이후 35.3% 떨어졌으나 9월 2일 장중 3588.11까지 올라 저점 대비 63.7% 상승했다. 그 뒤로도 주가상승은 계속돼 12월 18일 장중 3726.70으로 올라 역대 최고치를 기록했다.

연준의 정책이 증시의 방향을 좌우할 만큼 세니 어찌 연준의 힘을 무시할 수 있겠는가. 연준이 언제 금리를 내릴지, 국채를 얼마나 매입할지, 반대로 국채 매입을 멈추고 금리를 올릴지가 더더욱 중요해졌다.

누가 연준의 정책을 결정할까?

연준은 어떻게 정책을 결정할까? 우리나라에는 한국은행이 있고, 한국은행이 금융통화위원회에 소속된 위원(금통위원)들과 통화정책회의를 열고 기준금리를 결정한다. 연준이 우리나라의 한국은행이라면, 연방공개시장위원회(FOMC)는 우리나라의 금융통화위원회에 비견된다. 다만 미국은 지역별로 연방준비은행 총재가 있고 이들이 FOMC 위원이 되기 때문에 우리나라 금융통화위원회와 완전히 같은 구조는 아니다.

FOMC는 6주에 한 번씩 매년 여덟 차례 회의를 열고 연방기금금리를 올릴지, 내릴지, 국채 등을 더 살지 말지 등을 결정하게 된다. FOMC에 참여하는 위원(멤버)은 총 19명이다. 연준 의장을 포함한 연준 이사회(FRB) 위원 7명과 뉴욕 연방준비은행(이하 연은) 총재(부의장 역할)를 포함한 지역 연은 총재 12명으로 구성돼 있다.

다만 이들 19명이 모두 투표권을 갖는 것은 아니다. 투표권을 갖는 사람은 12명이고, 매년 조금씩 달라진다.

연준 의장을 포함한 7명의 연준 이사회 위원들과 뉴욕 연은 총재 등 총 8명은 매년 투표권을 갖는다. 나머지 11명의 지역 연은 총재는 4명씩 돌아가면서 1년 단위로 투표권을 얻게 되는 구조다. 그러나 현재 연준 이사회 위원 2명이 공석인 상태라 2020년 투표권을 갖는 멤버는 총 10명(연준 이사회 위원 5명, 뉴욕 연은 총재,

2020년 FOMC 투표권을 가진 멤버 현황(10명)

제롬 파월	연준 의장
존 윌리엄스	**연준 부의장 겸 뉴욕 연방준비은행 총재**
리처드 클라리다	**연준 이사회 위원**
랜들 퀄스	**연준 이사회 위원**
라엘 브래이너드	**연준 이사회 위원**
미셸 보우먼	**연준 이사회 위원**
패트릭 하커	필라델피아 연방준비은행 총재
로버트 카플란	댈러스 연방준비은행 총재
닐 카시카리	미니애폴리스 연방준비은행 총재
로레타 메스터	클리블랜드 연방준비은행 총재

*연준 이사회 위원 7명 중 2명 공석. 굵은 글씨가 투표권 고정

출처: 연준

지역 연은 총재 4명)뿐이다.•

이들이 어떤 성향을 갖고 있는지가 정책결정에 상당한 영향을 준다. 금리를 낮춰 경기부양을 촉진해야 한다는 쪽을 통상 '비둘기파'라고 칭하고, 반대로 금리를 올려 물가를 안정시켜야 한다는 쪽을 '매파'라고 부른다.

제롬 파월 연준 의장••은 중도 비둘기파로 평가받고, 존 윌리엄스 뉴욕 연은 총재는 중도파로 불린다. 2020년 투표권을 갖고 있는 닐 카시카리 미니애폴리스 연은 총재는 비둘기파로 통하고, 로레타 메스터 클리블랜드 연은 총재는 매파로 통한다.

"사람 바꿔 쓰지 마라"는 말처럼 사람의 성향은 쉽게 바뀌지 않

• 2020년 12월 기준
•• 2020년 12월 기준

지역 연방준비은행 총재 투표권 로테이션 현황

2021년	2022년	2023년
시카고	클리블랜드	시카고
리치몬드	보스턴	필라델피아
애틀란타	세인트루이스	댈러스
샌프란시스코	캔자스시티	미니애폴리스

출처: 연준

는다. 경기상황에 따라 매파가 비둘기파로 변할 수도 있지만 이들이 원래 어떤 성향을 가졌는지 파악하는 것은 중요하다. 그에 따라 연준 위원들의 발언에 무게가 달라질 수 있다. 매파 성향을 가진 멤버가 갑자기 비둘기 성향의 발언을 한다면 그것은 그만큼 경기상황이 나쁘다는 것을 방증한다. 반대로 비둘기 성향을 가진 멤버가 매파 성향의 발언을 한다면 최소한 금리를 더 내리지 않을 가능성이 높다고 예측할 수 있다.

이들의 임기가 상당히 길다는 점도 유념해야 한다. 우리나라의 경우 한국은행 총재와 금통위원 임기가 기껏해야 4년이고, 잘하면 한 번 정도 연임해 최대 8년까지 할 수 있으나 실제로 8년까지 하는 사례 자체가 극히 드물다. 그러나 미국은 다르다. 연준 의장의 임기는 우리나라와 같은 4년이지만 제한 없이 연임이 가능하다.

앨런 그린스펀은 1987년 8월 첫 연준 의장이 돼 2006년 1월 말까지 대통령이 네 번 바뀌도록 그 자리를 유지했다. 그 다음

벤 버냉키도 2006년 2월부터 2014년 1월까지 했다. 재닛 옐런은 2014년 2월부터 2018년 2월까지 4년만 채웠다. 연준 의장을 대통령이 임명하긴 하지만 대통령이 바뀌었다고 임기 중간에 연준 의장이 바뀌진 않는다.

연준 의장이 아닌 연준 이사회 위원 개개인의 임기는 14년으로 정해져 있다. 사람 성향이 쉽게 바뀌지 않는데 임기까지 길기 때문에 FOMC 멤버들이 어떤 인물인지가 중요해질 수밖에 없다.

FOMC 회의가 끝난 후엔 뭘 볼까?

연준이 FOMC 회의에서 어떤 정책을 결정할지를 살펴보는 것만큼 중요한 이벤트들도 있다. 연준 의장은 FOMC 회의가 끝난 후 1년에 4번 기자회견을 연다. 연준 의장이 몇 월 FOMC 회의에서 기자회견을 할지는 미리 공개된다. 2020년엔 3월, 6월, 9월, 12월 FOMC 회의 이후에 기자회견을 했었다.

연준 의장이 시장에 어떤 메시지를 전달하느냐에 따라 향후 어떤 정책이 나올지를 예측해볼 수 있다. FOMC 회의가 끝나고 3주 뒤에는 FOMC 의사록이 공개된다. FOMC 회의에 참석한 멤버(익명)들이 회의에서 어떤 말을 했는지도 시장이 중요하게 살펴보는 것 중 하나다.

FOMC 회의 직후에는 '금리 점도표'가 공개된다. 금리 점도표는 투표권을 갖지 않은 멤버 모두를 포함해 연준 멤버들이 향후

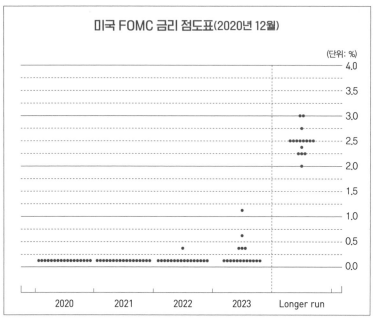

미국 FOMC 금리 점도표(2020년 12월)

(단위: %)

각 점들은 FOMC 멤버들이 향후 3년간 금리가 어디에 위치할지 점으로 찍어서 나타낸 것이다. 2020~2021년엔 FOMC 멤버 모두가 금리수준이 0%에 머무를 것이라고 봤지만, 2023년엔 금리가 1%가 될 것이라고 예상하는 멤버도 있다. 이들은 장기적으론 금리가 2~3%가 될 것이라고 보고 있다.

출처: 연준

3년간 금리가 어디에 위치할지를 점으로 찍어서 나타낸 도표다. 누가 어떤 점을 찍었는지는 알 수 없다. FOMC 멤버 다수가 현 시점에 향후 금리변화를 어떻게 예측하는지를 살펴볼 수 있다는 장점이 있다.

2020년 12월 FOMC 회의가 끝난 후 공개된 금리 점도표에선 대부분의 FOMC 위원들이 2022년까지 제로금리를 전망한 것을 알 수 있다. 다만 제임스 블라드 세인트루이스 연은 총재는 장기

금리전망을 거부해 금리 점도표에 나타난 점의 개수가 2020년부터 2022년까지는 17개이나 장기 금리전망에선 16개로 줄었다.

그러나 금리 점도표는 말 그대로 현재의 전망치일 뿐, 금리는 경기변화에 따라 항상 달라질 수 있다는 점을 알아두자. 제롬 파월 연준 의장은 2020년 6월 FOMC 회의 이후 기자회견에서 "금리 점도표에 너무 집중하면 더 큰 그림을 놓칠 수 있다"고 밝히기도 했다.

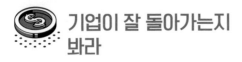

기업이 잘 돌아가는지 봐라

기업의 자재구매 담당자들은 경기의 체온을 가장 빠르고 적확하게 재는 사람들이다. 그런 사람들이 보는 경제전망을 시장은 신뢰한다.

위성사진은 글로벌 헤지펀드들이 기업에 투자할 때 보는 자료 중 하나다. 잘나가는 기업이라면 자재도 많이 필요할 테고, 그 자재를 싣고 나르는 트럭들이 끊임없이 들락날락할 테니 이를 위성사진으로 확인하는 것이다. 자재가 얼마나 오갔는지가 기업의 현재 상황을 제대로 보여주는 또 하나의 지표가 될 수 있기 때문이다.

문제는 대부분의 사람들에게 실시간 위성사진에 대한 접근권이 없다는 점이다. 돈과 정보력이 있는 헤지펀드들은 몰라도 일반인들이라면 이 정보에 접근하긴 쉽지 않다. 그러나 위성사진이 아니더라도 간접적으로 기업의 현황을 파악할 수 있는 데이터가 있다. 바로 구매관리자지수(PMI)가 그것이다.

자재구매 담당직원이 보는 기업경기, 'PMI'

PMI는 지표 이름 그대로 기업의 구매 관리자들, 즉 기업 내 자재를 구매하는 담당직원이 현재 혹은 향후 경기를 어떻게 보는지를 조사한 결과다. 구체적으론 신규주문, 생산 및 출하 정도, 고용상태 등을 조사해 집계한다. 자재구매 담당자는 경기가 긍정적일 경우 자재 구입량을 늘리고, 부정적일 경우 자재 구입량을 줄일 것이다. 자재구매 담당자는 그만큼 경기에 민감하다. 그래서 이들로부터 경제상황을 조사한 PMI 지표는 기업경기를 보여주는 가장 대표적인 지표로 꼽힌다.

PMI 지표는 미국·중국 등 주요 국가에서 각기 다른 주체들에 의해 발표된다. 미국의 경우 공급관리자협회(ISM)와 시장조사기관인 IHS 마킷(Markit)˙이 발표하는 제조업 PMI가 대표적이다. ISM이 집계하는 제조업 PMI는 매달 초에 발표한다. 또한 마킷이 집계하는 제조업 PMI는 매달 말 그달의 잠정치를 발표하고, 그 다음달 초에 직전 월의 확정치를 발표한다.

모든 PMI는 50을 기준으로, 조사 결과가 50을 넘으면 경기확장을 뜻하며, 50을 넘지 못하면 경기위축을 뜻한다. 실제 PMI를 보면 2020년 코로나19가 본격적으로 확산되기 직전까지만 하더라도 수치가 50을 넘겼지만, 확산이 시작된 뒤부터는 50 밑으로

˙참고로 IHS 마킷은 미국뿐 아니라 한국 등 전 세계 40여 개가 넘는 국가의 PMI를 발표한다.

ISM과 마킷이 발표하는 제조업 PMI 개요

	ISM	마킷
공통점	제조업체 구매관리자 대상으로 체감경기를 조사. 기준선은 50으로 이보다 위면 경기확장, 아래면 경기위축을 의미.	
발표시기	매달 초	매달 말(잠정치), 매달 초(확정치)
샘플 개수	350여 개 기업(주로 대기업)	800여 개 기업(중소기업 포함)
다국적기업 포함	포함	미포함

출처: ISM, IHS마킷

떨어진다. 2020년 발표된 미국 ISM 제조업 PMI지표는 '2월(50.9), 3월(50.1), 4월(49.1), 5월(41.5), 6월(43.1), 7월(52.6)' 등으로 발표됐는데, PMI지표만 봐도 코로나19의 확산세가 언제 경기에 가장 위협적이었는지를 알 수 있을 정도다.

ISM과 마킷 PMI의 다른 점

ISM과 마킷에서 발표되는 PMI는 대부분 비슷한 추이를 보인다. 그러나 조사방법이 조금씩 달라 결과도 사뭇 엇갈리게 나올 때가 있으므로 주의가 필요하다.

먼저 ISM에서 발표하는 제조업 PMI는 350여 개 기업을 조사하는데, 주로 대기업이 대상이다. 또한 미국기업의 해외공장까지 조사대상에 포함한다. 반면 마킷이 발표하는 제조업 PMI는 800여 개 기업을 조사하는데, 여기엔 중소기업도 포함된다. 또한 미국 내 공장만을 대상으로 설문한다. 설문 내용 중 신규주문에 대한 내용은 마킷이 ISM보다 더 비중이 높다.

실제 ISM과 마킷이 발표한 2019년 7월부터 2020년 2월 사이의 제조업 PMI 지수를 보자. 2019년 8월부터 2020년 1월까진 두 지수의 방향이 크게 다르다. 마킷이 발표한 PMI는 2019년 8월을 저점으로 연말까지 완만한 상승세를 보이며 꾸준히 50을 상회하고 있는 반면, ISM이 발표한 PMI는 8월 이후 연말까지 줄곧 우하향 추세인 데다 50을 넘지도 못하고 있다.

당시 ISM이 발표한 제조업 PMI 지표만 유독 하락세였던 것은 미중 무역분쟁의 영향이 컸다는 게 중론이다. 당시 중국에 진출해 있던 미국기업들이 무역분쟁의 직격탄을 맞으며 조사에 부정적으로 응답했을 가능성이 높다고 추정된다. 마킷 PMI의 경우 미국에 있는 기업에 대해서만 조사를 하니 미국 밖 기업의 사정

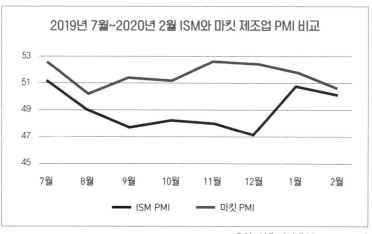

출처: 야후 파이낸스(Yahoo Finance)

은 반영되지 않았다.

　미국 제조업 경기를 살펴보기 위해선 ISM보다는 마킷의 데이터가 적합하다는 평가가 나온다. 미국 내 공장만을 설문 대상으로 삼는 데다 설문 내용에 신규주문 가중치가 ISM보다 더 높기 때문이다.

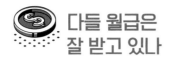

다들 월급은 잘 받고 있나

유일하게 한 주 단위로 발표되는 경제지표인 신규 실업수당 청구건수. 코로나19가 터지면서 더 중요해졌다.

코로나19 확산 후 글로벌 증권가에서 가장 꼼꼼히 챙겨봤던 데이터가 있다. 바로 매주 목요일 아침(현지시간) 미국 노동부가 발표하는 주간 신규 실업수당 청구건수다. 매주 실업수당을 신청하는 사람이 몇 명인지 보여주는 데이터다.

매주 발표되는 미국 실업자 추이

실업자 추이는 곧 그 나라의 경제 사정을 보여주는 거울과 같다. 경제가 호황이면 물건이 잘 팔리고, 그 물건을 생산하는 공장의 일자리도 늘어난다. 반대로 경제가 나쁘면 물건이 안 팔리고, 공장에 필요한 손도 그만큼 줄어들게 된다.

특히 이 집계가 빛을 발했던 건 코로나19가 급격히 확산된 2020년 3월 이후다. 코로나19가 경제에 미치는 파급효과를 가늠하기 힘든 상황이었는데, 매주 일자리 데이터를 업데이트해서 보여주니 눈여겨보지 않을 수 없던 것이다. 코로나19로 사람들은 바이러스로부터 자신을 보호하기 위해 강제로 칩거해야만 했고, 사회 역시 등교를 미루고 재택근무를 지원하는 등의 방식으로 사람들의 칩거를 도왔다.

사람이 밖에 나가서 소비하질 않으니 자연히 경제가 제대로 돌아갈 리 없다. 사람들은 호텔이나 외식사업과 같은 부분에서부터 실업자가 증가하기 시작했다는 사실을 알았다. 문제는 '대체 이 경제적 여파가 객관적으로 어느 정도 수준이냐'는 것이었다.

GDP 데이터는 훌륭한 경제적 지표이나, 분기가 끝나고 한 달

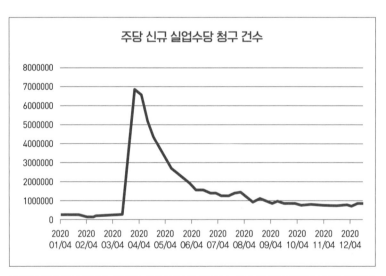

2020년 12월 15일까지 발표된 주간 신규 실업수당 청구건수. 코로나19가 확산되기 시작한 3월 중순 이후 미국의 주간 신규 실업수당 청구 건수가 급증하는 것을 알 수 있다.

출처: 미국 노동부

쯤은 지나야 발표되니 성미 급한 증권가엔 맞지 않았다. 매달 발표되는 '비농업 부문 신규 취업자수' 등 고용통계도 좋은 자료지만 한 달을 기다리긴 답답했다. 증권가는 매일매일의 시장에 대응할 수 있는 더 적합한 자료를 찾았다. 그래서 찾은 대안이 신규 실업수당 청구건수였다. 코로나19로 일자리를 잃은 사람이 몇 명인지 알 수 있는 훌륭한 수단이었다.

이래서 증권가는 매주 목요일 장 시작전에 발표되는 주간 신규 실업수당 청구건수를 보고 코로나19의 경제 파급효과를 가늠하기 시작했다. 이 데이터가 증권가의 평균 예상치보다(컨센서스 대비) 좋게 나오면 목요일 증시가 올랐고, 반대로 나쁘게 나오면 목요일 증시가 내리는 일이 2020년 3월 이후에 빈번하게 일어났던 이유다.

고용상황을 더 다각적으로 살피려면 고용통계를

미국의 고용상황을 다각적으로 살피려면 매달 발표하는 고용통계를 보는 게 더 정확하다. 대표적인 게 민간 조사기관인 ADP가 매달 초 발표하는 '비농업 신규 취업자 수'다. 이 통계는 전체 민간 고용시장(정부 부문 고용자 수 제외)에서 몇 명이 빠져나가고(실업) 몇 명이 들어와서(고용) 전체 취업자 수가 몇 명 늘었는지 아니면 줄었는지를 보여준다.

ADP 지표는 민간 기업 고용 사정만 따지기 때문에 실제 경제

온도가 얼마나 싸늘한지, 따뜻한지 알 수 있다. 민간기업은 정부 기관과 달리 이윤을 내는 데 집중하기 때문에 경제상황에 더 민감한 경향이 있다. 또한 ADP가 발표하는 취업 데이터는 미국 노동부가 발표하는 전체 취업자 데이터보다 이틀 일찍 발표돼 노동부 고용지표의 선행지표로도 여겨진다.

미국 노동부가 매월 초 발표하는 비농업 부문 고용 지표도 중요하다. 이는 민간·공공 부문을 모두 포함하며, 농업 분야를 제외한 전 분야에서 전달 대비 몇 명이 일자리를 잃었는지 또는 얻었는지를 보여준다. 또한 공식 실업률 통계도 함께 발표한다.

고용통계만큼 중요한 소비통계

미국경제를 떠받치는 건 소비다. 미국 가계 소비지출이 미국 GDP 통계에서 차지하는 비중은 70%에 육박한다. 무역, 기업 투자, 제조 등 다른 경제 분야보다 비중이 훨씬 높아 소비는 미국경제의 가장 큰 성장동력으로 평가받고 있다.

그런데 이 소비는 주머니가 두둑해야만 이뤄진다. 미국경제에서 일자리 데이터가 무엇보다 중요한 건 견고한 소비를 기반으로 미국경제가 성장해왔기 때문이다.

이 소비에 대한 데이터도 다양하다. 제일 유명한 건 민간경제 분석기관인 컨퍼런스보드가 매달 마지막 주에 발표하는 소비자 신뢰지수다. 매달 미국 전역의 5천 가구를 뽑아 설문조사를 하는

주요 경제지표의 발표현황

지표	발표기관	발표시점(현지시간)
주간 신규 실업수당 청구	노동부	매주 목요일
비농업 부문 고용	노동부	매월 첫째 주 금요일
비농업 부문 민간 고용	ADP	매월 첫째 주 수요일
소비자심리지수	컨퍼런스보드	매월 마지막 주 화요일
소비자심리지수	미시간대학교	매월 중순(예비치)·하순(확정치)

데, 설문조사에 응하는 사람들은 현재 경기상황과 미래 경기전망에 대해 '좋다 / 나쁘다 / 보통이다' 등 3지선다로 대답해야 한다. 이렇게 산출된 소비자 심리지수는 100(1985년)을 기준으로 산출된다.

미시간대가 발표하는 소비자심리지수 역시 가계의 소비심리를 보여준다. 컨퍼런스보드 조사가 고용상황과 소비여력 조사의 비중이 큰 편이라면, 미시간대학교의 조사는 소비여력과 앞으로의 소비의향 등을 더 비중 있게 묻는다는 차이가 있다. 이는 약 500명의 소비자를 대상으로 설문이 이뤄지며, 2주 간격으로 예비치와 확정치가 발표된다.

달러가 중요해

주가는 올라도 달러가 내리면 미국주식투자 수익은 오히려 마이너스가 될 수도 있다. 미국주식을 하려면 달러도 잘 알아야 한다.

미국주식에 투자할 때는 주가가 오르는지, 하락하는지만큼 달러가 오르는지, 내리는지 방향성도 중요하다. 주가가 10% 올랐는데 달러가 20% 하락했다면 원화로 돌려받게 되는 투자손익은 오히려 마이너스일 가능성이 크기 때문이다. 반대의 경우도 있다. 주가는 하락했는데 달러가 올랐다면 투자손실이 예상보다 크지 않을 수 있다.

그렇다면 달러는 현재 비싼 것일까 싼 것일까, 오를까 내릴까? 달러가 현재 어느 위치에 있는지를 알아보는 대표 지표가 바로 '달러인덱스'다.

달러인덱스는 유로, 엔, 파운드, 캐나다 달러, 스웨덴 크로나, 스위스 프랑 등 경제규모가 크고 통화가치가 비교적 안정된 6개 나라 통화를 기준으로 달러가치를 지수로 나타낸 것이다. 미국 연방준비제도 이사회(FRB)가 1973년 3월 100을 기준점으로 삼아 발표하기 시작했다. 다만 달러인덱스를 계산할 때 유로 비중이 전체의 절반 이상이기 때문에 유로의 방향성이 달러인덱스에 가장 큰 영향을 미친다.

유로가 하락하면 달러인덱스는 기술적으로 오르게 돼 있다. 달러는 통상 연방준비제도(연준, Fed)가 경기회복을 위해 달러를 많이 찍어내면 하락하고, 시장이 불안해 안전자산인 달러수요가 늘어나면 상승한다.

골디락스 경제, 주가와 달러가 동시에 올라

미국주식에 투자하기 가장 좋은 시기는 주가가 오르면서도 동시에 달러가치가 상승할 때다. 주식 매도차익과 환차익을 동시에 얻을 수 있기 때문이다. 그러나 이런 시기를 만나는 것은 쉽지 않다. 미국주가가 오르면서 동시에 달러까지 강세라는 것은 미국경제가 다른 나라 경제에 비해 유독 좋다는 것을 의미하기 때문이다.

1990년 이후로 보면 크게 두 차례 주가와 달러가 동시에 상승했었다. 1990년부터 2000년대 초반 닷컴버블이 붕괴될 때까지 미국경제는 최장기 '골디락스(Godilocks)' 경제가 지속됐다. 골디락스는 너무 뜨겁지도 너무 차갑지도 않은 딱 적당한 때를 말하는데, 물가상승률이 과열되지도 않고 동시에 경기침체를 우려할 만큼 하락하지도 않은 상태로 '이상적인 경제상태'를 말한다.

골디락스는 영국 전래동화 〈골디락스와 세 마리 곰〉의 주인공인 금발 소녀의 이름에서 유래된 용어다. 숲속에서 길을 잃은 골디락스는 오두막을 발견해 들어갔는데, 오두막 주인인 곰 세 마리가 차려놓은 세 그릇의 수프(뜨거운 수프, 차가운 수프, 적당한 수프) 중 '뜨겁지도 차갑지도 않은 먹기에 적당한 수프'를 먹고 나른해진 몸을 너무 딱딱하지도 너무 부드럽지도 않은 적당한 침대에 누워서 휴식을 취했다는 이야기다. 영국 언론 〈가디언〉이 완전 고용이 달성됐음에도 물가상승률도 적당하게 유지됐던 1990년대 중반부터 2000년대 초중반까지의 미국경제를 가리켜 '골디락스 경제'로 비유했다.

S&P500지수는 1990년 300중반선에서 시작해 2000년 초반

출처: 야후 파이낸스(Yahoo Finance)

1500선까지 상승했다. 달러인덱스는 1990년부터 1996년까지 80~90선을 오르락내리락하다 1996년 80선 중후반을 시작점으로 2001년 중반 120선까지 올랐다. 이 기간에 주가와 달러가 동시에 오른 셈이다.

미국경제가 금융위기에서 벗어나 서서히 회복됐던 2014년 중반부터 2017년 말까지도 주가와 달러가 동시에 상승했다. S&P500지수는 1970~1980선에서 2230선까지 올랐고, 달러인덱스 역시 80선에서 102~103선까지 올라섰다. 당시엔 미국경제는 완전 고용 등 '제2의 골디락스'를 맞았다는 평가가 나왔다.

경제가 불안해 주가 떨어져도 달러 올라

달러는 금, 채권과 함께 대표 안전자산이기 때문에 경제나 금융시장이 불안할 때 오른다. 주가는 하락하더라도 달러가 오르면서 주가손실을 달러상승이 만회하는 경우도 있다. 2008년 금융위기 때가 가장 대표적이다. S&P500지수는 2008년 5월 중순 1400선을 넘어서는 듯 했으나 2009년 3월 중순 700선을 하회하며 반토막 났다. 반면 달러인덱스는 이 기간 70선 초반에서 90선을 육박하는 수준까지 올랐다.

달러가 하락할 때 주가가 오르는 경우도 많다. 경기회복을 위해 연준이 돈을 풀면서 달러공급이 증가하고 달러가치는 하락하지만 증시엔 유동성이 공급되면서 주가는 오를 수 있다. 2020년 코로나19로 주가가 급락했으나 3월 이후 상승하는 과정에서 주가는 올랐고, 달러는 하락했다. S&P500지수는 2020년 3월 2230선에서 12월 중순 3700선까지 급등세를 보였다. 반면 달러인덱스는 102에서 90 밑으로 추락했다.

달러와 주가가 동시에 떨어지는 경우는 드물다. 주가가 하락했다는 것은 미국경기가 안 좋아질 것이란 신호다. 미국은 전 세계 GDP의 4분의 1가량을 차지하기 때문에 미국경제가 안 좋아졌다는 것은 세계경제가 전반적으로 좋지 않을 것이란 의미다. 이는 불안감을 자극해 안전자산인 달러상승 요인이 될 수 있다.

달러가 하락하는 동안 주가가 보합권에서 거래된 경우는 있었다. 2000년대 초반 닷컴버블이 터진 후 2008년 금융위기가 발생하기까지 달러인덱스는 긴 세월 동안 하락세를 보였다. S&P500지수는 이 기간 1000~1500선 박스권에서 움직인 바 있다.

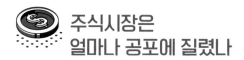

주식시장은
얼마나 공포에 질렸나

투자자들이 느끼고 있는 공포의 크기를 보여주고 있는 몇 가지 지표들이 있다. 증시가 불안하다면 이 지표들을 고려해 투자해보자.

주식시장에선 투자자들의 기분, 심리, 느낌 등이 매우 중요하다. 대다수 투자자들이 느끼는 감정, 생각들이 가격, 주가로 드러나기 때문이다. 앞으로 주가가 오를 것 같다는 생각, 아니면 떨어질 것 같다는 '느낌적인 느낌'들을 대다수 투자자가 느끼고 있다면 가격을 움직이기에 충분한 조건이 된다.

투자자들의 기분이 어떤지 살펴볼 수 있는 몇 가지 지표들이 있다. 이 지표들만 잘 따져봐도 앞으로 투자자들이 무슨 생각을 하는지, 그래서 시장은 앞으로 어떻게 움직일 것 같은지를 생각해볼 수 있다.

얼마나 무서운지 숫자로 말해줘, 빅스 지수

시카고옵션거래소(CBOE)가 만든 빅스(VIX, Volatility index) 지수가 가장 대표적인 투자심리지표다. 일명 변동성 지수 또는 공포지수라고 불린다. S&P500지수 옵션의 향후 30일간 움직임에 대한 시장 기대치를 나타낸 숫자다.

빅스 지수의 숫자가 커질수록 옵션의 변동성이 커진단 얘기이고, 즉 투자자들의 공포심이 커진단 뜻이기도 하다. 공포심이 커지면 주식 등 위험자산에 대한 매력이 떨어지게 된다. 주식투자를 하면 주가가 하락해 손실을 볼 것 같아 투자하기가 두려워지고 달러, 금, 채권 등 안전자산에서 안정감을 느끼고 싶어하는 투

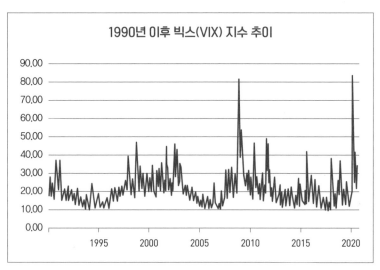

2020년 12월 15일까지 기준

출처: CBOE

자자들이 늘어나게 된다. 주식투자금이 채권, 달러 등으로 이동하게 돼 증시의 하락 변동성이 커진다.

1990년 이후 2019년까지 하루 평균 빅스 지수는 19수준이다. 다만 이는 단순 평균치일 뿐, 19보다 높다고 해서 무조건 공포심이 커진 것은 아니다. 통상 20~30선에서 움직이고, 그 이상을 넘어가면 주식 등 위험자산에 대한 경계심이 커지고 있다고 판단한다.

2008년 금융위기와 2020년 코로나19 확산 당시, 빅스 지수는 80선을 훌쩍 넘어섰다. 2008년 10월 24일 장중 빅스 지수는 89.53에 달했고, 2020년 3월 18일엔 85.47로 높아졌다. 즉 공포심에 이끌려 대다수 투자자들이 주식을 다들 팔지 못해서 안달이 났다는 얘기다.

그런데 이런 때 대다수가 하는 것과는 정반대로 해야 수익을 낼 수 있다고 말하는 투자의 대가도 있다. 워런 버핏은 "다른 사람들이 탐욕스러워질 때 두려워하고 다른 사람들이 두려워할 때 탐욕스러워져라(Be fearful when others are greedy and greedy when others are fearful)"는 명언을 남기기도 했다.

실제로 2008년 10월 24일 빅스 지수가 정점을 찍은 후 S&P500 지수는 5개월 뒤인 2009년 3월 저점을 찍고 반등했다. 2020년에도 비슷한 흐름을 보였다.

2020년 3월 18일 빅스 지수가 고점을 찍었는데 5일 뒤인 23일 S&P500지수는 연 저점을 기록했다. 그 뒤로 지수는 우상향해 그해 9월 3588선을 찍는 등 사상 최고치를 경신했다. 빅스 지수가 고점을 찍는다는 것은 공포심이 극에 달했다는 뜻이지만 동시에 증시의 저점이 얼마 남지 않았음을 의미하기도 한다.

낙관론자? 비관론자? 그것도 아니면 중립?

CNN머니가 만든 공포와 탐욕 지수도 있다. 투자심리가 낙관적인지, 비관적인지를 숫자로 보여준다.

공포와 탐욕 지수는 S&P500지수의 125일 이동평균선 이격도, 뉴욕증권거래소에 상장된 종목의 52주 신고가와 신저가 주식 수의 차이, 주가하락 종목 거래량 대비 상승 종목 거래량, 투자적격

공포와 탐욕 지수

현재 주식시장을 이끌어가는 감정은 무엇인가?

현재: 탐욕
63
50
0
극단적 공포
100
극단적 탐욕

전일종가
탐욕

1주일 전
극단적 탐욕

1개월 전
탐욕

1년 전
극단적 탐욕

2020년 12월 18일 공포와 탐욕 지수(Fear&Greed index)는 63을 가리켜 탐욕 쪽으로 기울어져 있다.

출처: CNN머니

등급과 투기등급 채권 간 수익률 차이, 빅스 지수의 50일 이동평균선 이격도, 5일간의 풋옵션과 콜옵션의 비율, 20일간의 국채 수익률 대비 주가 수익률의 차이 등 7가지 지표를 섞어 투자심리를 숫자로 표시한다. 0은 극단적인 공포·비관을, 100은 극단적인 탐욕·낙관을 보여준다. 50 전후를 중립이라고 본다.

공포와 탐욕 지수는 코로나19가 전 세계적으로 퍼졌던 2020년 3월 0에 가까운 수준으로 내려갔다. 코로나19를 극복하기 위해 전 세계에서 돈을 뿌려대는 등 각종 부양책이 나오면서 투자심리가 개선되고 증시가 오르자 같은 해 8월 초에는 80에 가까울 정도로 낙관적 시각이 강해졌다.

공포와 탐욕 지수는 빅스 지수에 비해 0과 100사이를 큰 파동으로 오가며 진동폭이 큰 편이다. 다만 어떤 일이든 극과 극은 통

출처: CNN머니

하기 마련이다. 공포와 탐욕 지수가 100에 다다랐다는 것은 곧 하락할 것이란 것을 의미하고, 0에 다다랐다는 것은 곧 상승할 것이란 것을 의미한다. 워런 버핏의 명언을 구체화해 "공포와 탐욕 지수가 20 미만일 때 주식을 사고, 80 이상일 때 팔라"는 얘기도 나온다.

"오를 것 같아? 떨어질 거 같아?" 네 포지션 좀 보자

투자자들은 증시가 오를 것 같으면 콜옵션(call option, 살 수 있는 권리)을 매수하고, 하락할 것 같으면 풋옵션(put option, 팔 수 있는 권리)을 산다. 콜옵션 거래량이 많은지, 풋옵션 거래량이 많은지를 따져 투자심리를 알아보는 '풋콜 레이쇼(put/call ratio)'도 있다. 풋옵션 거래량을 콜옵션 거래량으로 나눈 것이다.

숫자가 작을수록 콜옵션 거래량이 풋옵션 거래량보다 많아 주가상승에 베팅하는 투자자들이 많다는 것을 의미한다. 통상 풋콜

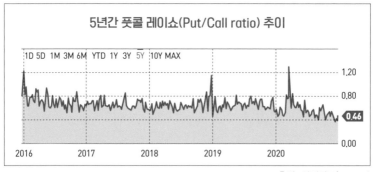

출처: 와이차트(Ycharts)

레이쇼가 0.6 이하라면 과도한 매수권이라고 본다. 주가가 오를 것이라고 보는 투자자들이 많다는 얘기다.

미국 리먼 브라더스가 파산하기 6개월 전인 2008년 3월엔 풋콜 레이쇼가 1.16, 1.34로 치솟았다. 주가가 하락할 것이라고 생각해 콜옵션 거래량에 비해 풋옵션 거래량이 과도하게 커졌단 얘기다. 2020년 3월엔 1.28까지 높아졌으나 7, 8월엔 0.4 이하로 떨어졌다. 코로나19 확산세가 여전하고 경기의 회복세가 느린데도 콜옵션 거래량이 늘어나자 투자심리가 과도하게 낙관적이란 우려가 나오기도 했다.

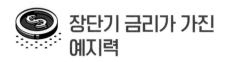

장단기 금리가 가진 예지력

장단기 금리역전 현상이 열흘 이상 유지된다면 2년 이내에 경기침체가 올 확률이 높다. 다만 그 예측이 꼭 맞는 건 아니다.

2007년, 전 세계 금융시장이 공포에 떨었다. 미국의 만기가 긴 채권금리(장기 채권금리)와 만기가 짧은 금리(단기 채권금리)가 역전되는 현상, 즉 'R(Recession, 경기침체)의 공포' 때문이었다. 2006년 7월부터 2007년 8월까지 꽤 오랜 기간 장단기 금리가 역전된 채 유지되면서 시장은 '향후 경기가 침체되는 것 아니냐'는 두려움에 떨었다.

이후 2008년 미국은 글로벌 금융위기를 맞으면서 실제로 경기가 침체된다. 이에 사람들은 장단기 금리역전(장기 채권금리가 단기 채권금리보다 낮아지는 현상)이 향후 경기침체를 예지하는 능력이 있다고 받아들이게 됐다. 2019년 미국의 장단기 금리가 역전됐을 때 시장이 'R의 공포'를 얘기하며 떨었던 이유다.

그렇다면 대체 장단기 금리의 역전은 어떤 의미가 있기에 다들 이렇게 민감하게 반응하는 것일까?

"다음달에 이자 더 쳐서 드릴게요. 돈 좀 빌려주세요"

채권이란 일정한 만기를 정해놓고 만기가 되면 투자자에게 원금에 이자를 얹은 금액을 돌려주는 금융상품이다. 채권을 산 투자자는 채권을 발행한 정부, 기업 등(각각 국채, 회사채)에 돈을 빌려주게 되는 셈이다.

채권은 길게 돈을 빌려주는 장기채와 짧게 돈을 빌려주는 단기채로 나뉘는데, 일반적인 상황이라면 장기채의 금리가 더 높다. 돈을 빌려주는 입장에선 오래 빌려주면 빌려줄수록 돈 떼일 걱정이 더 커지기 때문이다. 은행 정기적금의 구조와 비슷하다. 일반적으로 만기가 짧을수록 이자가 낮고, 만기가 길면 이자가 더 높다.

그런데 경기가 나빠지면 어떻게 될까? 주변 공장들은 주문이 들어오지 않아 하나둘씩 문을 닫게 되고, 손님이 오지 않아 직원을 줄이는 음식점이 늘어나기 시작한다. 당장 이번 달 직원들 월급 줄 돈이 없고, 다음달에는 빚도 갚아야 한다. 경기가 나빠지면 당장 눈앞에 있는 것들에 신경 쓰기 바쁘다. 돈의 흐름도 마찬가지다.

드라마 주인공의 아빠가 큰 사업체를 운영하다가 부도를 맞게 되는 상황을 생각해보자. 이런 대사가 등장한다. "당장 이번 달 직원들 월급을 줘야 합니다. 저한테 돈 좀 빌려주세요. 이자 더 드릴게요." 짧게 쓰고 돈 돌려줄 테니 돈 빌려달라는 사람들이 늘어나면서 단기채 발행이 증가하고, 단기 금리도 높아진다. 돈 빌려줄 사람은 한정돼 있는데 돈 빌려달라는 사람들은 줄을 서 있으니 이자라도 많이 주겠다고 해야 돈을 빌려줄 것 아니겠나. 반면 미래를 위해 투자하겠다며 5~10년간 돈을 빌려가겠다는 사람은 줄어든다. 즉 장기채 발행은 줄어들고 장기로는 돈을 빌려가겠다는 사람이 적으니 장기 금리는 내려간다.

그런데 돈을 빌려주는 사람의 속내는 좀 다르다. 경기가 나빠진다면 돈의 값, 금리가 떨어질 것이 뻔하다. 그러니 당장 눈앞에 확정된 이익을 얻고 싶어 한다. 그것도 이왕이면 장기간 안정적으로 이자를 받았으면 좋겠다.

단기로 돈을 빌려주게 되면 지금 빌려줄 때는 금리를 연 3% 받겠지만, 1년 뒤 만기가 돌아와 그때 또다시 돈을 빌려주게 되면 그 사이 경기가 나빠져 금리는 1%로 내려갈 것이 뻔하기 때문이다. 그런데 10년 만기로 돈을 빌려주게 되면 지금 연 2%로 빌려주더라도 매년 2%의 이자를 받으니 계산기를 두드려보면 후자가 훨씬 이득이다.

즉 경기가 나빠질 것이란 생각이 들면 단기채 금리는 올라가고, 장기채 금리는 떨어지게 된다. 그러다 어느 순간 단기채 금리가 장기채 금리보다 높아지게 되는 현상이 생기는데 이를 '장단기 금리역전'이라고 부른다.

장단기 금리역전은 증시도 얼어붙게 만든다

따라서 장단기 금리역전은 '향후 경기가 침체될 수 있겠구나'를 보여주는 신호로 여겨진다. 구체적으로 단기채를 대표하는 2년물 국채금리와 장기채를 대표하는 10년물 국채금리가 역전하면 시장은 2년 이내에 경기침체가 올 수 있다고 마음의 준비를 한다.

다만 딱 하루 역전됐다고 해서 문제가 커지는 것은 아니고, 대개 열흘 이상 유지됐을 때 사안이 심각하다고들 판단한다. 2007년 시장 분위기가 그 대표적인 예였고, 이듬해 미국은 글로벌 금융

미국의 장단기 금리차와 경기변동

(단위: %) NBER 침체   10년-3개월   10년-2년

- 1962년 1월부터 2019년 8월까지 매월 각 장단기 금리 차이의 최소값
- 회색음영은 미국 전미경제연구소(NBER)에 의해 정의된 경기침체기

출처: 야후 파이낸스(Yahoo Finance)

위기를 맞는다.

장단기 금리가 역전되면 증권시장도 큰 조정을 받는다. 주식시장은 미래를 먹고 산다. 지금 경기가 안 좋아도 나중에 좋으리란 희망만 있으면 오르는 게 증시다. 그런데 그 미래가 불투명하단다. 지금 당장 경제가 좋아도 주식시장이 오를 리 만무하지 않겠는가. 일례로 2019년 3월 22일(현지시간) 미국 채권시장에서 2007년 이후 12년 만에 처음으로 장단기 금리가 역전되자 나스닥지수는 하루 만에 2.5% 급락하기도 했다.

다만 장단기 금리역전이 일어날 경우 향후 큰일 날 수도 있다는 것을 알기에 금융당국도 가만히 있지만은 않는다. 미국 연방준비제도(연준, Fed)가 "예의주시하고 있다"고 구두개입에 나서며 시장에 문제가 커지면 즉각 대응하겠다는 의견을 피력해 안심시키는 것이 대표적인 예다.

사태가 악화됐을 경우엔 연준이 금리를 아예 고정시켜버릴 수도 있다. 단기 금리를 1%로, 장기 금리를 2%로 고정시키는 식이다. 이를 어려운 말로 'YCC(Yield Curve Control·수익률 곡선 제어) 정책'*이라고 한다.

이렇듯 최근엔 시장에 문제가 생길 때마다 금융당국이 적극적으로 나서기 때문에 투자자들의 우려가 크게 지속되지 않는 편

---

* 미국 연준은 2020년 12월 현재까지 YCC 정책을 시행한 적은 없으나 경기상황이 악화됐을 경우 나올 수 있는 대응책 중 하나로 거론되고 있다. 일본 중앙은행(BOJ)은 YCC를 도입했다.

이다. 2019년에도 장단기 금리역전은 때때로 일어나긴 했지만 그 기간이 길지 않았다.

연준의 양적완화 이후 둔해진 예지력?

연준의 적극적인 행보에 장단기 금리역전이 가진 예지력이 최근엔 다소 둔해졌다는 지적도 나온다. 2008년 글로벌 금융위기 이후 연준이 시중은행이 보유한 채권, 그중에서도 장기채를 대규모로 사들여 시장에 돈을 공급하면서 채권가격에 변수가 생겼기 때문이다.

연준은 2008년 글로벌 금융위기 이후 장기채를 대규모로 사들였다. 이를 '양적완화(QE)'라고 부르는데, 경기를 부양하기 위해 중앙은행이 시행하는 조치 중 하나다.

연준이 주로 장기채를 사는 이유는 장기채의 금리를 내리면 다른 금리를 모두 내리는 효과를 볼 수 있기 때문이다. 즉 국가에 10년 돈을 맡겨서 받을 수 있는 금리가 낮아지는데 다른 금리라고 하락하지 않을 재간이 없는 것이다.

이렇듯 연준의 장기채 매입은 장기채 금리의 하락을 부르고, 이는 소비자와 기업들의 대출비용을 줄여준다. 더 활발하게 경제활동에 나설 수 있도록 간접 지원하는 효과를 낳는다.

연준이 장기채를 시장에서 흡수(매수)하면서 장기채 몸값(가격)의 상승이 나타났다(장기채 금리는 떨어졌다). 뿐만 아니라 미국 장기채는 대표적인 안전자산인 만큼 경제가 어려울 때마다 전 세계 투자자들이 앞다퉈 사는데, 이 매수세가 금리를 떨어뜨리기도 한다.

이렇듯 채권금리는 경기침체 여부만큼이나 외부의 영향도 많이 받는다. 장단기 국채금리에 영향을 미치는 요인들을 이해하기 쉽게 정리하면 다음과 같다.

- 양적완화 시행 → 연준이 장기국채 매입 → 장기국채 가격상승·금리하락 발생
- 글로벌 경제의 침체 → 전 세계 투자자가 안전자산인 미국 장기국채 매입 → 장기국채 가격상승·금리하락 발생

따라서 최근의 장단기 금리에는 연준의 개입이 미치는 영향이 그만큼 커졌단 얘기가 설득력을 얻고 있다. 때문에 장단기 금리 역전을 오롯이 경기침체의 신호라고 받아들이기 어렵단 분석이 나온다. 심지어 워낙 금리 자체가 낮은 상황이기 때문에, 이 낮은 금리수준에서 금리역전이 일어나는 것만으로는 경기침체의 전조라고 보기 어렵다는 시각도 제기되고 있다.

막간 코너 코로나19 무덤에서 주식시장을 구한 연준

코로나19로 시장이 흔들리자 금리도 크게 낮추고 거의 무제한으로 돈을 푼 연준. 연준 덕에 시장은 안정되었지만 계속 지금의 상태를 유지할 순 없다.

2020년 코로나19로 전 세계 주가가 폭락했다. WHO가 코로나19 팬데믹을 선언했던 2020년 3월 중순까지 주요국 증시는 연초 이후 30~40%가량 급락했다. 다우존스30산업평균, 나스닥, S&P500 등 뉴욕 3대 지수가 하루에 무려 12%나 급락했던 적도 있었다. 그야말로 공포심이 극에 달했다.

그랬던 세계증시가 2020년 3월 중순을 바닥으로 서서히 회복세를 보였다. 증시 전문가들은 증시가 올라봤자 'U자'와 같은 완만한 회복세를 보일 것이라고 전망했다. 이런 전망들을 비웃듯 증시는 너무나 또렷한 'V자' 반등세를 보였다.

과연 어떻게 된 일일까? 코로나19의 확산세는 달라진 게 없었는데 말이다.

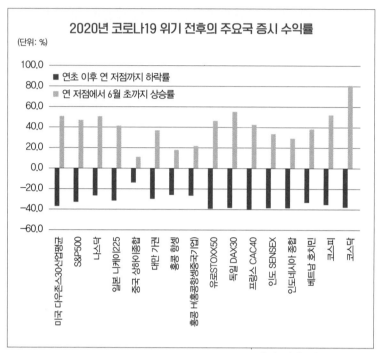

2020년 코로나19 위기 전후의 주요국 증시 수익률

(단위: %)

- 연초 이후 연 저점까지 하락률
- 연 저점에서 6월 초까지 상승률

미국 다우존스30산업평균, S&P500, 나스닥, 일본 니케이225, 중국 상하이종합, 대만 가권, 홍콩 항셍, 홍콩 H(홍콩항셍중국기업), 유로STOXX50, 독일 DAX30, 프랑스 CAC40, 인도 SENSEX, 인도네시아 종합, 베트남 호치민, 코스피, 코스닥

출처: 마켓포인트(marketpoint)

연준이 뒤흔든 증시, "달러, 그까짓 거 얼마든지 주겠어"

미국 연방준비제도(연준, Fed)가 증시의 판도를 아예 바꿔놨다. 연준은 3월 17일과 18일 이틀에 걸쳐 연방공개시장위원회(FOMC)를 열고 기준금리를 결정할 예정이었다. 그러나 시장이 연일 폭락하자 3일 갑자기 예정에도 없던 긴급회의를 열고 금리를 0.5%p 낮췄다.

깜짝 놀랄 만한 행보였지만 증시는 연준이 그러든지 말든지 폭락세가 멈추지 않았다. 연준은 15일 또다시 긴급회의를 열고 이번엔 금리를 1%p나 더 낮췄다. 기준금리는 0~0.25% 제로 수준으로 내려갔다. 2008년 12월 글로벌 금융위기 이후 첫 제로금리였다. 이날 연준은 7천억달러어치의 장기 국채와 정부 보증 모기지담보증권 등을 매입할 것이라고 선언했다. 중앙은행이 국채 등을 매입하고 달러를 시중에 뿌리는 양적완화를 또다시 시행하겠다는 발표였다.

연준의 이런 행보는 시장이 생각했던 것보다 빠르고 강력했다. 그래도 확인이 필요했다. 말만 번지르르한 것인지, 진짜 달러를 마구 찍을 수 있는지 말이다. 세인트루이스 연방준비은행에 따르면 연준의 자산은 3월 11일 4조 3,119억달러에서 1주일 뒤인 18일에는 4조 6,682억달러로 3,500억달러가량 증가했다. 25일엔 5조 2,543억달러로 무려 2주 만에 연준의 자산은 1조달러 가까이 급증한다. 연준이 선언했던 양적완화 규모보다 더 많았다.

연준이 양적완화를 시행하면 달러를 시중에 공급하고 국채 등을 사들이기 때문에 자산이 늘어난다. 얼마나 빠르고 강력하게 달러를 공급했는지를 엿볼 수 있는 대목이다. 마치 시장을 향해 "우리는 너네들이 생각한 것 이상으로 준비돼 있어. 달러 얼마든지 찍어낼 수 있다고"라고 말하는 것처럼 들렸다.

연준이 금리를 내리고 국채를 매입해 달러를 뿌리면 코로나19로 인해 영업이 중단된 기업들은 물론 돈을 못 벌게 된 가계도 싸게 돈을 빌릴 수 있게 된다. 최소한 기업이나 가계가 대거 파산하는 길은 막을 수 있게 된다. 코로나19 확산이 잠잠해지면 그 돈으로 소비도 하고 투자도 할 수 있을지 모른다.

시장은 점점 연준을 믿기 시작했다. 3월 19일 코스피, 코스닥은 각각 1439.43, 419.55를 저점으로 반등하기 시작했다. 다우존스30산업평균, S&P500, 나스닥지수는 3월 23일 저점을 찍고 회복세를 탔다. 그 뒤로 연준은 쉴 새 없이 달러를 공급하고 국채 등을 사들이기 시작했다. 2019년 말 4조 1,656억달러였던 연준 자산은 6월 초 7조 1,689억달러로 무려 72.1%나 급증했다.

그뿐만이 아니다. 우리나라를 비롯해 일본 등 각국이 필요할 때 언제든 달러를 내주겠다며 통화스와프*를 맺었고, 통화스와프가 어려운 나라에 대해선 갖고 있는 미국 국채만 담보로 맡기면 언제든지 달러를 빌려주겠다고 선언했다. 은행 등 금융회사, 주 정부 등에 돈을 공급하고, 회사채 등을 매입하기 위해 특수목적법인(SPV)을 설립, 재무부 보증을 통해 자금을 넣었다.**

그 결과 주요국 증시는 'V자' 회복세를 보였다. 연 저점에서 6월 초까지 다우존스30산업평균지수는 51.4% 상승했고, S&P500과 나스닥지수는 각각 47.5%, 51.1% 올랐다. 유로STOXX50, 독일 DAX30, 프랑스 CAC40지수는 각각 47.0%, 55.6%, 43.1% 급등했다. 코스피지수는 무려 52.5%나 올랐고, 코스닥은 80.8% 상

승했다.

　최소한 2020년 3월 증시 저점에서 6월 초까지 증시를 회복시킨 것은 연준의 힘이라고 할 수 있겠다. 증시의 빠른 회복세에 우리나라에선 개인투자자들이 대거 주식을 사들이는 '동학개미운동'이 일어났고, 미국은 '로빈후드(개인투자자)'가 득세했다. 주가가 빠른 속도로 오르자 2000년 닷컴버블과 유사한 상황이라며 이를 경계하는 목소리가 커지기도 했다.

　연준은 증시를 비롯한 금융시장 전반이 안정세를 보이자 6월 이후엔 양적완화 속도를 조절해나갔다. 7월 초까지 자산이 6조 9,207억달러까지 줄어들었다. 하지만 그 뒤로도 증시는 잘나갔다. 코로나19 확산세가 여전했지만 미국이 네 차례에 걸쳐 경기부양책을 시행했고, 간간이 백신 개발 호재 소식도 들렸다. 연준은 2023년까지 제로금리를 유지할 것임을 시사했다. 동시에 연준은 자신이 할 수 있는 부양책은 어느 정도 끝났으니 재정정책

●● 중앙은행을 '최종 대부자'라고 부른다. 나라가 망할 것 같은 위기가 닥쳤을 때 발권력(화폐를 찍을 수 있는 권리)을 통해 자금을 공급할 수 있는 역할을 하기 때문이다. 그러니 중앙은행은 일반은행처럼 특정 기업이나 가계에 돈을 빌려줄 수 없다. 잘못하다가 돈을 떼일 수도 있기 때문이다. 최종 대부자가 돈을 떼이면 누가 나라 금고를 지키겠나. 그런데 코로나19 위기가 터지고 신용등급이 낮아 돈을 빌리기 어려운 기업들이 하나둘씩 생겨나기 시작했다. 회사채 등으로 돈이 흘러가야 하는데 영 그런 것 같지 않으니 연준이 회사채를 매입하겠다고 발표했다. 그런데 직접 매입은 불가능하다. 연준은 특수목적법인(SPV)을 설립하고 이 SPV가 회사채를 매입한다. 혹시 돈을 떼일 가능성에 대비해 재무부가 보증을 서는 구조로 자금을 지원했다. 재무부가 SPV에 100억달러를 출자하면 연준은 10배 규모로 회사채를 매입할 수 있게 한다. 최대한 돈을 떼여도 10%만 떼일 것으로 가정한 것이다. 나중엔 SPV를 통해 정크본드(투자적격등급 이하의 채권)까지 매입한다.

의 필요성을 강조했다.

그러나 미국이 2020년 11월 대통령 선거로 인해 제5차 경기부양책이 답보상태를 보일 것으로 예상되는 데다 코로나19 확산세가 잦아들지 않자 알게 모르게 달러공급을 늘리며 자산을 확장해갔다. 2020년 12월 16일 기준 연준의 자산은 7조 3,626억달러로 사상 최대수준으로 증가했다.

연준이 구하려는 것은 '메인 스트리트', 또 달라질 증시

경기부양을 위해 연준이 금리를 내리고 돈을 풀면 일단 가장 먼저 반응을 하는 것은 금융시장이다. 그러니 증시가 먼저 튀어오른다. 풍부한 유동성은 실물경제로 이동하면서 경기가 회복되기 시작한다. 2008년 금융위기를 극복하기 위해 양적완화 카드를 빼들었던 벤 버냉키 전 연준 의장은 "우리는 월스트리트(금융시장)를 구하기 위해 출발한 것이 아니라 메인 스트리트(실물경제)를 구하기 위해 월스트리트를 구해야 했다"고 밝히기도 했다.

연준의 역할은 증시를 올리고 금융시장은 안정시키는 데서 끝나지 않는다는 것이다. 이렇게 풀어낸 돈을 거둬들여야 하는 시기가 언젠가는 돌아온다. 코로나19 백신이 개발되고 경제 활동이 활발해지면 풀어낸 달러는 부메랑이 돼 인플레이션, 즉 물가상승으로 되돌아올 것이다.

흔히 중앙은행을 '인플레이션 파이터'라고 하는데, 연준이 위기의 불을 껐던 소방수에서 파이터로 다시 변할지 모른다.

경기가 서서히 회복된다면 연준은 양적완화를 멈추고 금리를 올려야 할 것이다. 그러나 시장은 여전히 유동성 파티를 즐기려할 것이고, 연준은 유동성 파티 대신 경기회복이란 사탕을 물려줘야 한다. 이를 위해 연준은 경기상황을 항상 살피고, 시장이 어떻게 생각하는지, 그래서 어떻게 할 것인지에 대한 이야기를 지속적으로 하고 있다. 2023년까지 제로금리를 유지하겠다고 시사한 것도 이런 커뮤니케이션의 일종이다.

버냉키가 2013년 양적완화 매입규모를 점차 축소하겠다는 뉘앙스의 말을 꺼냈다가 신흥국 증시가 폭락해 '버냉키 텐트럼 (Bernanke tantrum)'이란 꼬리표가 붙은 것은 연준에겐 큰 학습효과가 됐을 것이기 때문이다. 시장이 충격을 덜 받으면서도 유동성을 줄이는 큰 숙제가 아직 남아 있다.

물론 연준이 이런 숙제들을 고민할 때쯤이면 증시의 색깔도 바뀔 것이다. 금리가 낮고 경기가 안 좋을 때는 성장하는 회사가 드물어 성장주가 각광을 받지만, 금리가 올라가고 경기가 회복할 것이란 기대감이 생기면 가치주가 관심을 받는다.

연준이 시장을 향해 건네는 메시지에 귀를 기울여보자. 지금은 무엇을 고민해야 할 때인가?

5

미국에선 달마다 배당을 준다고?

왜
미국 배당주인가?

미국시장이 전 세계에서 배당을 가장 많이 주는 곳은 아니지만 배당지급
이 꾸준히 이루어지고, 점점 더 많이 주는 시장은 맞다.

배당주 투자의 귀재는 누가 뭐래도 지금의 애플을 만든 스티브
잡스(Steve Jobs, 1955~2011)다. 스티브 잡스가 1997년 애플의 최
고경영자(CEO)로 복귀한 이후 애플로부터 받은 월급은 연간 1달
러에 불과했다. 우리나라 돈으로 1,100원 정도다. 이 돈으로 밥은
먹고 다녔을까?

비밀은 배당에 있다. 스티브 잡스는 2006년 픽사 애니메이션
스튜디오를 팔면서 월트 디즈니 주식 약 1억 3,800만주를 받게
됐는데 디즈니가 매년(2006년~스티브 잡스가 사망한 2011년까지) 연
평균 주당 0.40달러를 배당해 연간 배당소득만 5,520만달러에 달
했다. 600억원이 넘는 액수다.

월급노예에서 벗어나 배당만으로 살아갔던 산증인이 있기 때
문인지 유튜브 등에선 미국주식 중에서도 특히 배당주에 투자해
"은퇴하자, 경제적 자유를 찾자, 월세 벌자" 등을 외치는 콘텐츠

들이 많다. 저금리 시대에 배당주만큼 매력적인 투자처를 찾기 어려운 것이 사실이다. 그렇다면 왜 미국 배당주일까?

미국이 배당수익이 가장 좋은 나라는 아니다

미국 배당주가 배당수익률(dividend yield)이 전 세계에서 가장 높냐고? 아니다. 2019년만 보더라도 우리나라 배당수익률이 더 높다. 미국 투자회사 비스포크(Bespoke)에 따르면 2019년 미국의 배당수익률은 1.83%로 우리나라 2.14%보다 낮았다. 미국, 영국, 러시아, 프랑스, 독일, 브라질, 중국, 일본, 인도 등 22개국의 평균 배당수익률 3.23%보다도 낮다.

가장 배당수익률이 높았던 나라는 러시아였다. 러시아의 배당수익률은 6.23%에 달했다. 2020년 6월 기준으로 살펴봐도 미국은 1.91%로 호주(4.39%), 영국(4.81%), 스페인(4.23%), 중국(2.19%), 일본(2.07%)보다도 낮다(Siblis Research).

배당수익률은 주당 배당금을 주가로 나눠 계산하는데, 은행의 예금 이자율이 비슷한 개념이다. 100만큼의 원금을 투자했을 때 얼마를 현금으로 받을 수 있느냐를 퍼센트로 보여준다.

배당수익률은 분모에 해당하는 주가가 오르면 배당금이 그대로여도 하락하는 경향이 있다. 반대로 주가가 떨어지면 배당수익률도 높아지므로 주의해서 해석해야 한다. 무조건 배당수익률이 높다고 좋은 것은 아니다. 주당배당금이 3달러이고 주가가

100달러인 회사의 배당수익률은 3%인데, 이 회사의 주가가 200달러가 됐다면 배당수익률은 1.5%로 떨어진다. 반대로 주가가 반 토막이 나서 50달러로 떨어지면 배당수익률은 6%가 된다.

미국의 경우 S&P500지수가 2019년 28.9%나 오르면서 배당수익률이 하락한 것으로 보인다. 그러니 배당수익률만 따져 투자한다면 그것은 망하는 지름길이다. 주가가 기업의 이익, 미래가치 등을 반영한다고 볼 때 이익이 감소하고 주가가 하락한 영향에 배당수익률이 올라간 것일 수도 있기 때문이다.

하지만 이런 주가흐름을 고려하지 않더라도 미국의 배당수익률을 장기적으로 봤을 때 하락추세에 있다. 1960년대부터 1990년대까지만 해도 연평균 배당수익률은 3%대에 달했다. 그러다 2000년대에는 1.8% 수준으로 뚝 떨어지더니 그나마 2010년대에는 2.0%로 소폭 올라섰다. 2020년 미국 연방기금금리가 제로(0~0.25%) 수준이란 점을 감안하면 최소한 은행금리보다는 높다는 것이 위로라면 위로다.

그렇다면 배당주를 판가름하는 대표 지표 중 하나인 '배당 성향(dividend payout ratio)'은 어떨까? 배당 성향은 한 해 동안 기업이 벌어들인 순이익에서 주주들에게 현금으로 지급하는 배당금의 비율이 어느 정도 되는지를 수치화한 것이다. 순이익 100억달러 중 20억달러를 배당으로 지급한다면 배당 성향은 20%다.

미국은 배당 성향이 높을까? 2018년 기준 전 세계 평균 배당 성향은 39%인데 미국은 36%다. 우리나라가 20% 수준인 것에 비해선 높은 편이다. 그러나 미국보다 배당 성향이 높은 나라들이 수두룩하다. 뉴질랜드는 배당 성향이 90%를 넘어간다.

그렇다면 미국은 배당 성향이 계속해서 높아지고는 있을까? 1960~70년대 평균 배당 성향은 51.7%에 달했으나 1980~90년대는 46.5%로 감소하더니 2000년대 이후로는 35.2% 수준으로 떨어졌다.

물론 배당 성향이 무조건 높다고 해서 좋은 것은 아니다. 돈 번의 대부분을 배당으로 준다면 투자 등에 쓸 돈이 부족해지고, 코로나19처럼 예상치 못한 경영 환경에 부딪혔을 때 헤쳐 나갈 여윳돈이 부족하게 된다. 그로 인해 갑자기 배당금을 대폭 줄이는 '배당컷(dividend cut)' 쇼크가 나올 수도 있기 때문이다.

어쨌든 미국은 전 세계에서 배당수익률과 배당 성향이 가장 높지도 않고, 계속 증가하고 있지도 않다. 그런데도 왜 미국 배당주를 최고로 칠까?

왜 미국 배당주인가?

배당의 핵심은 지속가능성이다. 이는 단순히 배당수익률, 배당 성향만으로는 판가름하기 어렵다. 미국은 전 세계에서 자본주의, 특히 주주자본주의가 가장 발달한 나라다. 최대주주 등이 직접 경영하기보다 전문경영인을 선임해 이들이 열심히 돈을 벌어서 최대주주를 포함한 나머지 주주들에게 투자한 돈을 돌려주는, 주주환원 정책이 가장 활발하다.

미국 배당의 가장 첫 번째 특징은 장기간 꾸준히 배당을 줘왔다는 것이다. 배당을 얼마나 오랫동안 늘려왔느냐에 따라 기업에 일종의 계급을 부여하기도 한다.

50년 이상 매년 배당을 증액해서 지급해온 기업을 '배당왕(Dividend king)'이라고 부른다. 슈어디비던드닷컴에 따르면 2020년 기준 코카콜라(KO), 존슨앤존슨(JNJ), 3M(MMM), 시스코(SYY) 등 30개사가 있다. 시스코, 노스웨스트 내츄럴(NWN)의 배당 성향은 무려 80%가 넘는다.

배당금을 25년 이상 늘리며 지급해온 기업은 '배당귀족(Dividend Aristocrats)'으로 불리며 65개사가 있다. 통신업체 AT&T(T), 리츠 업체 리얼티 인컴(O), 펩시콜라(PEP), 월마트(WMT), 맥도널드(MCD) 등이 여기에 속한다.

10년 이상 배당금을 매년 증가시킨 기업은 '배당챔피언(Dividend Champions)' 또는 '배당 성취자(Dividend Achievers)'로 불리고, 5년 이상은 '배당블루칩(Dividend Bluechips)'으로 불린다. 2008년부터 배당을 꾸준히 늘려온 비자(V)는 '배당챔피언'이고, 스티브 잡스 사망 후 2012년부터 배당을 늘려온 애플(AAPL)은 '배당블루칩'이라고 할 수 있다. 배당챔피언은 255개사, 배당블루칩은 262개사로 그 숫자는 별로 차이가 없다.

미국기업들이 오랜 기간 배당을 줄 수 있다는 것은 그만큼 안정적으로 이익을 내고 있다는 증거다. 특히 20년 이상 배당금을 꾸준히 늘린 회사는 2000년대 초반 닷컴버블 위기, 2008년 글로벌 금융위기를 순조롭게 넘겼단 얘기다.

2020년은 또 다른 시험대가 되고 있다. 이전과는 전혀 다른 성격의 코로나19 위기가 터졌기 때문이다. 어떤 기업들이 이번 장애물 또한 잘 이겨내고 이익을 내 배당금을 늘릴 수 있을지도 지켜볼 일이다.

미국 배당의 두 번째 특징은 배당을 자주 준다는 것이다. 같은 돈이라도 한꺼번에 늦게 주는 것보다 쪼개서 주더라도 일단 내 주머니 속으로 먼저 들어오는 게 우선이다. 그래야 자금의 활용도가 높아지기 때문이다. 배당을 월급처럼 받자는 얘기도 이래서

애플의 배당일정 전망

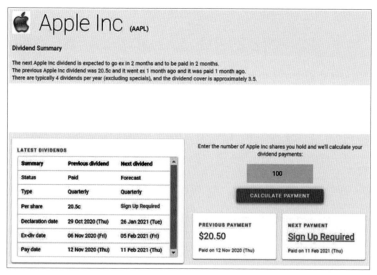

출처: 디비던드맥스(dividendmax)

나오는 것이다.

우리나라의 경우 연 1회 배당을 주는 회사가 대부분이고, 분기 배당도 드물다. 그러나 미국은 분기 배당이 대부분이고, 리얼티 인컴(O), 메인스트리트캐피탈(MAIN), 글로벌 워터 리소스(GWRS) 등처럼 매월 배당을 주는 곳도 있다. 매월 배당을 주는 곳도 57곳에 달한다.

내 배당금이 언제 들어오는지 어떻게 확인하나?

마지막으로 내가 투자한 종목이 언제 배당금을 지급하는지 확인해보자. 배당투자의 경우엔 배당을 받을 수 없는 '배당락일(Exdividend date)'을 피해 투자하는 것이 중요하다.

배당락일은 배당금을 받을 권리가 사라진 날을 말한다. 결제일 기준으로 배당락일에 주주가 됐다면 이 주주에겐 배당금을 주지 않는다. 최소한 배당락일 전일까지는 주주가 돼 있어야 한다. 우리나라 투자자는 매매 후 결제일까지 3거래일이 걸리는 만큼 배당락일이 29일이라면 28일까지는 최소한 주주가 돼 있어야 하고, 이는 25일까지(거래일 기준)는 주식을 사야 한다는 얘기다. 특히 미국은 분기 배당이 많기 때문에 배당락일이 1년에 네 번이나 된다. 월 배당은 배당락일이 1년에 열두 번이다.

디비던드맥스(dividendmax)에선 투자 종목의 티커만 입력하면 다음번 배당금 발표일(declaration date)과 배당락일(ex-dividend date), 배당금 지급일(pay date) 등의 정보를 제공한다. 해당 기업이 매년 몇 월에 배당금을 지급했는지 등 과거 이력도 나온다. 애플은 배당금을 2월, 5월, 8월, 11월에 지급한다. 코카콜라는 4월, 7월, 10월, 12월에, 맥도널드는 3월, 6월, 9월, 12월에 준다. 투자 종목을 어떻게 구성하느냐에 따라 매달 배당이 들어오도록 설계할 수도 있다.

매달 배당금을 주는 리얼티 인컴은 15일 또는 16일 배당금을 준다. 디비던드맥스에선 주식을 몇 주 보유했는지에 따라 받게될 배당금이 얼마나 되는지 자동으로 계산해주는 서비스도 제공한다.

10년 이상 배당을 안 깎은
종목들이 있다고요?

50년 동안 꾸준히 배당 늘린 배당주는 '배당왕', 25년 이상 배당 늘려온
배당주는 '배당귀족', 10년 이상 배당 늘려온 배당주는 '성취자들'이다.

미국은 자본시장의 역사가 긴 만큼 배당투자에 대한 분석도 길게 이어져왔다. 우리나라에선 고배당주라는 개념이 2000년대 초중반에 겨우 자리 잡은 반면, 미국의 고배당주는 무려 반세기 전인 1950년대부터 주목받기 시작했다.

그래서 미국인들이 분석해 온 배당주들만 잘 골라 투자해도 만족할 만한 투자를 할 수 있다. 수십 년 동안 배당을 깎지 않은 종목들, 혹은 배당의 역사는 길지 않아도 꾸준히 배당금을 늘려온 종목들 등 미국인들이 오래 사랑해온 배당주를 살펴보자.

50년 동안 꾸준히 배당해온 '배당왕'

배당왕(Dividend King)이란 최소 50년 동안 꾸준히 배당을 늘려온 기업을 뜻한다. 50년 이상 한 번도 배당을 멈추거나 삭감한 적

배당왕 종목 30개(2020년 12월 기준)

종목명	티커	배당률	비고	종목명	티커	배당률	비고
프록터&겜블	PG	2.26%	생활용품	노드슨	NDSN	0.79%	산업용부품
스테판	SCL	0.94%	기초소재	아메리칸 스테이츠 워터	AWR	1.6%	수도 및 전기
랭커스터 콜로니	LANC	1.74%	음식료	스탠리 블랙&데커	SWK	1.53%	기계장비
페더럴리얼티 인베스트먼트	FRT	4.67%	리츠	파커하니핀	PH	1.29%	산업용장비
존슨앤존슨	JNJ	2.59%	소비재	시스코	SYY	2.42%	통신장비
제뉴인파츠	GPC	3.26%	차량부품	알트리아 그룹	MO	8.00%	소비재
에머슨 일렉트릭	EMR	2.47%	산업용 장비 제조	커머스 뱅크셰어스	CBSH	1.67%	대출은행
신시내티 파이낸셜	CINF	2.85%	보험회사	SJW그룹	SJW	1.82%	상하수도
유니버설	UVV	6.04%	담배회사	투시롤	TR	1.20%	사탕 초콜릿
로우스	LOW	1.47%	유통	캘리포니아 워터 서비스	CWT	1.57%	상하수도
도버	DOV	1.59%	기계장비	ABM 인더스트리	ABM	1.87%	산업재
콜게이트 파몰리브	CL	2.04%	생활용품	호멜 푸드	HRL	2.05%	음식료 (스팸)
노스웨스트 내츄럴 홀딩	NWN	3.7%	천연가스	코카콜라	KO	3.08%	음식료
HB풀러	FUL	1.22%	제조업	3M	MMM	3.33%	포스트잇
내셔널 퓨얼 가스	NFG	4.13%	천연가스	파머스& 머천츠 뱅코프	FMCB	2.04%	지역은행

* 배당률은 주당 배당금을 현재 주가로 나눈 수치

출처: 디비던드닷컴, 슈어디비던드닷컴

이 없단 얘기다. 배당을 꾸준히 늘렸다는 건 그 기간 동안 꾸준히 돈을 벌었단 얘기와도 일맥상통한다. 돈을 벌어야 주주에게 나눠 줄 돈도 남을 테니 말이다. 고로 배당왕은 재무적으로 튼튼하면서 주주에게 베풀 줄도 아는 왕다운 왕인 셈이다.

배당왕들이 거쳐온 세월만 봐도 '왕'답다는 게 증명된다. 이들이 배당을 늘려온 50년 동안 자본시장이 겪은 위기만 수십 가지인 탓이다. 대표적인 게 '베트남 전쟁, 오일쇼크, 9·11테러, 닷컴버블 붕괴, 2008년 금융위기' 등이다. 이런 위기를 겪고도 배당을 꾸준히 늘려왔으니 '왕'이라고 불릴 법도 하다.

2020년 12월 기준 배당왕으로 꼽히는 종목은 약 30개. 뉴욕증권거래소와 나스닥에 상장된 종목이 6,200여 개 정도니 전체의 0.5%에 불과한 셈이다. 다만 배당왕들은 안정성이 높은 반면 주가는 큰 변동성이 없어 이른바 '재미없는' 주식이 많다는 게 단점이다. 또한 배당왕들이 필수소비재나 유틸리티 업종에 지나치게 치우쳐 있다는 것도 약점으로 꼽는다.

S&P500에 있으면서 25년 이상 배당한 '배당귀족'

배당왕까진 안 되지만 귀족급은 되는 종목들도 있다. 바로 25년 이상 꾸준히 배당을 늘려온 종목이면서 동시에 S&P500지수에 속해 있는 배당귀족(Dividend Aristocrats)들이 그렇다. 이 종목들은 배당 증가 기간이 배당왕보다는 짧지만, 25년의 세월이 결코 짧지 않다는 점에서 안정성이 높은 종목들이라 볼 수 있다. S&P500지수에 들어갈 수 있을 정도로 시가총액이나 유동성이 어느 정도 보장된 종목이기도 하다.

현재 약 65개 종목이 이에 속한다. 배당주의 대표격이기에 이들을 묶은 지수도 있고(S&P500 Dividend Aristocrats index), 이 지수를 추종하는 상장지수펀드(ETF)도 있다. 배당왕은 아니지만 배당귀족에 속하는 대표 종목 20개를 소개한다.

배당귀족 대표 종목 20개(2020년 12월 기준)

종목명	티커	배당률	비고	종목명	티커	배당률	비고
AT&T	T	7.02%	통신	S&P글로벌	SPGI	0.83%	신용평가사
레겟&플랫	LEG	3.83%	가구	월마트	WMT	1.48%	유통
애보트래버러토리	ABT	1.65%	제약회사	크로락스	CLX	2.19%	생활용품(세제)
VF코퍼레이션	VFC	2.26%	의류(노스페이스, 반스 등)	맥도날드	MCD	2.35%	햄버거
리얼티인컴	O	4.61%	리츠	카디널헬스	CAH	3.58%	제약유통
메드트로닉	MDT	2.01%	의료장비	콘솔리데이티드 에디슨	ED	4.27%	전기가스
엑슨모빌	XOM	8.00%	정유	애플랙	AFL	2.95%	보험회사
펩시	PEP	2.81%	음식료	킴벌리클라크	KMB	3.14%	휴지, 기저귀
캐터필러	CAT	2.30%	기계장비	프랭클린리소스	BEN	4.45%	투자회사
제너럴다이나믹스	GD	2.90%	방산업체	브라운포맨	BF.B	0.91%	주류(잭다니엘)

* 배당률은 주당 배당금을 현재 주가로 나눈 수치

출처: 디비던드닷컴, 슈어디비던드닷컴

10년 이상 배당해온 '성취자들'

배당왕과 배당귀족은 배당을 해온 세월이 긴 만큼이나 기업의 역사도 길다. 그래서 전통산업에 속한 기업이 많고, 다소 고리타분하다는 인상이 강하다. 하지만 배당주 중에서도 젊은 기업들이 있다. '성취자들(Achivers)'로 꼽히는 배당주들이 대표적이다. 이

배당성취자 대표종목 20개(2020년 12월 기준)

종목명	티커	배당률	비고	종목명	티커	배당률	비고
비자	V	0.61%	카드	나이키	NIKE	0.80%	신발
코스트코	COST	0.76%	마트	에버코어 파트너스	EVR	2.26%	투자 은행(IB)
페덱스	FDX	1.00%	물류	일리노이 툴 웍스	ITW	2.24%	산업 장비
브라운& 브라운	BRO	0.80%	보험	뱅크퍼스트	BANF	2.42%	은행
UGI	UGI	3.71%	가스	유넘그룹	UNM	5.27%	보험
마이크로 소프트	MSFT	1.02%	소프트 웨어	록히드마틴	LMT	2.92%	방산
윌리엄스 소노마	WSM	1.75%	홈퍼니싱	케이시 제너럴스토어	CASY	0.71%	편의점
퍼스트 오브 롱아일랜드	FLIC	4.24%	금융	IBM	IBM	5.18%	IT
웨스트 파 마슈티컬 서비스	WST	0.24%	주사제 의약품	필립모리스	PM	5.58%	담배
인터내셔널 플레이버스 &프레그런스	IFF	2.69%	향수	버라이즌	VZ	4.15%	이동 통신

* 배당률은 주당 배당금을 현재 주가로 나눈 수치

출처: 마켓비트, 슈어디비던드닷컴

들은 10년 연속, 연 1회 이상 배당을 해온 기업들이다.

배당 성취자에 속하는 종목은 보통 260여 개 정도다. 배당 성취자들은 배당왕이나 배당귀족보다 더 폭넓은 업종에 분포돼 있기도 하다. 마이크로소프트처럼 최근에도 각광받는 종목도 있고, 코스트코처럼 친숙한 종목도 있다. 배당왕부터 배당성취자까지 포트폴리오를 고르게 구성하면 배당투자라 할지라도 최근 트렌드에 맞는 투자도 가능할 것이다.

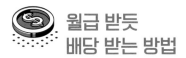

월급 받듯 배당 받는 방법

매 분기 혹은 다달이 배당을 주는 미국주식에 적절히 투자하면 월급처럼 배당을 받을 수 있다. 심지어 달러로!

30대 여성 A씨는 얼마 전에 만기를 맞은 적금을 어떻게 처리해야 할지 고민이 늘었다. 이자가 코딱지만큼 붙은 건 차치하고, 은행에 돈을 다시 맡겨봐야 소용이 없겠단 생각이 들었기 때문이다. 심지어 코로나19 이후 기준금리는 0%대로 더 내려앉기도 했다.

"다달이 꽂히는 월급 외에 따로 또 돈이 들어올 구멍이 있었으면 좋겠는데…." 그렇다고 부동산에 투자하자니 사회인이 된 지 얼마 되지 않은 A씨에겐 그만큼의 돈은 없었다. 그렇다면 A씨는 매달 월급만 바라보고 살아야 하는 걸까?

그런 A씨에게 안성맞춤인 답이 있으니, 바로 미국 배당주 투자가 그것이다. 1년에 고작 한두 번 배당을 주는 우리나라와 달리 미국은 매 분기, 심지어 다달이 배당을 주는 종목들이 적지 않아서다.

미국 배당주에 적절히 투자하는 것만으로도 매달 월세를 받는 효과를 낼 수 있다. 심지어 안전자산으로 꼽히는 달러로 말이다.

매달 배당을 주는 종목들

가장 쉬운 방법은 매달 배당을 주는 종목에 적절히 투자하는 것이다. 시가총액이 20억달러(약 2조 2천억원) 이상인 중형주, 혹은 100억달러(약 11조원) 이상인 대형주 중에서도 매달 꾸준히 배당을 주는 종목들이 몇 개 있다.

가장 대표적인 게 리얼티인컴(O)이다. 리얼티인컴은 미국·영국 등지 편의점이나 약국, 피트니스센터 등 경기 방어 업종 6천 개에 투자하는 리츠(Reits)다. 1994년 10월 이후 25년 동안 매달 배당을 해와서 2020년엔 배당 귀족에도 이름을 올렸다. 시가총액도 200억달러(약 22조원) 수준으로 크다. 배당금은 2020년 12월 기준 1주당 0.23달러(월 기준)이며, 1주의 가격은 60달러(약 6만 6천원)다. 100만원(15주) 투자하면 1년 동안 총 4만 5,500원의 배당을 받는 셈이다.

펨비나 파이프라인(PBA) 역시 매달 배당 주는 종목으로 유명하다. 캐나다에 본거지를 둔 에너지 인프라 업체로, 가스 및 오일 수송 파이프라인을 제공하거나 석유 등을 공급해 돈을 번다. 시가총액은 130억달러(약 14조 3천억원)로 대형주에 속한다. 코로나19에 국제유가가 마이너스권까지 떨어졌지만 배당금은 지난해

와 비슷하게 유지했을 정도로 저력 있는 배당주다. 배당금은 현재 1주당 0.16달러이며, 1주의 가격은 25달러(2만 7,500원) 수준이다. 100만원(36주)을 투자하면 1년 동안 총 7만 6,000원가량의 배당을 받는다.

중형주 중에선 스태그 인더스트리얼(STAG)이 월 배당주로 유명하다. 미국의 대표 물류 센터 리츠로 시가총액 47억달러(약 5조 1,700억원)의 중형주다. 미국 38개 주에서 450여 개의 자산을 보유하고 있는 물류센터 리츠다. 코로나19로 사람들이 온라인을 통해 대부분의 소비를 하면서 2020년 3월 저점을 찍었던 스태그의 주가도 급등해 6개월 만에 전저점을 회복했다. 스태그 인더스트리얼 임차인 중 43%가 온라인쇼핑과 연관돼 있다. 배당금은 현재 1주당 0.12달러이며, 1주당 가격은 31달러(3만 4,100원) 수준이다. 100만원(29주) 투자했을 때 한 해에 총 4만 6천원가량의 배당을 받을 수 있다.

메인스트리트캐피탈(MAIN) 역시 월 배당을 주는 중형주로 유명하다. 중소기업에 대출해주거나 비상장기업에 투자하는 회사로, 시가총액 20억달러(약 2조 2천억원)의 중형주다. 리츠는 아니지만 BDC회사*로, 세법상 이익의 90% 이상을 배당해야 법인세 혜택을 보기 때문에 리츠와 비슷한 성격을 가진다. 월 배당

---

* BDC(Business Development Company)회사: 공모를 통해 모집한 자금으로 비상장기업에 투자하는 투자목적의 회사. 페이퍼컴퍼니라는 측면에선 SPAC과 비슷하지만, SPAC은 M&A만 목적으로 하는 회사라는 점에서 차이가 있다.

금은 작지만 1년에 3번 특별배당을 주는 방식으로 배당을 이어가고 있다. 다만 2020년엔 코로나19로 중소기업들이 타격을 입자 실적과 주가가 크게 악화되며 특별배당이 사라진 적이 있어 주의가 필요하다. 배당금은 현재 1주당 0.205달러이며, 6월과 12월에 주던 특별배당은 0.25달러 수준이었다. 현재 1주의 가격은 30달러(3만 3천원)수준이다. 100만원(30주) 투자하면 1년 동안 총 8만 1천원가량의 배당을 받는다. 1년에 두 번 주는 특별배당까지 합치면 10만원가량의 배당을 받는 셈이다.

배당주 3~4개로 매달 배당받기

매달 배당주는 종목이 많으면 투자하기 편하겠지만, 종류가 그리 많지 않다는 게 문제다. 매달 배당을 주는 종목의 경우 서로 엇비슷한 업종에 속해 있다는 것도 단점이다.

만약 내가 들고 있는 배당주가 모두 에너지 인프라 관련주인데, 별안간 유가 관련 악재가 터졌다고 가정해보자. 내가 보유 중인 주식들의 주가가 동시다발로 폭락할 것이다. 주가는 50% 떨어진 상황에서 배당이 예년과 비슷하게 나와준다 한들 큰 위로가 되지 않을 것이다.

따라서 많은 배당주 투자자들은 서로 다른 매력적인 주식들 3~4개를 동시에 투자하면서 다달이 배당을 받을 수 있게끔 포트폴리오를 짜둔다. 1·3·5·7·9·11월에 배당을 주는 A주와

2·4·6·8·10·12월에 배당을 주는 B주를 동시에 투자할 경우 통장으로 매달 배당금이 입금될 수 있기 때문이다.

여기서는 '배당왕'과 '배당귀족' '배당성취자'들을 이용한 포트폴리오 예시를 소개한다. 이런 방식으로 배당투자를 할 수 있다는 것을 염두에 두고 주가와 이익성장률 등을 감안해서 본인만의 포트폴리오를 짜면 좋다.

배당왕 3종목에 1천만원씩 투자했을 경우

	1월	2월	3월	4월	5월	6월	7월	8월	9월	10월	11월	12월	총
프록터&겜블 (60주)		47.4			47.4			47.4			47.4		189.8
타겟 (60주)			40.8			40.8			40.8			40.8	163.2
페더럴리얼티인베스트먼트 (100주)	106.0			106.0			106.0			106.0			424

* 칸 안의 숫자는 매달 들어오는 총 배당금액(달러 기준). 환율: 1달러 = 1,100원 가정, 주가는 2020년 12월 15일 기준.
 – 프록터&겜블: 주가(136.65달러), 주당배당금(0.79달러) → **투자금: 60주, 약 900만원**
 – 타겟: 주가(171.41달러), 주당배당금(0.68달러) → **투자금: 60주, 약 1,100만원**
 – 페더럴리얼티인베스트먼트: 주가(93.31달러), 주당배당금(1.06달러) → **투자금: 100주, 약 1,030만원**
 = 총 투자금 약 3,030만원, 총 배당금: 약 85만 5천원 → 배당수익률: 2.82%

배당귀족 3종목에 1천만원씩 투자했을 경우

	1월	2월	3월	4월	5월	6월	7월	8월	9월	10월	11월	12월	총
AT&T (300주)		156.0			156.0			156.0			156.0		624.0
맥도날드 (40주)			50.0			50.0			50.0			50.0	200.0
메드트로닉 (80주)	46.4			46.4			46.4			46.4			185.6

* 칸 안의 숫자는 매달 들어오는 총 배당금액(달러 기준). 환율: 1달러 = 1,100원 가정, 주가는 2020년 12월 15일 기준.
  - AT&T: 주가(30.58달러), 주당배당금(0.52달러) → 투자금: 300주, 약 1,010만원
  - 맥도날드: 주가(214.86달러), 주당배당금(1.25달러) → 투자금: 40주, 약 950만원
  - 메드트로닉: 주가(113.35달러), 주당배당금(0.58달러) → 투자금: 80주, 약 1천만원
  = 총 투자금: 약 2960만원, 총 배당금: 약 111만원 → 배당수익률: 3.75%

배당성취자 3종목에 1천만원씩 투자했을 경우

	1월	2월	3월	4월	5월	6월	7월	8월	9월	10월	11월	12월	총
마이크로소프트 (50주)			28.0		28.0				28.0			28.0	112.0
필립모리스 (100주)	120.0			120.0			120.0			120.0			480.0
버라이즌		87.8			87.8			87.8			87.8		351.4

* 칸 안의 숫자는 매달 들어오는 총 배당금액(달러 기준). 환율: 1달러 =1,100원 가정, 주가는 2020년 12월 15일 기준.
 - 마이크로소프트: 주가(214.13달러), 주당배당금(0.56달러) → 투자금: 50주, 약 1,178만원
 - 필립모리스: 주가(84.29달러), 주당배당금(1.2달러) → 투자금: 100주, 약 927만원
 - 버라이즌: 주가(60.55달러), 주당배당금(0.63달러) → 투자금: 140주, 약 932만원
 = 총 투자금: 약 3037만원, 총 배당금: 약 104만원 → 배당수익률 3.42%

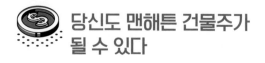

당신도 맨해튼 건물주가 될 수 있다

건물을 공동구매한 뒤 건물서 나오는 수익으로 배당을 받는 리츠. 미국엔 한국에는 없는 다양한 리츠들이 많다.

주식은 주식인데 부동산에만 투자하는 것은? 언뜻 들으면 난센스 퀴즈 같지만 '리츠(REITs, Real Estate Investment Trusts)'가 바로 그것이다.

서울 강남 1층에 스타벅스가 있는 고층 빌딩을 생각해보자. 저 건물만 갖고 있으면 조물주 위에 건물주가 되고, 놀고먹어도 임대료가 월 수천만원씩 통장에 꽂힌다. 누구나 부자가 되는 법은 아는데 돈이 없을 뿐이다. 근데 갖고는 싶다.

이런 건물주가 되고 싶은 사람들의 돈을 십시일반 끌어모아 강남 빌딩을 사고 이를 상장시킨 것이 바로 리츠다. 리츠 투자자들은 주식처럼 언제든 리츠 주식을 사고팔 수 있다.

그렇다면 리츠는 뭘 먹고살까? 임대료다. 리츠는 매년 받은 임대료의 90%를 투자자에게 '배당'이라는 이름으로 나눠줘야 법인세 면세혜택을 받는다. 벌어들인 이익의 대부분을 배당으로 쏠 수밖에 없으니 리츠는 빼놓을 수 없는 대표 배당주다. 우리나라에도 신한알파리츠, NH프라임리츠 등 리츠가 상장돼 있으나 2020년 말 기준 손에 꼽을 정도로 리츠 개수가 적다.

미국은 전 세계에서 리츠 시장이 가장 큰 나라다. 미국 리츠 시가총액은 약 1조 1천억달러(2020년 5월 기준)*로 우리나라 돈으로 약 1,200조원에 달한다. 상장된 리츠만 해도 200개가 넘는다. 미국은 우리나라보다 리츠 시장이 훨씬 크기 때문에 그 종류도 다양하다. 데이터를 관리하고 보관하는 '데이터 센터 리츠', 온라인 쇼핑몰들의 물건 보관 창고인 '물류 리츠', 병원, 오피스(사무실), 임대주택 등 다양한 리츠들이 상장돼 있다. 아파트, 호텔, 리조트 등도 투자대상이 될 수 있다.

미국의 간판 리츠는?

우리나라 상장 리츠는 친절하게 종목명 끝에 '○○○리츠'라고 돼 있기 때문에 대번에 리츠임을 알아볼 수 있다. 그러나 미국은 종목명을 줄인 '티커'를 사용하는 데다 종목명에 리츠라는 말이 없다. 리츠를 보고도 눈뜬 장님이 되기 십상이다. 대표 리츠는 이름을 알아두는 것이 좋다.

아메리칸타워(AMT)는 미국에서 제일 큰 리츠다. 시가총액이

---

* 미국 리츠 시가총액은 2019년 말까지만 해도 1조 3천억달러가 넘는 시가총액을 기록했으나 코로나19로 주가가 하락하면서 시가총액이 쪼그라들었다.

984억 달러(2020년 12월)에 달한다. 통신사에 전파설비 설치를 위한 17만여 개 통신타워를 임대해주고 임대료를 받는 방식으로 운영되는데 AT&T, 버라이즌 등을 고객사로 두고 있다. 1월, 4월, 7월, 10월에 배당금을 지급하는데 배당수익률이 2.17%*다. 2020년 코로나19에도 4.33달러를 지급해 배당금을 줄이지 않았다.

크라운캐슬인터내셔널(CCI)은 AMT에 이어 두 번째로 큰 통신 인프라 리츠다. 배당수익률은 3.42%이고 3월, 6월, 9월, 12월에 배당금을 준다. 연간 5달러에 육박하는 배당금을 지급한다. 우리나라는 3대 통신사들이 각자의 기지국을 갖고 있는 반면 미국의 세계적인 통신사들은 기지국 등을 임차해 사용하기 때문에 통신 인프라 리츠가 커질 수 있었다.

프로로지스(PLD)는 아마존 등을 고객사로 둔 물류센터 리츠다. 온라인 쇼핑 시장이 커질수록 물건을 보관할 장소가 필요한데, 프로로지스는 이러한 물류창고를 임대한다. 배당수익률은 2.31%이고 3월, 6월, 9월, 12월에 분기별로 배당금을 지급한다. 연간 배당금은 2달러를 조금 넘는 수준이다.

이퀴닉스(EQIX)는 아마존, 마이크로소프트, 구글 등에 데이터센터를 임대하는 리츠다. 2019년엔 서울 마포구 상암동 삼성SDS에 데이터센터를 임대하는 등 우리나라에도 진출했다. 이퀴닉스는 배당수익률이 1.49%이지만 연간 배당금은 10달러가 넘어선

• 디비던드닷컴(Dividend.com), 2020년 12월 기준, 이하 같음

다. 3월, 6월, 9월, 12월에 배당금을 지급한다.

분기로 배당금을 지급하는 리츠가 많지만 매월 배당금을 주는 리츠도 있다. 리얼티 인컴(O)은 대표 월 배당 리츠다. 월마트, 페덱스, 세븐일레븐 등 상가, 점포를 임대하고 임대료를 받아 운영한다. 배당수익률은 4.61%에 달하고, 매월 13~15일에 배당금을 지급한다. 2020년 연간 배당금은 3달러가 넘었다.

배당 잘 주는 미국 리츠는?

종목명	투자처	배당수익률	배당지급 방식	비고
페더럴 리얼티 인베스트먼트(FRT)	소매점	4.67%	1, 4, 7, 10월	배당왕
리얼티 인컴(O)	소매점	4.61%	매월 중순	배당귀족
에섹스 프로퍼티 트러스트(ESS)	아파트	3.44%	1, 4, 7, 10월	배당귀족
디지털 리얼티 트러스트(DLR)	데이터센터	3.35%	1, 3, 6, 9월	배당성취자
에쿼티 라이프스타일 프로퍼티스(ELS)	주택, 리조트	2.18%	1, 4, 7, 10월	배당성취자
내셔널 헬스 인베스터스(NHI)	헬스케어	6.31%	1, 5, 8, 11월	배당성취자
내셔널 리테일 프로퍼티즈(NNN)	소매점	5.06%	2, 5, 8, 11월	배당성취자
오메가 헬스케어 인베스터스(OHI)	헬스케어	7.07%	2, 5, 8, 11월	배당성취자
어스태트 비들 프로퍼티스(UBA)	소매점	3.85%	1, 4, 7, 10월	배당성취자
유니버설 헬스 리얼티 인컴 트러스트(UHT)	헬스케어	3.87%	3, 6, 9, 12월	배당성취자
WP 케어리(WPC)	오피스 등	5.85%	1, 4, 7, 10월	배당성취자

출처: 디비던드닷컴(Dividend.com)

AGNC 인베스트먼트(AGNC)는 미국 부동산 투자신탁회사로 정부가 출자하거나 보증한 주택담보대출 유가증권 등에 투자하는데, 월 배당 리츠 중 하나다. 매월 9~11일께 배당금이 지급된다. 배당수익률은 9.31%에 달하나 배당금이 줄어들고 있는 게 약점이다. 2013년엔 월 배당금이 1달러를 넘었으나 매년 감소해 2020년 엔 0.12달러 수준에 불과했다.

아머레지던셜리츠(ARR)도 투자 대상은 AGNC와 비슷하고 매월 27~30일에 배당금을 준다. 배당수익률은 11.05%에 달하지만 2015년부터 배당금이 계속해서 감소해 2020년 0.10달러(월 기준)에 불과하다는 점은 아쉬운 부분이다.

리츠의 매력은 배당이다. 주가까지 오른다면 고맙지만 주가상승보다는 꾸준히 정해진 시점에 들어오는 배당이 투자 포인트이기 때문에 주로 은퇴자산 투자처로 활용된다.

리츠의 배당수익률은 얼마나 높을까? S&P500지수의 연평균 배당수익률은 2%도 채 안 되지만 미국 상장 리츠의 2020년 7월 말 기준으로 1년 평균 배당수익률은 3.7%다.

그러나 무조건 배당수익률이 높다고 좋은 것은 아니다. 코로나19처럼 예상치 못한 악재가 닥칠 경우 갑자기 배당금을 줄이는 '배당컷(dividend cut)'이 발생할 수 있기 때문이다.

모기지(주택담보대출) 리츠 회사인 애널리 캐피털 매니지먼트(NLY)의 배당수익률은 10.46%에 달하지만 2020년 분기(1월, 4월, 7월, 10월) 배당금이 0.22달러로 전년 0.30달러(분기 기준)에서 줄어드는 배당컷이 발생했다.

절대 배당수익률은 높지 않더라도 배당금을 줄이지 않고 꾸준히 지급하는 리츠를 찾는 것이 중요하다. 리츠 중 50년 이상 배당을 줄이지 않아 '배당왕'의 영예를 안고 있는 유일한 리츠는 '페더럴 리얼티 인베스트먼트(FRT)'다. 보스턴·뉴욕·필라델피아·워싱턴 등 8개 대도시 상점 등을 임대해 수익을 내는데, 리얼티 인컴이 미국 여러 주에 분산 투자한 데 반해 좀 더 금싸라기 땅에 투자한다는 점이 다르다. 배당수익률은 4.67%이고, 분기별로(1월, 4월, 7월, 10월) 2020년 1.05~1.06달러(분기 기준)를 지급했다.

25년 이상 늘려온 '배당 귀족' 리츠도 있다. 앞서 소개한 리얼티 인컴과 에섹스 프로퍼티 트러스트(ESS)가 대표적이다. 에섹스 프로퍼티 트러스트는 아파트에 투자하는 리츠다. 배당수익률이 3.44%이며, 분기별(1월, 4월, 7월, 10월)로 2020년 2달러 넘은 배당금을 지급했다.

그 밖에 배당을 10년 이상 계속 늘려온 '배당 성취자' 리츠도 있다. 디지털 리얼티 트러스트(DLR)는 데이터센터 리츠로 배당수익률은 3.35%이고, 분기마다(1월, 3월, 6월, 9월) 1달러 안팎의 배당금을 지급한다. 병원 등 헬스케어와 관련된 리츠도 배당금이 쏠쏠한 편이다.

유니버셜 헬스 리얼티 인컴 트러스트(UHT), 오메가 헬스케어 인버스터스(OHI), 내셔널 헬스 인베스터스(NHI)는 각각 배당수익률이 3.87%, 7.07%, 6.31%로 비교적 높은 편이다. 2020년 유니버셜 헬스(3월, 6월, 9월, 12월)는 0.69~0.70달러, 오메가 헬스케어(2월, 5월, 8월, 11월)는 0.67달러의 배당금을 지급했다. 내셔널 헬스(1월, 5월, 8월, 11월)는 1.10달러로 더 높은 배당금을 줬다.

배당 잘 주는 리츠, 어떻게 찾아?

리츠는 순이익의 90% 이상을 배당하니까 당연히 배당 성향이 높을 수밖에 없다. 그런데 아무리 배당을 잘 준다고 해도 리츠의 배당 성향을 살펴보면 숫자가 좀 이상하다. 리얼티 인컴은 2019년 기준 200%에 육박하고, 디지털 리얼티 트러스트는 500%를 넘는다. 벌어들인 돈에 비해서 배당을 너무 많이 하는 것 아닌가. 빚내서 주는 것도 아닐 텐데 말이다.

결론적으로 말하면 이 잣대로는 리츠의 배당 성향을 측정할 수 없다. 회계상 순이익을 계산할 때는 매년 발생하는 임대료 수익에서 감가상각비를 빼준다. 건물이 어느 정도 사용 가능한지를 파악해 건물이 낡은 정도를 액수로 환산, 이를 비용으로 처리해 순이익을 계산한다.

그런데 이렇게 하다 보면 오류가 생긴다. 예를 들어 10억달러 건물의 내용연수가 10년이라 매년 감가상각비가 1억달러씩 발생하는데 연간 임대료도 1억달러다. 여기에 인건비 등까지 포함하면 이 리츠는 매년 적자다. 그런데 감가상각비가 발생했다고 해서 건물이 사라지는 것도 아니고, 값어치가 떨어지지도 않는다.

지은 지 50년을 훌쩍 넘은 서울 압구정 현대아파트를 생각해보자.

그래서 리츠의 배당 성향을 측정할 때는 순이익에 감가상각비를 더해 계산한 'FFO(Funds from operation)'를 기준점으로 삼는다. 즉 해당 건물을 통해 실제로 들어온 돈을 측정한 것이다.

FFO보다 좀 더 정교하게 계산한 'AAFO(Adjusted Funds from operations)'도 있다. FFO에서 건물을 살 때 돈을 빌려서 이자비용이 나가거나 건물 보수한 비용이 있다면 이를 빼주고 임대료를 올렸다면 이는 더해주는 방식으로 구해준다. 즉 회계상 당기순이익보다 영업활동으로 인한 현금흐름에 가까운 개념이다.

그러니 리츠에선 일반 회사에 적용하는 배당 성향보다는 주당 FFO 또는 주당 AFFO 중에서 주당배당금이 얼마인지가 더 중요하다.

그러면 내가 투자한 종목의 FFO, AFFO 기준 배당 성향은 어떻게 알 수 있을까? 시킹 알파(Seeking Alpha)에서 종목명을 검색하면 여러 카테고리가 나오는데 이 중 '수익성(Profitability)' 부문에 적시돼 있다. 리얼티 인컴의 배당 성향은 2019년에 191.10%였지만 FFO와 AFFO를 적용한 배당 성향은 80%대다. 디지털 리얼티 트러스트 역시 FFO와 AFFO를 적용한 배당 성향은 70%대 수준이다.

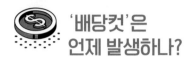

'배당컷'은 언제 발생하나?

곳간에서 인심 난다고, 배당도 회사가 살 만해야 계속 나온다. 배당이 줄어드는 몇 가지 이유들을 알아보자.

배당주 투자가 안전 투자의 대표격으로 칭송되곤 있지만, 당연하게도 항상 안전하지만은 않다. "곳간에서 인심 난다"고 돈을 벌어야 배당도 줄 수 있는 탓이다. 그렇다면 주요 배당주들은 언제 배당을 삭감(배당컷)했을까? 과거의 사례를 살펴보는 게 향후 배당투자에도 도움이 될 것이다.

기업이 힘들 때

배당컷이 발생하는 가장 대표적이자 당연한 이유는 기업이 돈을 못 벌 때다. 기업실적이 구조적으로 감소하고 있거나, 경영진이 최신 트렌드를 좇아가지 못할 때가 그 예다. 당장 버는 돈이 없으니 주주들에게 나눠주지도 못하는 것이다.

대표적인 게 속옷 브랜드 '빅토리아 시크릿'을 운영하고 있는

L브랜드(LB)다. L브랜드는 온라인 쇼핑이 주류가 되어 가는 시대에 오프라인에만 치중하는 우를 범했다. '오프라인 강자'라는 칭호를 내려놓질 못했던 것이다. 주 소비자들인 10~20대 여성들 사이에서 페미니즘에 대한 관심이 높아지고 있는 상황에서도 잘록한 허리와 긴 다리를 강조하는 획일적인 미의 기준을 세일즈 포인트로 삼았다. LB의 실적은 나날이 감소했고, 2019년엔 전년 대비 배당을 50%나 삭감하기에 이른다.

제너럴일렉트릭(GE)의 사례도 참고할 만하다. GE는 한때 미국인들이 저축 대신 투자하던, 대표적인 배당주였다. 무려 1899년부터 배당을 시작해 시중금리보다 높은 배당금을 돌려줬었다. 그러나 GE는 시대적 변화를 좇아가지 못했다. 전 세계가 환경친화적인 에너지를 쓰겠다고 나서고 있음에도 불구하고 석유와 석탄 등 구시대 에너지 사업은 여전히 경쟁력이 있다며 고집했던 탓이다. 지금은 미국 캘리포니아주가 2035년부터 휘발유 자동차의 판매를 금지한다는 행정명령에 사인하는 시대다.

이렇듯 GE는 계속해서 도태돼갔고, 2018년에는 배당금을 전년 대비 56%나 축소해 1주당 0.37달러를 줬다. 그러더니 2019년엔 여기서 89% 더 줄여서 단돈 0.04달러만 배당을 하기에 이른다. 2020년 GE는 매 분기 1주당 단 1센트, 원화로 11원을 돌려주는 초라한 기업이 됐다.

따라서 배당주를 투자할 때엔 당장 실적을 잘 내는 것도 중요하지만, 얼마나 꾸준히 성장하고 있는지 역시 따져봐야 한다. 당장 들어오는 배당금이 크진 않더라도 꾸준히 성장하는 기업이라면 미래에 더 많은 배당금을 돌려줄 가능성이 크다.

경제에 위기가 닥쳤을 때

가끔 인력으로 어찌 되지 않는 위기가 닥칠 때가 있다. 자본시장에선 2008년 글로벌 금융위기가 그랬고, 2020년 코로나19 사태가 그렇다. 위기에 대비해 현금을 많이 쌓아뒀던 기업이라면 상관없지만, 그렇지 않은 상당수 기업들이 휘청하는 경험을 하게 된다. <u>이럴 때 기업들은 현금을 확보하고자 배당을 축소하게 된다.</u>

영국계 자산운용사 재너스핸더슨에 따르면 2020년 2분기 전세계 기업들이 주주에게 지급한 배당금은 총 3,822억달러(약 420조원)로 지난해 대비 1,081억달러(22%) 감소했다. 이는 분기별 배당금 기준으로 2012년 이후 가장 적은 수준이다.

구체적으로 보면 카지노업체인 라스베가스샌즈(LVS)가 대표적이다. '라스베가스' 하면 모두 카지노라는 이미지를 떠올리지 않는가? 실제 라스베가스샌즈는 세계 각지에서 찾아온 고객들로 2017년 이후 한 번도 분기 매출이 30억달러(3조 3천억원)를 밑돈 적 없던 회사였다. 그러나 코로나19 사태로 경제 활동 자체가 봉쇄되면서 카지노를 찾는 사람이 급감하자 상황이 달라졌다. 2019년 4분기만 해도 35억달러(3조 8,500억원)의 매출을 올렸던

라스베가스샌즈는 2020년 1분기 실적이 18억달러(2조원) 수준으로 곤두박질친다. 심지어 2분기엔 9,800만달러(1천억원) 수준까지 내려앉았다. 빈 곳간에 배당금 줄 여유는 없었으니 라스베가스샌즈는 2020년 2분기부터 분기 배당을 당분간 중단하기로 결정했다.

화장품 업체 에스티로더(EL) 역시 대표적 사례다. 에스티로더는 2010년부터 2019년까지 꾸준히 배당금을 올려왔었는데, 코로나19 사태가 터지자 실적이 급감해 급기야 배당금 줄이기에 나섰다. 원래 분기별로 배당을 주던 에스티로더는 2020년 6월 배당은 건너뛰었다. 그나마 9월과 12월엔 각각 0.48달러, 0.53달러의 배당을 지급했다.

이렇듯 경제위기가 닥치면 큰 기업이라고 해도 별 수없다. 다만 그런 와중에도 리얼티인컴(O) 등 배당을 삭감하지 않는 기업도 있으니 자세히 들여다볼 필요가 있다. 위기에 강한 기업이 꾸준한 배당으로 보답하는 법이다.

정부의 정책 때문에

정부의 정책 역시 실적과 배당에 영향을 준다. 정부의 규제 때문에 실적이 타격을 받는 경우도 있고, 정부가 직접적으로 배당을 줄이라고 요구하는 경우도 있어서다.

미국 4대 은행 중 하나인 웰스파고(WFC)가 대표적인 예다. 미국 연방준비제도(연준, Fed)는 코로나19 사태가 심각해졌을 때 은

행들이 견딜 수 있을 만큼 자본을 갖고 있는지를 분석했다. 당장은 충격을 견뎌낼 만한 충분한 자본이 있지만, 연준은 향후 불확실성에 대비해 자본을 쌓아두는 게 낫겠다는 판단을 했다. 그래서 은행에 더 이상 배당금을 늘리지 말라는 지침을 내렸다. 웰스파고는 연준의 해당 지침에 따라 2020년 3분기 배당금을 주당 0.51달러(2020년 2분기)에서 0.10달러로 축소하기로 결정했다.

정부규제로 실적에 타격을 입어 배당이 줄어드는 경우도 있다. 총기회사 스텀루거(RGR)가 그 예다. 총기난사 사건이 종종 일어나는 미국에서는 총기규제에 대한 논란이 끊이질 않는다. 2016년 스텀루거의 실적은 반짝 반등해 배당금도 전년 대비 57%나 증가했던 적이 있다. 당시 총기규제에 대한 사회적 압박이 커지며 앞으론 총을 살 수 없을 것이라고 생각한 시민들이 미리 총을 사재기하려고 달려간 탓이다. 그러나 2017년 총기규제 반대자가 백악관과 의회 등 요직을 차지하자 이러한 기대감도 사그라들고 사재기 수요도 급감해 실적도 쪼그라들었다. 스텀루거 배당은 2017년 다시 전년 대비 21.4% 줄어들기에 이른다.

이렇듯 배당주 투자도 결국 종목에 대한 투자이기 때문에, 해당 종목에 어떤 이슈들이 영향을 미칠지 여부도 관심 있게 지켜봐야 한다. 특히 금융주의 경우 배당주로 유명하지만 규제산업이기 때문에 정부정책에 휘둘리기 쉽다는 점에 유의해야 한다.

막간 코너 워런 버핏은 어디에 투자할까

세계에서 가장 유명한 투자자인 워런 버핏은 어디에 투자할까? 또한 워런 버핏급의
투자 대가들은 어디에 투자하고 있을까?

투자의 대가 워런 버핏은 어떤 주식을 샀을까? 도대체 뭘 샀기에
그렇게 부자가 됐을까? 워런 버핏은 2020년 12월 기준 〈포브스〉
가 선정한 세계 최고 부자 7위를 기록하고 있다.[*]

시장이 요동칠 때마다 투자자들은 그의 생각을 궁금해하고 그
가 어떤 주식을 샀는지, 팔았는지를 알고 싶어 한다. 미국에는 친
절하게 그가 보유한 포트폴리오가 어떻게 변했는지 주기적으로
보여주는 사이트가 있다. 웨일위즈덤닷컴(whalewisdom.com)은
워런 버핏이 운영하는 버크셔 해서웨이가 분기별로 어떻게 투자
하고 어떤 종목을 가장 많이 보유하고 있는지 보여준다.

---

[*] 2020년 중순께만 해도 워런 버핏은 제프 베조스 아마존 사장, 빌게이츠 마이크로소프트
창업자, 베르나르 아르노 루이비통모에헤네시그룹 회장 다음으로 전 세계 4위의 부자였으
나 주가하락 등에 자산이 쪼그라들었다.

워런 버핏의 주머니엔 코카콜라가 많을까?

"내 몸의 4분의 1은 코카콜라로 돼 있다"고 말한 적이 있을 만큼 워런 버핏은 코카콜라 마니아다. 코카콜라 주식을 평생 보유하겠다고 밝힌 그의 포트폴리오에는 코카콜라의 비중이 가장 많을까? 아니다. 그가 가장 많이 사들인 주식은 애플이다. 워런 버핏은 2020년 9월 말 기준 주식 보유액(2,289억달러)중 47.8%가 애플(AAPL)이다. 그 다음이 뱅크오브아메리카(BAC)로 10.6%를 차지하고, 코카콜라(KO)가 8.6%의 비중을 차지한다.

2016년 처음 애플 주식을 산 후 2018년까지 비중을 늘렸고, 코로나19가 발발한 2020년엔 애플 주식을 일부 팔았다. 그래도 9월 말 기준 9억 4,429만 주 이상을 보유해 애플의 2대 주주다. 가치투자자의 상징인 워런 버핏이 왜 성장주에 투자했을까?

시장에선 애플은 아이폰 등 스마트폰뿐 아니라 앱스토어 등의

웨일위즈덤닷컴. 워런 버핏이 운영하는 버크셔 해서웨이의 2020년 9월 말 기준 주식 보유 현황. Top Buys는 해당 분기에 가장 많이 산 종목을, Top Sells는 가장 많이 판 종목을, 13F Holdings Summary는 현재 가장 많이 보유하고 있는 종목들을 순서대로 보여준다.

선두주자였을 뿐 아니라 보유하고 있는 현금이 무려 2016년 말 2,460억달러에 달할 정도로 엄청난데 당시 주가는 20달러 중반 대로 쌌기 때문이라고 분석했다. 그가 애플 주식을 추가 매수했 던 2018년에도 주가는 40달러대에 불과했다. 그러나 그 뒤론 애 플 주식을 2년째 팔고 있다.

다른 금융주는 내다 팔았지만 유독 뱅크오브아메리카에 대해 선 그렇지 않았다. 보통주 자기자본비율(CET1)이 기준선(9.5%)을 웃도는 11.6%(2020년 6월 말)로 높은 편인 데다 안정적인 배당금 지급도 가능하다고 판단했기 때문으로 풀이된다. 코로나19로 미 국 연방준비제도(연준, Fed)가 제로까지 금리를 내리면서 영업환 경이 나빠졌으나 배당금은 2019년 0.66달러에서 2020년 0.72달 러(연간)로 늘어났다. 이런 이유 때문인지 워런 버핏은 2020년 뱅 크오브아메리카 주식 수를 1년 전보다 9% 넘게 늘렸다.

워런 버핏의 코카콜라 사랑은 언제부터 시작됐을까? 그는 1987년 블랙먼데이로 다우존스30산업평균지수가 폭락했던 이 듬해인 1988년부터 코카콜라를 매입하기 시작했다. 코카콜라는 음료시장을 지배했고 주가는 싸졌으니 워런 버핏이 얘기한 가치 주의 대표주자였던 것이다.

워런 버핏은 2020년 코로나19 위기를 어떻게 넘겼을까? 일단 그는 사랑하는 코카콜라 주식은 아예 건드리지 않았다. 4억 주를 그대로 보유했다. 그는 금리하락에 고전하는 웰스파고(WFC), 뱅 크오브뉴욕멜론(BK), JP모건(JPM) 등의 금융주 비중을 줄였고, 골드만삭스(GS), 코스트코(COST)는 전량 내다 팔았다. 또한 코로나 19에 어려움이 커진 유나이티드항공(UAL), 델타항공(DAL), 아메리칸항공(AAL) 등 항공주도 전부 팔아치웠다.

그 대신 금광 회사인 바릭 골드(GOLD)를 2020년 2분기 신규로 사들였다. 버핏은 아무것도 생산해내지 못한다는 이유로 금 투자를 선호하지 않았는데 시각이 바뀐 것일까? 2020년에는 경기는 안 좋은데 코로나19 극복을 위해 공급된 달러 유동성이 주가를 상승시켰다. 수시로 버블 논란이 불거졌다. 그로 인해 버핏 역시 투자 포트폴리오 안에 안전자산이 필요했다는 분석이 나온다. 다만 그 규모는 버핏 주식 보유액의 0.27%에 불과해 금 투자에 대한 시각이 긍정적으로 바뀐 것은 아니란 얘기도 나왔다. 실제로 3분기 땐 절반가량 주식을 내다팔았다. 대신 3분기에는 애브비(ABBA), 머크(MRK) 등 헬스케어 업종을 늘렸다.

투자 대가들의 포트폴리오, 또 어디서 보나?

투자 대가들이 1주일 전에 뭘 사고팔았는지도 궁금할 수 있다. 이땐 구루포커스닷컴(gurufocus.com)을 이용하면 되는데, 돈을 내야 정보를 받아볼 수 있다. 이 사이트는 최고경영자(CEO) 등 회사의 내부자들이 주식을 샀는지, 팔았는지 등의 정보도 공개한다.

이들이 투자한 회사들의 배당 정보를 자세히 알 수 있는 곳도 있다. 더 리치(therich.io)는 억만장자들의 투자 포트폴리오와 함께 어느 종목에서 배당금을 가장 많이 받는지 등을 소개한다. 각 회사가 배당금을 몇 월에 지급하는지도 알 수 있다. 다만 자산 포트폴리오의 업데이트가 느린 편이다. 2020년 12월 기준 더 리치가 보여주는 투자 대가들의 자산 포트폴리오는 1년 전 상황이다.

투자 구루들의 포트폴리오를 봤는데도 너무 다 제각각이라 뭘 투자해야 하는지 모르겠다면 잘나가는 애널리스트가 추천한 종목도 살펴보자. 팁랭크스(tipranks.com)에선 탑(Top) 25명의 애널리스트가 특정 종목에 대해 제시한 투자의견을 볼 수 있다.

이들이 얼마나 족집게처럼 맞췄는지 성공률은 물론이고, 이들이 추천한 종목의 평균 수익률도 제시돼 있다. 애널리스트들이 투자의견과 목표주가를 어떻게 조정했는지 살펴보는 것만으로도 큰 도움이 될 수 있다.

2020년 12월 기준 수익률이 가장 좋은 1위 애널리스트는 파이퍼 샌들러의 브렌트 브레이슬린이다. 그는 11월 미국 전자상거래 솔루션 소프트웨어 공급 업체 빅커머스 홀딩스(BIGC)에 대해 커버리지를 개시하며 목표주가를 83달러로 상향 조정했다.

반면 9월에 뉴욕증권거래소에 상장한 게임 개발 도구 업체 유니티 소프트웨어(U)에 대해선 목표주가를 115달러로 낮췄다. 거꾸로 내가 투자한 종목에 대한 애널리스트의 의견을 알고 싶다면 검색창에 종목명 등을 입력하면 된다. 다수의 애널리스트들이 제시한 평균 목표주가 등을 알 수 있다.

6

별별 ETF 다 있네

곱버스 아닌
세배버스 타고 싶다고?

한국에는 곱버스가 최대지만 미국에선 세배버스도 탈 수 있다. 다만 화끈한 만큼 상장폐지 등 위험도 크니 주의해야 한다.

A씨는 앞으로 당분간은 주가가 오르리라는 확신이 강하게 들었다. 경제도 좋고, 기업이익 전망도 훌륭했기 때문이다. 이왕이면 베팅을 세게 하고 싶었지만, 우리나라에선 기껏해야 주가상승 폭의 2배 수익을 얻을 수 있는 레버리지 상장지수펀드(ETF)가 전부였다.

하지만 A씨가 미국주식에 투자한다면 더 화끈한 베팅이 가능하다. 미국에는 주가상승·하락폭의 3배의 수익을 돌려주는 3배짜리 ETF가 얼마든지 상장돼 있기 때문이다. 심지어 원유 등 선물에 대해서도 상·하방으로 3배의 수익을 얻는 상장지수증권(ETN)도 적지 않다.

낙관론자를 위한 3배 레버리지 상품

미국시장의 ETF 중에서 가장 대표적인 3배 레버리지 상품은 '프로셰어즈 울트라프로 QQQ(ProShares UltraPro QQQ, TQQQ)'다. 나스닥100지수 상승의 3배 수익률을 추구하는 상품이다. 운용자산(AUM)은 96억 4천만달러[*]로, 우리나라 투자자에게도 익숙한 상품이다. 나스닥지수가 급락할 때마다 저점이라고 판단한 투자자들이 TQQQ를 매수하곤 한다. 운용보수(Expense Ratio)[**]는 0.95%다.

나스닥지수보다 더 넓은 시장에 강하게 베팅하고 싶다면 S&P500지수 상승폭의 3배 수익을 얻는 '프로셰어즈 울트라프로 S&P500(ProShares UltraPro S&P500, UPRO)'이나 '디렉시온 데일리 S&P500 불 3X 셰어즈(Direxion Daily S&P500 Bull 3X Shares, SPXL)'가 대안이다. 두 ETF는 똑같은 전략을 쓰는 만큼 주가 움직임도 거의 비슷하고, 운용자산 역시 17억달러대로 유사하다. 다만 운용보수는 UPRO가 0.93%로, 1.01%인 SPXL보다 적다.

만약 미국의 중소형주에 베팅하고 싶다면 '프로셰어즈 울트라프로 러셀2000(ProShares UltraPro Russell2000, URTY)'이 제격이다. 보통 경기가 회복되면 그동안 주가가 지지부진했던 중소형주가 크게 오르는 경향이 있어 찾는 사람이 많아진다. 다만 2020년 미

[*] 이하 모두 2020년 12월 기준. 출처는 ETF닷컴(etf.com)
[**] 운용보수는 해당 ETF를 1년 동안 투자했을 때 빠져나가는 펀드 운용비용을 뜻한다.

지수 3배 레버리지 ETF 비교

티커	투자대상	운용보수	운용자산	상품형태
TQQQ	나스닥100 지수상승의 3배	0.95%	96억 4천만달러	
UPRO	S&P 500지수상승의 3배	0.93%	17억 6천만달러	ETF
SPXL		1.01%	17억 2천만달러	
URTY	러셀2000 지수상승의 3배	0.95%	1억 6,400만달러	

출처: ETF닷컴

국에서도 중소형주보다는 FAANG(페이스북·애플·아마존·넷플릭스·구글)과 같은 대형주가 인기 있기 때문에 운용자산은 3억 5천만 달러로 비교적 작은 편이다. 운용보수는 0.95%다.

지수는 모르겠고 이 섹터는 진짜 오를 것 같다면

3배짜리 섹터 ETF 중에서는 기술주에만 강하게 베팅하는 ETF들이 가장 인기가 많다. 미국의 주요 기술주 상승폭의 3배를 추종하는 '디렉시온 데일리 테크놀로지 불 3X 셰어즈(Direxion Daily Technology Bull 3X Shares, TECL)'는 운용자산이 20억 1천만달러에 달한다. 이 ETF는 애플이나 마이크로소프트 등 우리가 잘 아는 종목뿐 아니라 어도비, 브로드컴, 세일즈포스 등 IT 종목을 광범위하게 담고 있다. 현재 담고 있는 개별 종목 수만 73개나 된다. 운용보수는 1.08%다.

더 좁은 범위의 기술주에만 강하게 베팅하는 상품도 있다.

'마이크로섹터스 팡+인덱스 3배 레버리지 ETN(MicroSectors FANG+ Index 3X Leveraged ETN, FNGU)'이 그것이다. 이 상품은 '애플, 아마존, 알리바바, 바이두, 트위터, 알파벳, 넷플릭스, 엔비디아, 테슬라, 페이스북' 등 딱 10개 종목만 약 10%씩 담아 운용하는 상품이다. 운용보수는 0.95%다. 다만 이 상품은 ETF가 아니라 ETN으로, 발행사가 망하면 한푼도 돌려받지 못할 수 있다. ETF가 청산되면 ETF의 순자산가치(NAV)에서 비용을 뺀 돈을 분배받는 것과는 다르다. 발행사는 뱅크오브몬트리올(Bank of Montreal)로, 1817년 세워졌다.

미국에 상장된 반도체 종목의 상승 폭만 3배씩 투자하는 상품도 있다. '디렉시온 데일리 세미컨덕터 불 3X 셰어즈(Direxion Daily Semiconductor Bull 3X Shares, SOXL)'가 대표적이다. 운용자산만 20억 5천만달러 수준이고, 운용보수는 0.96%다. '마이크론, 램리서치, TSMC(ADR), 텍사스인스트루먼츠, 인텔, 퀄컴' 등 대표 반도체 종목 31개를 골고루 담고 있다.

섹터 3배 레버리지 ETF·ETN 비교

티커	투자대상	운용보수	운용자산	상품형태
TECL	기술주 73개 종목 3배 상승	1.08%	20억 1천만달러	ETF
FNGU	FANG과 기술주 6개(총10개) 3배 상승	0.95%	12억 1천만달러	ETN
SOXL	대표 반도체주 23개 종목 3배 상승	0.96%	20억 5천만달러	ETF
NRGU	에너지 기업 10개 종목 3배 상승	0.95%	2억 4,400만달러	ETN

출처: ETF닷컴

뿐만 아니라 에너지기업의 상승에 3배씩 베팅할 수 있는 상품도 있다. '마이크로섹터스 유에스 빅오일 인덱스 3X 레버리지 ETN(U.S. Big Oil Index 3X Leveraged ETN, NRGU)'이 그렇다. '마라톤페트롤, 발레로에너지, 파이오니어내츄럴리소스, 필립스66, 옥시덴털페트롤리움, 엑슨모빌, 헤스, EOG리소스, 셰브론, 코노코필립스' 등 10개 종목을 10%씩 담고 있는 ETN이다.

보통 유가가 바닥을 쳤다고 생각하면 이 ETN을 통해 유가상승에 간접적 베팅이 가능하다. 운용자산은 2억 4,400만달러이고, 운용보수는 0.95%다. 이 역시 ETN이라 주의가 필요하며, 발행사는 뱅크오브몬트리올이다.

나는 이 시대의 '닥터둠(Dr. Doom)'이오

비관적 경제 전망을 갖고 있는 '닥터 둠'이라면, 아마도 시장하락에 3배 베팅을 하고 싶을 것이다. 미국시장에서는 보통 3배짜리 레버리지 상품을 내면 인버스 상품도 함께 내기 때문에, 앞에 설명한 ETF들을 정확히 반대 방향으로 3배짜리 베팅을 하는 게 가능하다.

먼저 TQQQ와 반대되는 '프로셰어즈 울트라프로 쇼트 QQQ (ProShares UltraPro Short QQQ, SQQQ)'가 있다. 나스닥100 지수 하락의 3배 수익률을 추구하는 상품이다. 운용자산은 14억 6천만달러로, 짝이 되는 TQQQ의 6분의 1 수준이니 아직 미국시장에 낙관론자들이 더 많다는 것을 알 수 있다. 운용보수는 0.95%다.

S&P500지수에 3배로 하락 베팅하는, UPRO와 SPXL에 반대되는 ETF도 물론 있다. '프로셰어즈 울트라프로 쇼트 S&P500(ProShares UltraPro Short S&P500, SPXU)'이나 '디렉시온 데일리 S&P500 베어 3X 셰어즈(Direxion Daily S&P500 Bear 3X Shares, SPXS)'다. 이 ETF들 역시 똑같은 전략을 써서 움직임이 거의 비슷하다. 운용규모는 SPXU가 7억 600만달러로 SPXS(5억 6천 만달러)보다 더 크다. 운용보수는 SPXU가 0.91%로 SPXS(1.07%) 보다 싸다.

러셀 2000에 3배 상방 베팅하는 URTY와 반대되는 '프로셰어즈 울트라 프로 쇼트 러셀2000(ProShares UltraPro Russell2000, SRTY)'도 있다. 운용규모는 1억 400만달러이고, 운용보수는 0.95%다.

지수 3배 인버스 ETF 비교

티커	투자대상	운용보수	운용자산	상품형태
SQQQ	나스닥100지수 하락의 3배	0.95%	14억 6천만달러	ETF
SPXU	S&P500지수 상승의 3배	0.93%	7억 600만달러	
SPXS		1.07%	5억 6천만달러	
SRTY	러셀2000지수 상승의 3배	0.95%	1억 400만달러	

출처: ETF닷컴

이 섹터는 진짜 거품 같다면

섹터 하락의 3배를 추종하는 상품도 있다. 다만 비관론자가 그리 많지 않은 만큼 섹터 하락의 3배를 추종하는 상품은 인기가 없다.

그중에 가장 큰 섹터 ETF는 '디렉시온 데일리 파이낸셜 베어 3X Shares(Direxion Daily Financial Bear 3X Shares, FAZ)'다. 러셀 1000에 속한 금융 중소형주 하락에 3배 베팅하는 상품이다. 운용자산은 2억 1,100만달러로, 운용보수는 1.07%다. 참고로 반대되는 3배 상승 베팅 상품은 '디렉시온 데일리 파이낸셜 불 3X Shares(Direxion Daily Financial Bull 3X Shares, FAS)'다.

한편 TECL과 FNGU와 반대되는, 기술주 하락에 3배 베팅하는 상품은 '디렉시온 데일리 테크놀로지 베어 3X 셰어즈(Direxion Daily Technology Bear 3X Shares, TECS)'와 '마이크로섹터스 팡+인덱스 -3X 인버스 레버리지 ETN(MicroSectors FANG+ Index -3X Inverse Leveraged ETN, FNGD)'이다. 각각 운용규모는 6600만달러, 5300만달러다. 운용보수는 TECS가 1.08%, FNGD가 0.95%다.

섹터 3배 인버스 ETF 비교

티커	투자대상	운용보수	운용자산	상품형태
TECS	기술주 73개 종목 3배 하락	1.08%	6,600만달러	ETF
FNGD	FANG과 기술주 6개(총10개) 3배 하락	0.95%	5,300만달러	ETN
FAZ	러셀1000 금융 중소형주 3배 하락	1.07%	2억 1,100만달러	ETF

출처: ETF닷컴

3배짜리 상품은 상장폐지되기 쉽다

투자자들은 3배짜리 상품에 투자하기 앞서 이들 상품이 안전하지 않다는 점을 알아둘 필요가 있다. 미국의 경우 3배짜리 ETF·ETN 상품은 운용사의 판단에 따라 조기청산, 즉 상장폐지하는 경우가 적지 않기 때문이다.

해당 상품이 추종하는 지수 및 종목의 변동성이 커지면 운용사나 발행사 입장에선 상장폐지를 선택하는 경우가 종종 있다. 상품을 운용하면서 버는 돈보다 비용이 더 든다는 판단이 서면 상장폐지에 나서는 것이다. 우리나라의 경우 소규모 ETF·ETN을 상장폐지하는 경우는 있어도, 운용이 어렵다는 이유에서 시가총액이 큰 종목을 상장폐지하는 경우는 없다. 반면 미국의 경우 상장폐지에 운용사나 발행사에 상당한 재량이 있기 때문에 이런 일들이 가능하다.

실제 코로나19 사태 당시 여러 상품들이 운용사와 발행사의 선택에 따라 무더기로 상장폐지된 바 있다. 로빈후더(미국의 개인투자자)뿐 아니라 우리나라 개인투자자들도 대규모로 투자했던 '벨로시티셰어즈 데일리 2X VIX 숏텀 ETN(VelocityShares Daily 2x VIX Short-Term ETN, TVIX)'이 그 예다.

2020년 5월, 6월 미국과 우리나라 개인투자자의 매수 상위종목에 자주 꼽혔던 이 종목은 발행사인 크레디트스위스가 운용이 어렵다며 6월 상장폐지를 결정한 바 있다. 많은 투자자들이 투자했던 종목인 만큼 상장폐지는 없을 것이라 생각했지만 현실은 그렇지 않았다.

2020년 4월 국제유가가 사상 초유의 '마이너스'를 찍은 뒤 전 세계 투자자들이 앞다퉈 매수했던 원유 3배 레버리지 상품도 비슷한 시기에 상장폐지됐다. '벨로시티셰어즈 3X 롱 크루드 오일 ETN(VelocityShares 3X Long Crude Oil ETN, UWT)'과 '프로셰어즈 울트라프로 3X 크루드 오일 ETF(ProShares UltraPro 3X Crude Oil ETF, OILU)'가 모두 4월 상장폐지됐다.

투자하고 있는 상품의 상장폐지가 결정됐다면 청산 하루 전 최종거래일까지 팔 수 있다. 또한 청산일까지 매도하지 않고 보유할 경우 운용사가 정한 기준에 따라 청산대금을 추후 지급받는다. 보통 순자산가치가 청산 대금 배분의 기준이 된다. 다만 그중에선 돈을 돌려주지 않고 OTC* 시장으로 넘어가는 경우도 있다. 이 경우엔 최종 거래일까지 팔지 않으면 OTC 시장에서 팔아야 돈을 건질 수 있단 얘긴데, OTC 시장은 유동성이 매우 낮기 때문에 팔기가 극히 어렵다. 따라서 상장폐지되는 종목이 OTC로 전환된다면 거래가 가능할 때 다 매도하는 게 낫다.

• 비상장주식 거래시장

ETF로
레이 달리오 따라잡기

당장 큰 수익보다 꾸준하게 돌아오는 수익을 바란다면 자산배분 ETF에
투자해보자.

많은 사람들이 주식투자를 꺼리는 이유 중 하나는 시장이 너무
복잡하기 때문이다. 경제전망은 물론이며 각 기업의 상황까지 파
악해야 하고, 그런 수고를 한다고 해서 항상 안정적인 수익이 보
장되는 것도 아니니 말이다.

"큰 수익은 바라지 않아도 항상 꾸준한 수익이 돌아오면 좋겠
는데…." 그런 이들에게 추천할 만한 자산배분 ETF가 있다. 이
ETF를 적절히 이용하면 '사계절(올웨더·All Weather) 포트폴리오'*로
유명한 전설적인 투자자 레이 달리오와 비슷한 투자가 가능하다.
레이 달리오는 사계절 포트폴리오를 통해 2008년 글로벌 금융위
기에서도 수익을 올린 것으로 유명하다. 당시 대부분의 펀드는
타격을 입고 손실을 냈었다.

* 레이 달리오의 사계절 포트폴리오는 주식, 채권, 원자재, 금 등에 자산을 적절히 배분해
  어떠한 시장상황에서도 안정적인 수익을 돌려주는 것을 말한다.

주식과 채권을 다른 비율로 섞은 ETF 4개

가장 대표적인 자산배분 펀드는 세계적인 자산운용사 블랙록
(Blackrock)이 내놓은 ETF 4개 종목이 있다. 주식과 채권을 각각
다른 비중으로 섞어놓은 ETF다.

AOA·AOR·AOM·AOK 비교

티커	자산배분	운용자산
AOA	주식 8: 채권 2	11억 7천만달러
AOR	주식 6: 채권 4	15억 9천만달러
AOM	주식 4: 채권 6	14억 6천만달러
AOK	주식 3: 채권 7	8억 4,600만달러

기준: 2020년 12월 20일

출처: 블랙록(blackrock)

4개 종목 중 가장 공격적인 ETF는 아이셰어즈 코어 어그레시
브 얼로케이션 ETF(iShares Core Aggressive Allocation ETF, AOA)로,
주식을 80% 담고 채권을 20% 담는 ETF다. 그 다음으로 공격적
인 ETF는 아이셰어즈 코어 그로스 얼로케이션 ETF(iShares Core
Growth Allocation ETF, AOR)로, 주식을 60% 담고, 채권을 40% 담
는다.

비교적 안전한 2개 종목은 채권을 주식보다 많은 비중으
로 담는 ETF인데, 아이셰어즈 코어 모더레이트 얼로케이션
ETF(iShares Core Moderate Allocation ETF, AOM)로, 주식을 40%

4개 ETF가 담고 있는 대표적 종목 비교

	AOA	AOR	AOM	AOK
S&P500(IVV ETF)	40.65%	31.02%	21.04%	15.93%
미국채권(IUSB ETF)	15.75%	32.03%	48.90%	57.61%
미국 외 선진 주식시장(IDEV ETF)	26.97%	20.58%	13.96%	10.57%
신흥국 주식시장(IEMG ETF)	9.46%	7.22%	4.89%	3.71%
S&P500 중형주(IJH ETF)	2.56%	1.95%	1.32%	1.00%
S&P500 소형주(IJR ETF)	1.09%	0.83%	0.56%	0.43%

기준: 2020년 12월 17일

출처: 블랙록(blackrock)

담고, 채권을 60% 담는다. 가장 안전한 ETF는 아이셰어즈 코어 컨저버티브 얼로케이션 ETF(iShares Core Conservative Allocation ETF, AOK)로, 주식은 30% 담고, 나머지 70%를 모두 채권으로 채운다.

이들의 규모는 상당하다. 이들 중 덩치가 가장 큰 ETF는 AOR로, 운용자산(AUM)이 15억 9천만달러에 달한다. 오랫동안 시장에선 주식과 채권을 6:4의 비중으로 담는 것을 자산배분의 정석이자 기초라고 말해왔는데, 이를 충실히 지킨 ETF가 가장 많은 사랑을 받고 있다고 볼 수 있다. 이어 AOM이 14억 6천만달러로 규모가 컸고, AOA(11억 7천만달러), AOK(8억 4,600만달러)가 그 뒤를 이었다. 운용보수(Expense Ratio)는 0.25%로 동일하다.

이들이 담는 주식은 모두 ETF다. S&P500을 추종하는 ETF부터 미국 이외의 선진시장을 시가총액 순서대로 투자하는 ETF도

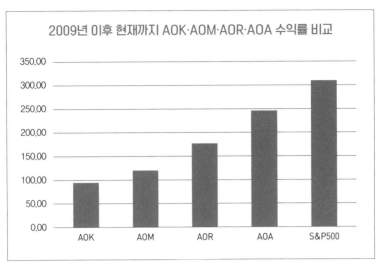

2009년 이후 현재까지 AOK·AOM·AOR·AOA 수익률 비교

2020년 12월 15일 기준

출처: 야후 파이낸스(Yahoo Finance)

담고, MSCI 신흥국지수(이머징마켓)를 추종하는 ETF를 담기도 한다. 다만 주식비중이 높은 AOA는 이들 ETF를 보다 많이 담을 수 있겠지만, 보수적인 AOK의 경우는 채권 비중이 워낙 높기 때문에 각 ETF를 맛만 보는 수준에서 담는다고 보면 된다.

다만 자산 배분 ETF인 만큼 안정적인 대신 주식보다 덜 오른다는 점을 감안해야 한다. 실제 2009년 이후 현재(2020년 12월 15일)까지 S&P500지수가 309.04%씩이나 올랐음에도 불구하고, 이들 ETF의 상승률은 94.16%에서 245.93%에 그친다(수정주가 기준).

하방위험을 막아주는 자산배분 ETF

블랙록의 자산 배분 ETF 4종이 가장 유명하긴 하지만, 최근 시장에서 주목받기 시작한 자산 배분 ETF도 적지 않다. 특히 위기상황 때 하방을 막아주는 ETF가 인기다.

그중 제일 대표적인 게 엠플리파이 블랙스완 그로스 & 트레져리 코어 ETF(Amplify BlackSwan Growth & Treasury Core ETF, SWAN)다. SWAN의 가장 큰 특징은 미국주식이 아니라 S&P500의 콜옵션에 투자한다는 것이다.

콜옵션은 지수상승에 대해 일종의 베팅을 하는 것이다. 쉽게

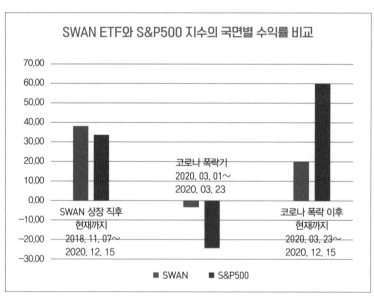

출처: 야후 파이낸스(Yahoo Finance)

말해 현재 주가가 100인데 앞으로 주가가 오를 것 같다면 증거금 (담보금으로 이해하면 편하다) 10원을 내고 베팅을 한다. 나중에 주가가 200으로 오르면 100만큼의 추가수익을 내는 것인데, 증거금(10원) 대비 10배의 수익을 낼 수 있는 셈이다. 반대로 지수가 하락하면 베팅하면서 걸어두었던 증거금(10원)만 포기하면 된다. SWAN은 이 콜옵션에 10%, 나머지 90%를 채권에 투자한다.

SWAN은 지수의 콜옵션에 투자하기 때문에 지수가 오르면 오를수록 콜옵션 보유 가치가 증가해 추가 이익을 더 얻을 수 있는 구조다. 즉 손실은 10%(콜옵션 보유분)로 제한되는데 상승은 추가로 열려 있다. 만약 주식시장이 하락해 옵션가치가 0%이 된다 하더라도, 이 경우 안전자산 선호심리로 채권에서 수익이 나기 시작하므로 손실이 일정 부분 상쇄된다.

SWAN은 2018년 11월 6일에 출시됐는데, 현재 운용자산이 7억 6,500만달러로 적지 않은 수준이다. SWAN의 운용보수는 0.49%다. 2018년 말 출시일부터 2020년 12월 15일까지 SWAN의 주가와 S&P500지수를 비교해보면, S&P500은 34.08% 올랐고 SWAN은 37.21% 오르는 등 근소한 차이를 보이고 있다. 그런데 코로나19 당시 하락장을 보면 S&P500지수는 폭락했지만 SWAN은 소폭 하락하는 데 그친 것을 알 수 있다.

한편 레이 달리오의 정신을 이어받은 ETF도 있다. 레이 달리오가 운영하는 브릿지워터(Bridgewater)에서 독립한 펀드매니저와 뱅크오브아메리카(Bank of America)의 컨설턴트가 만든 자산 배

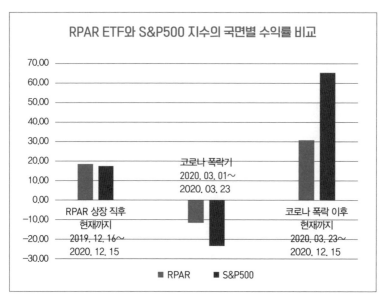

출처: 야후 파이낸스(Yahoo Finance)

분 ETF인 '리스크 패리티 ETF(Risk Parity ETF, RPAR)'가 그것이다. 이 ETF는 상황에 따라 '주식, 채권, 물가연동국채(TIPS),* 원자재 (금 등)'를 25%씩의 비중으로 동등하게 운용한다.

2020년 2분기 기준 RPAR ETF는 '글로벌 주식(25.4%), 원자재 생산자(15%), 금(17.7%), 채권(41.8%), TIPS(19.8%)'의 비중으로 담 고 있다.** 주식은 경기가 회복될 때 유리하고, 반대로 채권은 경

---

* 물가연동국채(TIPS)는 원금이 소비자물가 상승률에 연동되는 채권이다. 일반적인 국 채는 만기까지 금리가 변하지 않는다. 그러나 물가채는 물가가 오르면 그 가치를 반영 해 높아진 금리를 적용해 지급한다. 다만 물가연동국채 역시 채권이기에 금리가 올라 가는 시기엔 자본손실(채권값 하락)이 발생할 수 있으나, 물가가 오르는 만큼 보상을 받을 수 있어 인플레이션 헤지 수단으로 꼽힌다.

기가 둔화될 때 유리하다.

TIPS는 인플레이션 헤지 수단(물가상승률에 따른 손실을 방어하는 것)이다. 금은 안전자산이기도 하지만 TIPS처럼 인플레이션 헷지 역할을 한다. 인플레이션은 통화가치가 떨어졌다는 것을 의미하기 때문에 절대 변하지 않는 금이 통화가치 하락을 보완하는 역할을 하기 때문이다. 이렇듯 다양한 성질을 가진 자산에 고루 투자함으로써 어느 상황이 닥쳐도 안정적인 수익을 창출할 수 있게 된다.

RPAR는 2019년 12월 13일에 설정돼 생긴 지 얼마 안 됐지만 운용자산이 9억 3,100만달러로 웬만한 ETF와 비슷한 덩치를 가지고 있다. 운용보수는 0.5%다. 설정 직후 S&P500지수와 비교해 보면 RPAR이 현재(2020년 12월 15일) S&P500 수익률을 다소 앞서고 있음을 알 수 있다. 심지어 S&P500이 코로나19로 폭락장에서 허덕였음에도 불구하고 RPAR의 하락폭은 그 정도로 깊지 않았다.

●● 전체 합이 119.5%인 건 국채 선물을 통해 20%가량의 레버리지를 일으켰기 때문이다. 일정한 증거금을 통해 증거금보다 더 많은 국채에 투자했다고 보면 된다.

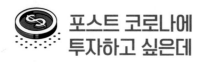

포스트 코로나에
투자하고 싶은데

코로나19 사태를 통해 더 커질 종목들에 투자하는 ETF, 혹은 코로나19
사태 이후 회복될 종목들에 투자하는 ETF. 선택은 투자자의 몫이다.

21세기 사교의 장이 카페라면, 기원전에는 목욕탕이 그 역할을
했다. 기원전부터 유럽인들은 목욕탕에서 신체와 정신을 깨끗이
씻었고, 목욕탕에서 사람들과 만나 정보를 나누는 한편 연구에
골몰하기도 했다.

하지만 그렇게 길게 이어져온 목욕탕의 역사는 14세기 중반
명맥이 끊긴다. 당시 유럽에서 흑사병이 유행하면서 사람들이 함
께 모이는 장소를 기피한 탓이다.

목욕탕은 사라졌지만 새로운 조류가 생겨나면서 인류는 새로
운 시대를 맞이한다. 흑사병이라는 죽음의 공포로부터 살아남은
사람들이 세상에 구원을 바라면서 예술이 꽃피었고, 르네상스 시
대가 도래했기 때문이다.

이 얘기가 사실인지 아닌지에 대해서는 지금도 의견이 분분하
다. 하지만 흑사병이 과거의 것을 허물고 새로운 세상을 열었다

는 데는 이견이 없다.

'포스트 코로나 시대'에 대한 논의가 나오는 것은 이미 인류가 흑사병과 같은 일을 겪었기 때문이리라. 그렇다면 코로나19 사태 이후 어떤 것이 사라지고, 또 어떤 것이 새로 태어날까? 여기서 투자 아이디어를 얻을 순 없을까? 여기선 ETF를 통한 포스트 코로나 투자법을 소개한다.•

언택트 시대는 이어진다

흑사병이 르네상스 시대를 열었다면, 코로나19는 언택트 시대를 열었다. 한 번 물건을 인터넷에서 사본 사람들은 앞으로 오프라인 마트에 가는 횟수가 줄어들 테고, 한 번 재택근무를 시행했던 회사에서는 앞으로 회사에 출근할 날을 줄일 가능성이 아무래도 높다.

ETF 시장에서는 이러한 언택트 시대를 반영한 상품들이 이미 많이 나와 있다. 제일 먼저 언급되는 게 '퍼스트 트러스트 다우 존스 인터넷 인덱스 펀드(First Trust Dow Jones Internet Index Fund, FDN)'다. 말 그대로 인터넷 관련 종목에 골고루 투자하는 ETF인데, 가장 많이 담은 종목들을 보면 '아마존, 페이스북, 세일

• 운용규모가 대체로 10억달러를 넘기는 큰 ETF만을 대상으로 했다. 이하 ETF 운용규모 및 ETF 내 보유종목 등 데이터는 2020년 12월 20일 기준. 출처: ETF닷컴

스포스, 페이팔, 넷플릭스, 줌비디오, 시스코시스템, 알파벳, 트위터' 등이다. 모두 '집콕주(집에 콕 박혀 생활한다는 뜻)'로 분류되는 종목들이다. 인터넷 업종의 선도기업들을 담는 대표 ETF로, 운용 규모(AUM)는 120억달러 수준이다.

온라인 쇼핑 관련주만 골라 담는 ETF도 있다. '앰플리파이 온라인 리테일 ETF(Amplify Online Retail ETF, IBUY)'가 대표적이다. 가장 많이 담겨 있는 종목은 순서대로 '펠로톤, 카바나, 오버스탁닷컴, 리볼브그룹, 스티치픽스, 웨이페어, 익스피디아, 엣시, 페이팔, 그럽허브' 순이다. 온라인 쇼핑에서 강점을 보이는 종목들만 고루 모아둔 ETF로, 운용규모는 13억 3천만달러다.

언택트 시대를 뒷받침하는 IT 인프라

인터넷 사용량이 늘어나면 자동적으로 수요가 증가하는 게 클라우드 산업이다. 인터넷에 유통되는 데이터가 폭증하면 이를 처리하는 핵심기술인 클라우드 기술에 대한 수요도 높아질 수밖에 없는 까닭이다.

클라우드 관련 ETF로는 '글로벌 X 클라우드 컴퓨팅 ETF(Global X Cloud Computing ETF, CLOU)'와 '퍼스트 트러스트 클라우드 컴퓨팅 EIF(First Trust Cloud Computing ETF, SKYY)'가 꼽힌다. 전자는 '줌비디오, 트위터, 지스케일러, 쿠파소프트웨어, 세일즈포스' 순으로 담는 등 언택트 관련주와 IT 소프트웨어주를 고루 담았다면, 후자는 '오라클, VM웨어, 알리바바, 마이크로소프트, 아마존' 순으로 담아 IT 소프트웨어 업종의 비중이 더 높은 편이다. 운용규모는 CLOU가 14억 7천만달러, SKYY는 66억 2천만달러 수준이다.

앞으론 사이버 보안에 대한 관심도 자연스레 높아질 수밖에 없다. 'ETFMG 프라임 사이버 세큐리티 ETF(Prime Cyber Security ETF, HACK)'는 빈번히 언급되는 사이버 보안 전문 투자 EIF다. 2020년 12월 20일 기준 HACK는 웹 보안 솔루션 클라우드플레어를 5.44%의 비중으로 가장 많이 담고 있고, 블랙베리, 팔로알토네트웍스, 시스코시스템 등의 보안 관련주를 3%대로 담고 있다. 현재 운용규모는 18억달러 수준으로 큰 편이다.

이 모든 걸 뒷받침하는 건 반도체다. 반도체는 4차 산업혁명 시대를 이끌 디지털 두뇌로 주목받고 있다. 온갖 데이터가 처리될 수 있는 것도, 클라우드 서비스가 가능한 것도 반도체가 존재하기 때문이다.

'아이셰어즈 PHLX 세미컨덕터 ETF(iShares PHLX Semiconductor ETF, SOXX)'는 미국에서 가장 큰 반도체 대표 ETF다. '퀄컴, 브로드컴, 텍사스인스트루먼츠, 인텔, 엔비디아, 마이크론테크놀로지, 램리서치, 어플라이드머티어리얼즈, TSMC, KLA' 순으로 반도체 관련 종목들을 담는다. 이 ETF의 운용규모는 49억 7천만달러 수준이다.

포스트 코로나는 없다? 역발상 투자도

한편 포스트 코로나 시대가 이전과 별반 다르지 않을 것이라고 생각하는 사람도 적지 않다. 백신만 개발되면 사람들은 이전처럼 사람들과 만나고 세계로 여행도 다닐 것이라는 예상이다.

'US 글로벌 젯츠 ETF(US Global Jets ETF, JETS)'는 이러한 생각을 하는 투자자가 선택하기 좋은 상품이다. '사우스웨스트항공, 델타항공, 아메리칸항공, 유나이티드항공, 제트블루항공, 얼리전트트래블, 에어캐나다, 카고젯, 알래스카에어그룹, 스카이웨스트항공' 등 주요 항공사 종목만 골라 담고 있기 때문이다. 운용규모는 30억 1천만달러 수준에 이른다. 다만 아직도 전 세계 교역이 정상화 되지 않으면서 코로나19 이전에 30달러 수준이던 ETF의 주가는 20달러대에서 벗어나지 못하고 있다.[•]

• 2020년 12월 15일 기준

배당만 노린 ETF도 있다

'배당귀족' '배당성취자' 등을 골라 투자하는 ETF도 많다. 다만 중대형주를 골라 투자하는 ETF가 배당금은 더 많을 때도 있다.

미국에는 배당을 잘 주는 종목들이 많다고 하지만 그 수가 워낙 많아서 뭘 사야 할지 망설여질 때가 있다. 이럴 때는 배당을 잘 주는 종목에 투자하면서도 수십 개, 수백 개 종목에 분산 투자하는 '배당 ETF'를 노려볼 만하다.

배당 잘 주는 종목에 투자한다는 목적은 같더라도 ETF마다 투자하는 종목은 제각각이다. '배당귀족' 등 배당을 꾸준히 늘린 종목만 담은 ETF를 통해 배당투자를 할 수도 있고, 배당을 잘 주는 대형주를 골고루 담은 ETF를 통해 배당투자를 할 수도 있다. 다만 투자의 목적을 '배당'에 둔다고 해서 배당금이나 배당수익률이 다른 ETF와 비교해 절대적으로 높은 것은 아니란 점도 알아두자.

이 구역의 대장은 "나야 나"

배당 ETF 중 운용자산이 큰 ETF는 이 구역의 대장주라고 할 수 있다. 여기에서는 배당 ETF 중에서도 운용자산이 100억달러 이상인 ETF만 소개한다. 이들은 대부분 3월, 6월, 9월, 12월 분기별로 배당금을 지급한다.

뱅가드 자산운용이 운용하는 뱅가드 디비던드 어프리시에이션 ETF(Vanguard Dividend Appreciation ETF, VIG)는 운용자산이 500억달러를 넘어 배당 ETF 중 운용규모가 가장 크다. 뱅가드 하이 디비던드 일드 인덱스 펀드 ETF(Vanguard High Dividend Yield Index Fund ETF, VYM)는 300억달러대로 그 뒤를 잇는다. 배당 ETF의 연 평균 보수가 0.58%라는 점을 고려하면 두 ETF의 운용 보수는 0.06%로 상당히 낮은 편이다.

VIG는 'Nasdaq U.S. Dividend Achievers Select Index'를 추종한다. 10년간 배당금을 늘려왔던 기업을 시가총액 가중 방식(시가총액이 큰 회사에 더 많은 자금을 투자하는 방식)을 활용해 투자한다. 월마트, 마이크로소프트, 프록터 앤드 갬블러, 존슨앤존슨, 비자 등에 대한 투자 비중이 높다. VYM은 FTSE High Dividend Yield Index를 추종하고 12개월 예상 배당금 상위 기업에 투자하되 이 역시 시가총액 가중 방식을 활용한다. 존슨앤존슨, 프록터 앤드 갬블러, JP모건, 버라이즌, 화이자 등에 주로 투자한다.

VIG는 2014년까지만 해도 연간 1달러 중반선의 배당금을 지

운용자산 상위 배당 ETF 현황

종목 티커	투자대상	운용보수	운용자산	2019년 배당금
VIG	10년 이상 배당금 늘린 기업들	0.06%	527억 9천만달러	2.13달러
VYM	12개월 예상 배당금 상위 기업들	0.06%	311억 9천만달러	2.84달러
SDY	20년 이상 배당금 늘린 기업들	0.35%	170억 8천만달러	2.64달러
SCHD	10년 이상 배당금 늘린 기업들	0.06%	161억 6천만달러	1.73달러
DVY	5년 이상 배당금 늘린 기업들	0.39%	145억 6천만달러	3.60달러
DGRO	5년 이상 배당금 증가, 배당 성향 75% 미만 기업들	0.08%	145억 7천만달러	0.93달러

운용자산은 12월 18일 기준

급했으나 매년 늘려 2019년엔 2.13달러의 배당금을 지급했다. VYM은 2015년에 배당금이 2달러를 넘어서더니 2019년엔 2.84 달러를 지급했다. VIG와 VYM은 코로나19 사태가 터지며 배당 컷(dividend cut)이 속출했던 2020년에도 분기당 평균 0.57달러, 0.73달러의 배당금을 지급했다.[•]

SPDR S&P 디비던드(Dividend) ETF(SDY)도 운용자산이 170 억달러를 넘어선다. 스테이트 스트리트 글로벌 어드바이저(State Street Global Advisors)가 운용하며 S&P High Yield Dividend Aristocrats Index를 추종한다. 최소 20년간 배당금을 증가시켜 온 배당귀족 등이 투자 대상이다. 그로 인해 투자 종목에 기술주

• 2019년 배당금은 연간 합산액이다. 이하 같음.

는 거의 없다. 엑슨모빌, AT&T, 쉐브론, 피플스 유나이티드 파이낸셜 등에 주로 투자한다. 2016년부터 2달러가 넘는 배당금을 지급했으나 2017년엔 배당금을 다시 줄이더니 2019년엔 2.64달러를 줬다. 2020년에도 분기당 0.76달러의 배당금이 지급됐다. 다만 운용보수가 0.35%로 비싸다는 것이 단점이다.

찰스 슈왑이 운용하는 슈왑 U.S. 디비던드 에쿼티 ETF(Schwab U.S. Dividend Equity ETF, SCHD)는 Dow Jones U.S. Dividend 100 Index를 추종한다. 10년 이상 배당금을 지급한 기업을 시가총액 가중 방식으로 투자한다. 퀄컴, 블랙록, 텍사스 인스트루먼트 등에 투자 비중이 높다. 배당금을 꾸준히 늘려 2019년에는 1.73달러를 지급했다. 2020년엔 분기당 0.51달러로 배당금이 늘어났다.

블랙록 자산운용이 운용하는 아이셰어즈 셀렉트 디비던드 ETF(iShares Select Dividend ETF, DVY)와 아이셰어즈 코어 디비던드 그로스 ETF(iShares Core Dividend Growth ETF. DGRO)는 둘 다 5년 이상 배당금을 늘려온 기업에 투자한다.

다만 DGRO는 5년 이상 배당금이 증가하면서도 동시에 배당성향이 75% 미만인 기업에 투자한다. 기업이 벌어들인 돈의 대부분을 배당금으로 지급하면 위기가 닥쳤을 때 버틸 수 있는 자본력이 약해지기 때문에 배당을 안정적으로 계속 지급할 수 있는 기업을 추린 것이다.

이런 이유 때문인지 투자 대상도 차이가 난다. DVY는 알트리아 그룹, 라이온델바젤 인더스트리스, 푸르덴셜 파이낸셜 등에 주로 투자하는 반면 DGRO는 JP모건, 애플, 쉐브론 등에 투자한 다. DVY는 2012년부터 연간 배당금이 2달러를 넘어서더니 꾸 준히 증가, 2019년에는 3.60달러로 높아졌다. 2020년에도 분기 당 0.86달러가 지급됐다. DGRO는 배당금을 꾸준히 늘려오긴 했 으나 2019년 배당금은 0.93달러로 1달러가 채 안 된다. 그나마 2020년엔 분기당 0.26달러가 지급돼 1달러를 넘어섰다.

배당금 많이 주는 ETF는?

배당을 테마로 하는 ETF여도 절대 배당금이 많은 것은 아니다. 그렇다면 1년 기준으로 배당금을 가장 많이 주는 ETF는 어떤 것 이 있을까? 주로 미국 중대형주에 투자하는 ETF가 배당금이 많 은 편이다. 운용자산이 크면서도 배당금을 많이 주는 ETF를 살 펴보자.

　미국주식에 투자하는 운용자산 1천억달러 이상의 ETF 는 SPDR S&P 500 ETF Trust(SPY), iShares Core S&P 500 ETF(IVV), Vanguard Total Stock Market ETF(VTI), Vanguard S&P 500 ETF(VOO), Invesco QQQ Trust(QQQ) 등 5개가 있다.[•] 이 중 SPY, IVV, VOO는 2019년에 5~6달러의 배당금을 지급했다.

• 2020년 12월 기준

SPY는 미국에서 가장 오래됐을 뿐 아니라 운용자산이 3,100억 달러가 넘어 규모가 가장 큰 ETF다. SPY는 S&P500지수를 추종하고 애플, 마이크로소프트, 아마존, 페이스북, 알파벳 등에 투자한다. SPY는 2019년 5.5달러의 배당금을 지급한 데 이어 2020년에도 분기당 1.42달러를 지급하는 등 총 5달러가 넘는 배당금을 지급했다.

IVV, VOO도 SPY와 투자 종목이 유사하다. 배당금도 별 차이가 나지 않는다. IVV와 VOO의 2019년 배당금은 각각 4.8달러, 5.6달러에 달했다. IVV와 VOO는 배당금을 재투자할 수 있으나 SPY는 배당금 재투자는 불가능하다. 운용보수는 SPY가 0.09%이고, IVV와 VOO는 0.03%다. VTI와 QQQ는 2019년에 각각 2.9달러, 1.6달러의 배당금을 지급해 나머지 3개 ETF보다는 적었다. 2020년에도 VTI(분기당 0.69달러), QQQ(0.43달러)로 IVV(1.48달러), VOO(1.33달러)보다 더 적은 배당금을 지급했다.

ETF도 월 배당이 가능할까?

배당투자를 목적으로 하진 않지만 매달 배당을 주는 ETF도 있다. 주식 ETF보다는 채권 ETF가 월 배당금을 지급한다.

매월 배당금을 주면서도 연간 배당금이 4~5달러에 달하는 ETF를 살펴보자. SPDR 다우존스 인더스트리얼 에버리지 ETF(SPDR Dow Jones Industrial Average ETF, DIA)는 월스트리트

저널(WSJ)이 선정한 30개 미국 대형주를 주가 가중 방식으로 투자한다. 절대 주가가 높을수록 더 많은 금액을 투자하는 방식이다. 유나이티드헬스그룹, 홈디포, 골드만삭스 등에 주로 투자한다. 매달 중순께 배당금을 지급한다. 2020년엔 5.35달러를 지급했다. SPDR 바클레이스 하이 일드 본드 ETF(SPDR Barclays High Yield Bond ETF, JNK)는 주로 달러 표시 회사채에 투자한다. 2020년엔 5.14달러의 배당금을 줬다. 1월을 제외한 나머지 11개월만 배당금을 지급한다.

운용자산 규모가 큰 월 배당 ETF도 알아보자. 아이셰어즈 코어 U.S. 어그리게이트 본드 ETF(iShares Core U.S. Aggregate Bond ETF, AGG)와 뱅가드 토탈 본드 마켓 ETF(Vanguard Total Bond Market ETF, BND)는 각각 미국 투자등급 채권, 만기가 1년 이상 남은 미국 달러 표시 채권 등에 투자한다. 각각 운용자산이 847억달러, 673억달러로 월 배당 ETF 중에선 운용자산 규모가 큰 편이다.

AGG도 1월을 뺀 나머지 11개월만 배당금을 지급하고 2020년엔 2.33달러를 지급했다. BND는 2달러가 안 되는 배당금을 지급했는데, AGG와 마찬가지로 1월에는 배당금을 주지 않지만 12월에만 두 번 지급한다.

막간 코너 미국 ETF, 한국에서 살까 미국에서 살까?

미국 ETF 시장은 다양하고 규모도 더 크지만 투자비용 측에선 불리하다. 다만 ETF 를 사서 돈을 벌었다면 세금 면에서는 유리하다.

미국 나스닥100, S&P500, 다우존스30산업평균, 러셀2000지수, 또는 IT, 바이오, 에너지 등의 업종에 투자하는 ETF라면 굳이 미국까지 가지 않아도 된다. 코스피시장에도 관련 ETF가 얼마든지 상장돼 있다.

하지만 미국증시에 투자하는 같은 성격의 ETF라도 '미국에 상장돼 있느냐, 국내에 상장돼 있느냐'에 따라 수수료, 세금, 배당 등에서 극명하게 차이가 벌어진다. 미국증시에 상장된 ETF는 달러로 투자하니 환전수수료 등의 비용이 국내 상장 ETF에 투자할 때보다 더 많이 들어간다는 단점이 있다. 그러나 미국 상장 ETF 는 국내 상장 ETF보다 운용자산의 규모나 ETF의 다양성, 세금, 배당 측면에서 유리하다.

미국주식 국내 상장 ETF와 미국 상장 ETF 비교

구분	국내 상장 ETF	미국 상장 ETF
거래시간	오전 9시~오후 3시 30분	밤 11시 30분~새벽 6시(한국시간, 서머타임 적용 시 한 시간씩 당겨짐)
미국주식 관련 ETF 개수	20여 개	800여 개
배당	없음	분기 배당 등
환헤지	가능	불가능
거래수수료	0.02% 미만	0.25% 외 환전수수료
배당금 관련 세금	없음	15% 배당소득세 과세 (미국 과세당국 귀속)
ETF 매도차익 관련 세금	15.4% 배당소득세 과세 (연간 금융소득 2천만원 초과 시 종합소득세로 과세)	22% 양도소득세 과세

미국은 규모가 크다, 한국은 수수료가 싸다

미국은 우리나라와 비교할 수 없을 만큼 다양한 ETF가 상장돼 있고, 무엇보다 규모가 크다.

ETFGI에 따르면 미국의 ETF 규모는 2020년 9월 기준 4조 4,760억달러로 전 세계 ETF(6조 6,360억달러)의 67.5%를 차지한다. 원화로 4,924조원에 달하는 규모다. 우리나라는 2020년 11월 현재 ETF 시장 규모는 47조원에 불과하고, ETF 개수도 457개 정도다. 미국은 ETF가 처음 상장된 게 1993년이고 우리나라는 2002년일 만큼 역사적인 측면에서도 차이가 난다. 미국증시에선 사우디아라비아, 이스라엘 등 전 세계 어느 곳에나 투자할 수 있는 갖가지 ETF가 상장돼 있다.

그렇다면 미국주식에 투자할 수 있는 ETF 개수는 얼마나 될까? 국내 상장 ETF는 20여개인 반면, 미국 상장 ETF는 800여개가 훌쩍 넘는다.

미국 상장 ETF는 국내 상장 ETF보다 다양성, 규모 등에서 유리하지만 ETF 투자비용 측면에선 불리하다. 미국 상장 ETF 역시 미국주식과 똑같이 주식 거래수수료가 거래대금의 0.25%에 달한다. 달러로 거래하기 때문에 환전수수료 또한 덤으로 붙는다. 반면 국내 상장 ETF는 거래수수료가 증권사에 따라 다르지만 0.02% 미만이거나 무료다.

미국 상장 ETF는 달러로 투자해 달러가치가 하락했을 때는 환손실을, 달러가치가 오를 경우엔 환차익을 볼 수 있다. 즉 달러가치의 변동에 따라 손익이 달라지게 된다. 반면 국내 상장 ETF는 달러가치에 따른 손익변동이 싫다면 환헤지된 ETF를 거래할 수 있는 선택권이 있다. 환헤지된 ETF는 ETF 이름 뒤에 '(H)'가 표시돼 있다.

또한 배당 여부도 다르다. 국내 상장 ETF는 배당을 주지 않는다. ETF가 투자한 종목이 배당을 지급하더라도 이를 재투자하는 방식으로 운용한다.

반면에 미국 상장 ETF는 배당을 준다. 굳이 배당투자를 목적으로 하는 ETF가 아니더라도 말이다. 미국에 상장된 ETF 중 운용규모가 가장 큰 'SPDR S&P 500 ETF(SPY)'는 미국 중대형주에 투자하는 것을 목적으로 하지만 1월, 4월, 7월, 10월, 각 분기별로 배당금을 지급한다. 그 외 230여 개의 ETF가 배당금을 준다.

ETF에 투자해 돈 벌었다면, 세금은 미국이 유리

ETF에 투자하면 크게 2가지 소득이 발생할 수 있다. 배당소득과 ETF 매도차익이다. 국내에 상장된 ETF는 배당을 주지 않으므로 ETF 매도차익만 발생한다. 국내 상장 ETF는 주식이 아닌 펀드로 분류돼 매도차익이 배당소득세로 과세된다. 지방소득세를 포함해 총 15.4%의 세율이 발생한다. 증권사는 세금을 원천징수한 후 나머지 차익금을 지급한다.

다만 ETF 매도 차익을 배당으로 보기 때문에 1년간 이자, 배당 합산 소득이 2천만원을 넘어가는 투자자는 근로소득 또는 사업소득, 임대소득과 합해 종합소득으로 세율이 계산된다. 과세표준에 따라 6~42%의 세율*이 부과되니 금융소득이 많을수록 세금 부담이 커진다. 그래서 금융자산이 많은 부자들은 국내 상장 ETF 보다 미국 상장 ETF를 선호하는 경향이 있다.

미국에 상장된 ETF는 미국주식과 똑같이 취급해 세금이 부과된다. 배당소득세는 미국 과세당국에 귀속, 15%의 세율이 부과된다. 미국 ETF를 팔아 이익을 봤다면 다른 손실 난 미국주식과 상계한 후 연간 250만원을 공제한 다음 양도소득세 22%(지방소득세 포함, 과세표준 3억원 초과시 27.5%)가 적용된다. 양도소득은 금

---

* 종합소득세는 과세표준에 따라 세율이 달라진다. 1,200만원 이하는 6%, 1,200만원 초과~4,600만원 이하는 15%, 4,600만원 초과~8,800만원 이하는 24%, 8,800만원 초과~1억 5천만원 이하는 35%, 1억 5천만원 초과~3억원 이하는 38%, 3억원 초과~5억원 이하는 40%, 5억원 초과는 42%의 세율이 적용된다.

융소득 종합과세 대상에 포함되지 않는다.

　소액투자자 역시 세금 측면만 보면 미국 상장 ETF가 유리하다. 절대 세율로 따지면 ETF를 팔았을 때 15.4%의 배당소득세가 발생하는 국내 상장 ETF가 22%의 양도소득세를 내야 하는 미국 상장 ETF보다 유리해 보이지만, 미국 상장 ETF의 경우 손실 난 투자액을 상계할 수도 있고 250만원 한도로 공제도 가능하기 때문에 내야 할 세금이 없거나 많지 않을 수 있기 때문이다.

미국 상장 ETF, 어떻게 고를까?

미국에는 2,300개가 넘는 ETF가 있기 때문에 ETF를 고르는 것도 일이다. 주식에 투자할지, 채권에 투자할지, 어느 나라에 투자할지, 수수료가 싼지, 운용자산이 큰지 등을 따져봐야 한다. ETF닷컴이나 ETFDB닷컴 등에선 스크리너(screener)를 통해 원하는 ETF를 쉽게 찾을 수 있도록 해놨으니 이를 활용하면 된다.

　그래도 잘 모르겠다면 무조건 운용자산 규모가 크고 거래량이 많은 ETF가 좋다. 미국은 자산운용사 판단하에 수지에 맞지 않거나 거래량이 적다고 판단되면 임의로 ETF를 상장 폐지할 수 있다. 그러니 운용자산이나 거래량이 적다면 ETF가 상장 폐지될 위험에 노출돼 있다고 해도 과언이 아니다. 자신이 투자하는 ETF가 상장폐지 결정이 났다면 상장폐지가 되기 전에 ETF를 팔아치우는 것이 좋다.

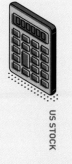

7

미국 성장주,
대체 뭔데 그렇게 잘나가?

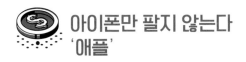

아이폰만 팔지 않는다
'애플'

애플은 아이폰만 팔지 않고 애플페이 등 소프트웨어로도 돈 버는 회사이다. 성장주이지만 배당도 준다.

'애플(AAPL)' 하면 스티브 잡스와 아이폰이 떠오를 것이다. 스티브 잡스와 스티브 워즈니악이 1976년 차고에서 컴퓨터를 만들었다는 전설적인 이야기 말이다. 그 컴퓨터는 아이폰이 됐고, 아이폰은 삼성전자의 갤럭시와 함께 전 세계 스마트폰 시장의 중심에 서 있다.

애플이 '아이폰'만 판다고? "NO"

그런데 애플을 스마트폰을 파는 기업이라고만 생각한다면 애플에 대해서 아무것도 알지 못하는 것과 같다. 애플은 아이폰만 파는 회사가 아니다.

애플이 단순히 휴대폰을 파는 기업이었다면 아마 전 세계에서 가장 비싼 기업이 되기 어려웠을 것이다. 애플의 시가총액

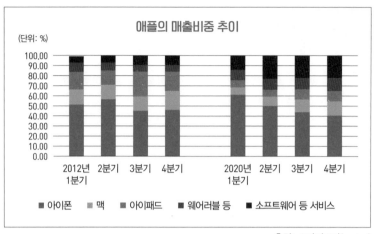

애플의 매출비중 추이

(단위: %)

■ 아이폰   ■ 맥   ■ 아이패드   ■ 웨어러블 등   ■ 소프트웨어 등 서비스

출처: 스타티스타(statista)

은 2020년 12월 18일 기준 2조 1,500억달러로 우리나라 돈으로 2,400조원에 육박한다.

애플은 잘 알다시피 아이폰, 아이패드, 맥, 애플워치 등 다양한 기기를 판다. 그 기기 안에는 애플이 만든 각종 소프트웨어가 들어가 있다. 아이폰을 사용하면서 애플페이, 아이클라우드, 애플뮤직을 사용하고, '앱스토어'라는 하나의 거대한 플랫폼을 통해 게임부터 시작해 각종 쇼핑, 금융 앱 등을 다운로드 받아 사용한다.

물론 애플은 여전히 아이폰을 통해 가장 많은 돈을 벌어들인다. 애플의 전체 매출에서 아이폰이 차지하는 비중은 40%를 넘어선다.* 맥, 아이패드, 그 밖에 웨어러블 등 가전기기 제품 등도 각각 10%씩을 차지한다. 즉 IT기기 판매가 매출의 80%를 차지한다.

그러나 애플에서 주목해야 할 부분은 앱스토어, 아이클라우드, 애플페이, 아이튠즈 등 IT소프트웨어 부문의 성장세. 소프트웨어의 매출비중은 2012년까지만 해도 10%도 못 미쳤다. 그러나 2020년에는 20%를 넘기 시작했다. 2020년 2분기부터 4분기까지 3개 분기 연속으로 20%를 넘어선다.

<u>애플은 아이폰으로 대표되는 IT기기 등 하드웨어를 판매하는 기업에서 소프트웨어 기업으로 변신해가고 있는 단계</u>. 그러니 아이폰을 사는 것은 단순한 기기를 사는 것이 아니라 앱스토어, 애플페이 등 애플이 만든 세상을 사는 것과 같다.

아직까진 아이폰의 매출비중이 높기 때문에 스마트폰을 만드는 삼성전자, 중국 화웨이 등이 경쟁사로 거론되지만 이들이 갖고 있지 않은 소프트웨어가 애플만의 또 다른 경쟁력이 될 것이란 평가가 나온다.

실적: 코로나에도 매출은 증가

애플은 세계에서 가장 비싼 기업이란 명성답게 자기자본이익률(ROE)이 정말 어마어마하다. ROE는 갖고 있는 돈으로 얼마나

• 애플의 2020사업연도 1분기(2019년 9~12월), 2분기(2020년 1~3월), 3분기(4~6월), 4분기(7~9월) 아이폰의 매출비중은 각각 60.9%, 49.7%, 44.3%, 40.9%로 점차 줄어드는 모습을 보였다. 애플은 9월 결산 법인이기 때문에 이 글에 나오는 2020년은 2019년 9월부터 2020년 9월까지의 사업연도를 말한다. 총자산, 부채비율도 2020년 9월 기준이다.

벌어들일 수 있는지를 수치로 나타낸 것이다. 애플은 9월 결산 법인인데 2019사업연도(2018년 9월~2019년 9월)엔 ROE가 무려 55.9%였고, 2020사업연도엔 73.7%로 높아졌다.

코스피 상장회사의 평균 ROE가 10%도 안 된다는 점을 고려하면 놀라울 정도의 숫자다. 영업이익률도 24.2%(2020사업연도) 수준이다. 100만원짜리 아이폰을 팔면 24만원은 애플 몫으로 떨어진단 얘기다.

2020년엔 코로나19 사태가 벌어졌지만 매출액은 1년 전보다 2,745억 2천만달러로 5.5% 증가했다. 영업이익과 순이익도 각각 662억 9천만달러, 552억 6천만달러로 4% 가까운 증가세를 기록했다.

주가: 이익 늘어나며 주가도 우상향

돈을 잘 벌고 있는 만큼 애플의 주가도 올랐을까? 애플은 1980년 나스닥에 상장했고, 2016년까지만 해도 주가는 30달러 아래에서 거래됐다. 그러다 2017년 'FAANG(페이스북·아마존·애플·넷플릭스·구글)' 기업들의 주가가 급등하면서 애플 주가도 상승세를 타기 시작했다.

2019년에 86%나 급등한 데 이어 2020년에도 60%나 올랐다. 2017년 40달러 선으로 올라섰던 주가는 2020년 100달러를 훌쩍 넘었다.

2010년 이후 애플의 주가 흐름

(단위: 달러)

* 수정주가 기준

출처: 야후 파이낸스(Yahoo Finance)

주가상승의 가장 큰 기반은 이익증가였다. 주당순이익(EPS)은 2011년까지만 해도 분기 기준으로 1달러가 안 됐다. 그 뒤로 서서히 증가하더니 2020년엔 3달러를 넘어선다. 주가가 이익 대비 비싼지 싼지를 보여주는 주가수익비율(PER)은 2020년 12월 18일 기준 38배를 넘어서고 있다.

2010년부터 2019년까지만 해도 평균 20배 미만이었던 PER이 2020년 들어 35배로 껑충 떠오르면서 주가가 너무 비싸다는 논란이 불거지기도 했다.

● 애플 주가는 2020년 12월 31일, 132.69달러에 거래를 마쳤다.

재무구조: 현금부자 애플

애플은 당장 현금화가 가능한 자산만 따져도 909억달러를 넘어선다. 아이폰이 잘 안 팔리고 모든 사업들이 시원찮다 싶으면 잘 나가는 기업을 사들일 만한 여윳돈이 충분하다는 소리다. 애플의 총 자산은 3,238억 9천만달러(2020년 9월 말)로, 한 해 매출액보다도 많다.

그렇다고 빚이 많은 것은 아니다. 부채비율(총 자산에서 총 부채가 차지하는 비중)은 79.8% 수준에 불과하다.

애플의 재무정보

구분	2018년	2019년	2020년
매출액(억달러)	2656	2601.7	2745.2
영업이익(억달러)	709	639.3	662.9
순이익(억달러)	595.3	552.6	574.1
주당순이익(Diluted EPS, 달러)	2.98	2.97	3.28
자기자본이익률(ROE, %)	49.4%	55.9%	73.7%
영업이익률(%)	26.7%	24.6%	24.2%
총자산(억달러)	3657.3	3385.2	3238.9
현금 및 현금성자산(억달러)	663	1005.6	909.4
부채비율(%)	70.7%	73.3%	79.8%
주당배당금(달러)	0.71	0.76	0.82
배당 성향(%)	22.8%	25.2%	24.2%

애플은 9월 결산 법인, 2020 사업연도는 2019년 10월부터 2020년 9월까지다.

출처: 모닝스타(morningstar)

배당: 성장주이지만 배당도 준다

이제 막 성장하는 회사들은 투자하기 바빠서 배당을 주지 않는 경우가 많다. 그러나 애플은 매년 배당금을 늘리면서 2012년부터 9년째 배당금을 주고 있다. 2월, 5월, 8월, 11월로 1년에 4번 배당금을 지급한다. 2020년엔(배당액을 지급하는 시점 기준) 2.62달러를 배당금으로 지급했다.

배당 성향(순이익에서 배당금이 차지하는 비중)도 20% 중반대를 유지하고 있다. 2012년 배당 성향은 12%에 불과했는데, 이듬해 28%대로 올라서더니 2020년엔 24%를 기록했다.

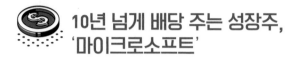

10년 넘게 배당 주는 성장주, '마이크로소프트'

성장주 중 유일하게 10년 넘게 배당을 늘려온 마이크로소프트. 클라우드 사업이 잘되고, 수익성도 강화되고 있다.

마이크로소프트(MSFT)도 애플처럼 차고에서 시작됐다. 빌 게이츠가 폴 알렌과 함께 1975년 뉴멕시코 차고에서 마이크로소프트를 설립했다. 10년 후인 1985년 윈도우(Windows)로 세상에 이름을 알린 후 엑셀, 워드, 파워포인트 등 직장인 필수 아이템 '마이크로소프트 오피스' 소프트웨어로 우리 삶에 한층 더 깊숙이 파고들었다. 2010년대 초반까지의 마이크로소프트의 모습이다.

2010년대 중반을 시작으로, 그리고 앞으로 마이크로소프트를 키우게 될 것은 '클라우드'다. 마이크로소프트는 3차 산업혁명(인터넷)을 지나 4차 산업혁명(데이터)으로 가는 격변의 환경변화에 민첩하게 적응해왔다. 3년 연속 매출액이 1천억달러를 넘어서며 성장세가 가팔라지고 있다. 마이크로소프트는 FAANG(페이스북·애플·아마존·넷플릭스·구글)으로 대표되는 성장주 중 유일하게 10년 넘게 배당을 늘려온 기업이기도 하다.

이젠 '클라우드'다

마이크로소프트의 사업은 크게 3가지로 구분된다. 세 사업 부문은 매출액 비중도 3분의 1씩으로 엇비슷하다.

첫 번째 사업 부문은 '마이크로소프트 365'로 불리는 엑셀 등 기업용 소프트웨어, 채용 플랫폼 '링크드인(LinkedIn)' 등과 관련된 소프트웨어다. 관련 사업은 2020사업연도(2019년 7월~2020년 6월)**에 전체 매출액의 32.4%를 차지했다. 애저(Azure) 등 클라우드 컴퓨팅 플랫폼, 오픈소스 코딩 저장 및 개발 프로그램인 깃허브(GitHub) 등 지능형 클라우드 부문은 매출비중이 33.9%다. 나머지 윈도우 운영체제, 개인 PC, 엑스박스(Xbox) 등 게임사업 부문은 33.7%를 점유했다.

3가지 사업 부문의 매출 비중은 비슷해 보이지만 성장속도에

- 클라우드(Cloud)는 사전적으로 네트워크상에 분산돼 있는 컴퓨터를 가상화시킨 후 인터넷 접속이 가능한 환경이라면 언제 어디서든 그 컴퓨터를 사용할 수 있도록 한 서비스로 정의된다. 아주 단순하게는 내 컴퓨터 또는 USB 안에 저장한 사진파일을 클라우드 상에 저장하면 무거운 컴퓨터나 너무 작아서 잃어버리기 쉬운 USB 없이도 클라우드에 저장된 사진파일을 또 다른 컴퓨터나 스마트폰 등을 통해 쉽게 찾아볼 수 있다. 즉 구름처럼 손에 잡히지 않는 가상의 공간에 뭔가를 저장하고 언제든 꺼내 쓴다고 생각하면 쉽다. 뭔가를 저장할 수도 있겠지만 문서나 엑셀 작업 등에 필요한 소프트웨어를 사용할 수도 있다. 소프트웨어를 개발하고 데이터를 분석해주는 도구까지 이용할 수 있도록 그 활용도가 확대되고 있다.
  아마존, 마이크로소프트, 구글 등은 가상의 서버를 만들어 전 세계 기업들에게 가상 서버 공간을 임대해주는 소위 'IT인프라 임대 사업'을 하고 있다. 클라우드를 이용하는 기업의 입장에선 그 이전까진 컴퓨터를 사용하기 위해 CPU, 메모리, 저장장치 등 많은 자원을 확보, 다 사용하지도 못할 자원에 대해서까지 구매했다면 클라우드 체제에선 가상의 컴퓨터에서 이러한 자원들을 사용한 만큼만 비용으로 내면 된다.
- ** 마이크로소프트는 6월 결산 법인이다.

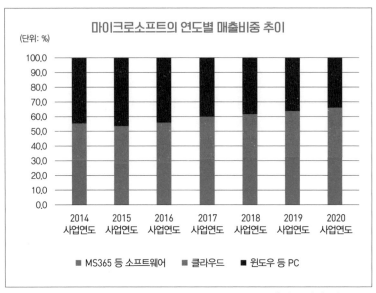

마이크로소프트의 연도별 매출비중 추이

(단위: %)

100.0
90.0
80.0
70.0
60.0
50.0
40.0
30.0
20.0
10.0
0.0

2014
사업연도

2015
사업연도

2016
사업연도

2017
사업연도

2018
사업연도

2019
사업연도

2020
사업연도

■ MS365 등 소프트웨어 ■ 클라우드 ■ 윈도우 등 PC

출처: 스타티스타(statista)

선 차이가 난다. 이는 앞으로 마이크로소프트를 키울 사업이 무엇인지를 보여주기도 한다. 통계 전문 회사 스타티스타(Statista)에 따르면 윈도우 운영체제, 개인 PC, 게임 등의 사업은 2020년 482억 5천만달러로 7년 전과 비교해 25.5% 성장했다. 마이크로소프트 365 등 기업용 소프트웨어는 같은 기간 72.8% 늘어난 464억달러를 기록했다. 가장 큰 폭의 성장세를 이룬 것은 클라우드 사업 부문이다. 483억 7천만달러로 이 기간 무려 2.2배 급증했다.

앞으로 마이크로소프트의 미래는 클라우드에 달려 있다. 2021년 1분기(2020년 7~9월) 클라우드의 매출액은 130억달러로 전체 매출액(370억 2천만달러)의 35%를 넘어섰고 1년 전보다 20% 증가했다. 특히 마이크로소프트의 클라우드 컴퓨팅 플랫폼 '애저(Azure)'는 매출이 48%나 급증했다.

시장조사 기관 캐널라이스(canalys)에 따르면 2020년 10월 현재 전 세계 클라우드 시장은 362억달러로 석 달 전보다 30% 넘게 성장했다. 클라우드 수요는 사무용, 상업용, 개인용 등 모든 부문에서 성장할 것으로 기대되고 있다. 다만 마이크로소프트의 애저가 전 세계 클라우드 시장에서 차지하는 비중은 19%에 불과하다. 클라우드 1위 사업자는 아마존의 웹 서비스(AWS)로 32%를 점유하고 있다. 아마존의 AWS는 2006년 첫발을 디뎠으나 애저는 2010년으로 한발 늦었다.

마이크로소프트의 과제는 앞으로 더 커질 클라우드 시장에서 점유율을 어떻게 확대해 나갈 것인지다. 마이크로소프트는 2020년 10월 일론 머스크의 우주 탐사업체 스페이스X 등과 파트너십을 맺었다. 언제든 우주에 접근할 수 있게 된 만큼 우주에 적합한 클라우드 기능을 구축하고 위성 데이터 등을 활용하기 위한 조치다. 이런 시도들이 AWS와의 경쟁에서 어떤 결과를 낳을지 주목된다.

실적: 클라우드 호조에 수익성도 강화

마이크로소프트는 반 백 살에 가까운 역사를 갖고 있지만 그 어떤 기업보다 환경에 가장 잘 적응한 기업이라고 할 수 있다. 이는 이익이 증명해준다.

마이크로소프트의 순이익은 2004년도까지만 해도 100억달러를 넘지 못했다. 그러나 그 뒤 100억~200억달러를 넘나들더니 2019년부턴 392억 4천만달러로 대폭 증가하기 시작했다. 2018년(165억 7천만달러)보다 무려 2.4배 증가한 것이다. 2020년에도 442억 8천만달러로 전년보다 12.8% 늘어났다. 이익 증가세는 줄었지만 매출로 따지면 1430억달러를 넘어 사상 최고치를 기록했다.

자기자본이익률(ROE)은 2018년까지만 해도 20%대였으나 2019년 42.4%로 급증하더니 2020년에도 40.1%로 높아졌다. 클라우드 사업 부문이 커지면서 수익성이 좋아진 것이다. 영업이익률 역시 2020년 37.0%로 4년 연속 상승세를 보이고 있다. 애플(24.2%)보다도 높은 이익률이다.

코로나19 위기는 오히려 마이크로소프트에겐 기회였다. 재택근무가 늘어나면서 마이크로소프트 팀스(Teams)의 일일 이용자 수가 2020년 4월 7,500만 명에서 10월엔 1억 1,500만 명으로 급증했다. 팀스는 원격 수업, 화상 회의에 사용되며 윈도우, 맥(MAC) 등의 PC뿐 아니라 스마트폰, 태블릿, 안드로이드, iOS 등의 각기 다른 접속 환경에서도 활용이 가능한 장점이 있다. 게임기인 엑스박스(Xbox)는 2020년 4분기(2020년 4~6월) 매출이 65%나 성장한 데 이어 2021년 1분기(7~9월)에도 30%의 높은 성장세를 보였다. 코로나19로 집에 있는 시간이 늘어나면서 게임수요가 증가한 영향이다.

주가: 이익 늘면서 PER은 과거보다 낮아졌다

마이크로소프트는 윈도우 출시 이듬해인 1986년 나스닥에 처음 상장했다. 1997년 이전까지만 해도 주가는 10달러 선에 그쳤다. 2000년에 접어들면서 IT기업들의 주가가 빠르게 치솟는 닷컴버블 시대를 맞이한다. 1999년 말 주가는 59달러를 육박할 정도로 급등했다. 그러나 버블이 터지면서 주가는 30달러 밑으로 빠지더니 2010년대 중반까지 50달러를 넘지 못했다. 그러다 주가는 2016년부터 상승세로 방향을 틀기 시작하더니 무서운 속도로 오르기 시작했다.

코로나19 확산기에도 주가는 크게 흔들리지 않았다. 2020년

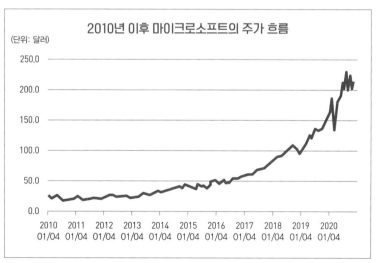

*수정주가 기준

출처: 야후 파이낸스(Yahoo Finance)

2월 초 184달러까지 치솟더니 3월 중순 137달러로 34%가량 폭
꺼졌다. 그러나 주가하락은 잠시뿐이었다. 코로나19 확산에도 이
익감소가 크지 않은 데다 오히려 재택근무 확산 등의 수혜를 볼
것으로 여겨지자 8월 중순엔 230달러에 육박할 정도로 주가가
상승했다. 마이크로소프트는 시가총액이 1조 6,500억달러*로 미
국에서 애플 다음으로 가장 비싼 기업이 됐다.

2018년엔 주가순이익비율(PER)이 45~47배에 달할 정도로 고
평가 논란이 커졌다. 당시엔 주당순이익(EPS)이 1~2달러에 불
과했으나 주가는 큰 폭으로 상승했기 때문이다. 그러나 2019년,
2020년 EPS는 각각 5.06달러, 5.76달러로 증가했다. 2018년보다
주가가 더 올랐음에도 이익이 늘어나면서 PER은 30배 중반 수준
으로 내려앉았다.

재무구조: 위기에 강할 1등 현금부자

마이크로소프트는 현금부자다. 애플, 아마존, 알파벳, 페이스북
등 전 세계 시가총액 5위권 회사 중 가장 현금이 많다. 2020년
9월 말 당장 현금화가 가능한 자산만 해도 1,326억달러에 달한
다. 총 자산은 2,992억 4천만달러로 빠른 속도로 증가하고 있다.
2017년(1,973억달러)과 비교해 무려 52% 가까이 증가했다.

• 2020년 12월 18일 기준

이 기간에 부채도 급증하긴 했다. 부채는 같은 기간 447억 9천만달러에서 863억 2천만달러로 92.3% 증가했다. 자산 증가보다 빚 증가 속도가 빨랐다. 그러나 부채비율은 60%대로 낮은 수준이다.

배당: 10년 동안 배당 늘려온 '배당챔피언'

마이크로소프트는 2003년에 처음으로 배당을 지급했다. 현재 미국에서 잘나가는 기술 성장주 중에서 유일하게 10년 이상 배당을 늘려온 '배당 챔피언'이다. 3월, 6월, 9월, 12월에 배당금이 지

마이크로소프트의 재무정보

구분	2018년	2019년	2020년
매출액(억달러)	1103.6	1258.4	1430.2
영업이익(억달러)	350.6	429.6	529.6
순이익(억달러)	165.7	392.4	442.8
주당순이익(Diluted EPS, 달러)	2.13	5.06	5.76
자기자본이익률(ROE, %)	21.4%	42.4%	40.1%
영업이익률(%)	31.8%	34.1%	37.0%
총자산(억달러)	2588.5	2865.6	3013.1
현금 및 현금성자산(억달러)	1337.7	1338.2	1365.3
부채비율(%)	68.0%	64.3%	60.7%
주당배당금(달러)	1.72	1.89	2.24
배당 성향(%)	69.1%	34.7%	32.9%

마이크로소프트는 6월 결산 법인, 2020년은 2019년 7월부터 2020년 6월 말까지

출처: 모닝스타(morningstar)

급된다.

2007사업연도(2006년 7월~2007년 6월)까지만 해도 분기 배당금은 0.09~0.10달러에 불과했다. 우리나라 돈으로 1년에 고작 주당 400원가량의 배당금이 지급된 셈이다. 그러나 이 배당금은 점차 증가해 2020사업연도(2019년 7월~2020년 6월)에는 분기별로 0.51달러가 지급됐다. 2,300원 수준으로 증가했다.

2021사업연도(2020년 7월~2021년 6월)에는 배당금이 0.56달러로 증가했다. 2015년엔 순이익의 80%가 넘는 액수가 배당금으로 지급돼 배당금 과다지급 우려가 컸으나 그 뒤로 계속해서 줄어 2020사업연도에는 배당 성향이 33% 수준으로 감소했다.

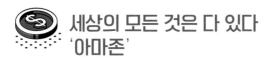

세상의 모든 것은 다 있다
'아마존'

물건을 팔아 수익은 크게 남지 않지만 클라우드 서비스로 마진을 남기는
아마존. 코로나19는 오히려 기회가 되었다.

세계에서 제일가는 부자는 아마존 창립자이자 최고경영자(CEO)
인 제프 베조스다. 베조스는 2020년 8월 말 순자산이 2천억달러
를 넘는 역사상 최초의 사람이 됐다. 그는 맥켄지 스콧과의 이혼
으로 그가 갖고 있는 아마존 지분의 4분의 1을 떼어주고도 여전
히* 4년째 최고 부자의 영예를 안고 있다.

베조스는 어떻게 최고의 부자가 됐을까? 그의 자산 대부분
(90%)이 아마존 지분(11%)이다. 1994년 시애틀 차고에서 탄생한
아마존은 그를 어떻게 세계 최고의 부자로 만들어줬을까?

아마존은 누구나 알고 있듯이 세계에서 가장 큰 온라인 쇼핑몰
이다. 책, 의류, 기저귀, 자동차 타이어, 홈서비스(배관 공사 등)까지
없는 게 없을 정도로 다양한 제품을 판매한다. 월마트가 1만 4천

• 제프 베조스는 2017년부터 포브스 선정, 세계 최고 부자다.

개의 품목을 판매한다면 아마존은 4억 8,800만 개의 품목을 판다.

아마존은 다른 도매업체로부터 물건들을 사와 쇼핑몰에서 팔거나 '제3자 판매'라는 이름으로 쇼핑몰 사이트만 빌려주고 판매 및 포장, 배송 서비스 등을 제공한다. 아마존 매출의 3분의 2가 이러한 물품·서비스 판매에서 나온다. 그러나 아이러니하게도 아마존은 여기서 별로 돈을 벌지 못한다.

아마존에 돈을 벌어주는 것은 클라우드 서비스 '아마존웹서비스(AWS, Amazon Web Services)'다. 아마존의 또 다른 이름은 세계 1위 클라우드 업체다.

아마존은 물건을 팔아 돈을 벌지 않는다

아마존은 2014년까지만 해도 매출의 90%가 물건·서비스 판매에서 나왔다. 그러나 온라인 판매 비중은 점점 줄어들고 구독서비스, AWS의 비중이 늘어나고 있다. 스타티스타(Statista)에 따르면 2014년 온라인 판매(77.0%), 제3자 판매(13.2%)가 전체 매출의 90.2%를 차지했다. 그러나 2019년엔 온라인 판매가 50.4%, 제3자 판매가 19.2%로 70%수준으로 감소한다.

이 자리를 메운 것은 AWS다. AWS는 2020년 3분기 시장점유율 32%를 차지해 경쟁사인 마이크로소프트의 애저(Azure, 19%)보다 훨씬 앞서 있다. 아마존은 클라우드 서비스가 주목받기 이전이었던 2006년 AWS를 처음 출시했다. 제프 베조스는 "AWS는

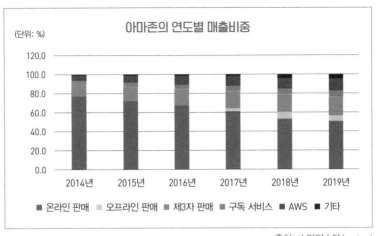

아마존의 연도별 매출비중

(단위: %)

- 온라인 판매
- 오프라인 판매
- 제3자 판매
- 구독 서비스
- AWS
- 기타

출처: 스타티스타(statista)

경쟁업체보다 7년 앞서 출발했다"며 "그 결과 AWS는 기능이 가장 풍부하고 발전해 있다"고 말하기도 했다.

이런 점은 실적에서 잘 드러난다. AWS는 2014년 이후 연평균 매출이 50% 넘게 증가하고 있다. 2014년 매출비중이 5.2%에서 2019년 12.5%로 증가했다. 2020년 3분기* 누적 매출액이 326억 달러로 2019년 한 해(350억달러) 수준을 육박한다.

AWS가 2019년 벌어들인 영업이익은 145억달러다. 어디서 가장 많은 돈을 벌어들일까? 2019년 영업이익 구조를 북미(70억달러), 해외(17억달러 적자), AWS(92억달러)로 나눠보면 가장 많은 이익이 AWS에서 나오는 것을 알 수 있다. 미국을 제외한 해외를

• 아마존은 12월 결산 법인으로, 2020년 3분기는 2020년 7월부터 9월까지를 말한다.

상대로 한 물품 및 서비스 판매에선 오히려 적자를 보고 있다. 아마존은 아직도 물품 등을 타 업체로부터 직접 구매한 후 물류 창고에 쌓아뒀다가 판매하는 비중이 여전히 절반에 이른다. 그러다 보니 매출이 많아도 물품·서비스 판매만으로는 마진이 높지 않다. 이 부분을 AWS가 메워주고 있는 셈이다.

아마존의 구독 서비스도 주목할 만하다. 월간 또는 연간으로 일정 비용을 내고 오디오, 비디오, 전자책 등의 서비스를 받아보는 서비스인데 이러한 '프라임 구독자 수'는 전 세계에 1억 5천만 명이나 된다. 미국에서만 1억 1,200만 명이 가입해 그 수가 절대적으로 많긴 하지만 이 역시 가파른 증가세를 보이고 있다. 2013년만 해도 구독자 수는 미국 기준 2,500만 명에 불과했다. 구독 서비스의 매출 비중은 2014년 3.1%에서 2019년 6.8%로 증가세를 보였다.

이 밖에 아마존은 2017년 홀푸드마켓(Whole Foods Market)을 인수해 300개의 오프라인 매장에서 식자재 등을 판매하고 있다.

실적: 코로나가 기회가 된 온라인 쇼핑과 AWS

아마존의 가장 큰 장점은 물품·서비스 가격이 싸다는 것이다. "아마존이 디플레이션(Deflation, 물가가 장기간 하락하는 현상)을 만들고 있다"는 말이 나올 정도다. 오프라인 상점은 물론, 온라인 쇼핑몰까지 모조리 삼켜버릴 정도의 '아마존'이란 공룡은 물건을 싸게 팔면서도 돈도 잘 벌고 있을까?

아마존은 2014년까지만 해도 적자회사였다. 사실 애플, 마이크로소프트, 구글 등 미국의 대표 성장주와 비교해 마진율이 상당히 낮은 편이다.

아마존의 영업이익률은 2014년 0.2%에 불과했고, 2017년까지 2% 수준이었다. 그러다 2018년 5.3%, 2019년 5.2%로 5%를 넘어서고 있다. 2020년 3분기 누적으론 6.4%로 추정된다(구루닷컴). 애플, 마이크로소프트의 영업이익률이 20~30%에 달하는 것과 비교하면 턱없이 낮은 수준이지만 조금씩 개선되고 있다.

아마존이 돈을 벌기 시작한 것은 AWS의 영업이익이 10억달러를 넘어서기 시작했던 2015년부터다. 아마존은 온라인 쇼핑몰로 더 잘 알려져 있지만 사실상 클라우드 서비스를 통해 돈을 번다고 해도 과언이 아니다.

특히 2020년 코로나19는 아마존에겐 기회였다. 온라인 쇼핑이 증가했고, 클라우드 시장은 더 커졌다. 무급휴직에 인력 구조조정을 해야 했던 2020년 3~4월 코로나19 확산이 가장 심해졌을 때 아마존은 오히려 17만 명이 넘는 직원을 신규 채용했다. 2020년 3분기 누적(1~9월) 영업이익이 160억 2천만달러로 이미 작년 수준(145억 4천만달러)을 넘어섰다. 자기자본이익률(ROE)은 2019년 22.0%에서 2020년 32.4% 수준으로 올라섰다.

주가: PER이 100배에 육박해도 과거보단 싸다

주가는 기업이익을 비추는 거울이다. 아마존은 2015년 중반까지도 주가가 500달러도 되지 않았다. 그러다 이익이 증가하면서 주가도 5년 새 7배가량 뛰더니 2020년 9월엔 3,500달러를 넘기도 했다. 그 뒤로 주가가 소폭 하락했다. 그러나 2020년 연간으로 따지면 70%에 달하는 주가상승률을 보여줬다.[*]

아마존의 주당 주가가 우리나라 돈으로 300만원이 넘는다. 통상 주가가 너무 올라 주당 금액이 높아질 경우에 주식분할이 이

2010년 이후 아마존 주가 흐름

(단위: 달러)

* 수정주가 기준

출처: 야후 파이낸스(Yahoo Finance)

● 2020년 12월 18일 종가 3201.65달러 기준, 68.7% 상승률

뤄진다. 다만 아마존은 1997년 나스닥에 상장한 후 1998년 한 차례, 1999년 두 차례 주식을 분할한 이후 20여 년간 주식분할을 하지 않았다.

주식분할을 하지 않은 데다 주가가 몇 년 새 급등세를 보였지만 과거 추이를 고려하면 주가는 사업가치에 비해 별로 비싼 편은 아니다. 2020년 12월 초 주가수익비율(PER)은 93.62배[*]를 기록하고 있는데 이는 2015년 951배, 2016년 171배, 2017년 297배에 비해선 줄어든 수치다. 이익이 증가하면서 주가가 함께 올라 PER도 하락했다. 주당순이익(EPS)은 2017년 6달러에서 2018년 이후부턴 연간 20달러를 훌쩍 넘고 있다.

재무구조: 현금은 적지만 자산은 증가세

아마존의 총자산은 2,821억 8천만달러다.[**] 연간 20~30%대 증가세를 보이고 있다. 부채비율은 70.7%로 여타 성장주와 유사하다. 현금성 자산은 684억원으로 마이크로소프트(2020년 9월 말 1,326억달러)의 절반 수준이다. 아마존은 돈이 생기면 주로 사업에 재투자한다. 아마존 프라임 구독 회원들에게 제공하는 비디오 콘텐츠, AWS를 위한 데이터 센터 구축, 관련 직원 채용, 인공지

[*] 2020년 12월 18일 기준
[**] 2020년 9월 말, 2020사업연도 3분기 말

아마존의 재무정보

구분	2018년	2019년	2020년
매출액(억달러)	2328.9	2805.2	2605.1
영업이익(억달러)	124.2	145.4	160.2
순이익(억달러)	100.7	115.9	141.1
주당순이익(Diluted EPS, 달러)	20.14	23.01	27.68
자기자본이익률(ROE, %)	28.3%	22.0%	32.4%
영업이익률(%)	5.3%	5.2%	6.1%
총자산(억달러)	1626.5	2252.5	2821.8
현금 및 현금성자산(억달러)	412.5	550.2	684
부채비율(%)	73.2%	100.3%	70.7%
주당배당금(달러)	0	0	0
배당 성향(%)	0.0%	0.0%	0.0%

아마존은 12월 결산 법인으로 2020년 실적은 3분기 누적 기준, 총자산 등은 9월 말 기준으로 함. ROE와 영업이익률은 9월 말 기준 연 환산 기준(구루닷컴)

출처: 모닝스타(morningstar)

능 등에 투자한다. 2020년엔 자율주행 자동차 스타트업 Zoox를 13억달러에 인수하기도 했다.

배당: "주주환원보단 성장이 아직 더 중요해"

"배당보다는 투자가 중요하다"고 생각하니 아마존은 나스닥에 상장한 이후 한 번도 배당금을 지급한 적이 없다. 주주들에게 배당금을 주는 것보다 여윳돈이 생기면 투자를 하는 것이 더 낫다는 생각에서다.

주주환원 정책으로 배당금 지급 외에 자사주를 매입하고 소각하는 방식도 있다. 그러나 아마존은 이마저도 활발한 편이 아니다. 아마존의 마지막 자사주 매입은 2012년 1분기에 이뤄졌다.

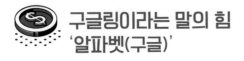

구글링이라는 말의 힘
'알파벳(구글)'

검색엔진 최강자로 광고 수익이 어마어마하지만 광고수입 의존도는 흠이다. 주가도 다른 성장주보다는 더딘 상승세를 보이고 있다.

구글링(Googling)이란 말을 한 번쯤 들어봤을 것이다. 구글링은 구글(Google)에 'ing(현재진행형)'를 붙여 만들어졌다. 이 용어가 '검색해봐'의 대체어가 됐을 정도니 구글은 두말하면 입 아픈 검색엔진의 최강자다.

구글하면 또 뭐가 떠오를까? 유튜브, 인스타그램도 구글이 갖고 있다. '구글 맵(Map)'만 있으면 전 세계 어디든지 손쉽게 찾아갈 수 있다. 구글 클라우드 서비스란 말도 어디선가 들어본 듯하다. 2016년 이세돌 9단하고 바둑시합을 했던 '알파고'도 구글이라고 했던 것 같은데….

정확히 말하면 알파고는 구글의 지주회사 알파벳이 100% 출자한 '딥마인드'란 업체의 바둑 인공지능(AI) 프로그램이다. 알파벳은 2014년 영국 딥마인드를 인수하고 구글의 자회사인 연구소 '구글X'를 통해 지금의 딥마인드를 만들었다. 구글X에선 자율주행 운전도 연구한다.

구글은 검색엔진뿐 아니라 안 건드리는 영역이 없을 정도로 사업이 다양하다. 그렇다면 구글은 돈도 그렇게 다양한 곳에서 벌고 있을까?

검색엔진 최강자의 한계

인터넷에 백날 구글이라고 쳐봤자 '구글'이란 주식은 없다. 나스닥에 상장된 회사는 구글이 아니라 알파벳이다. 2015년 구글은 100% 지분을 투자해 알파벳이란 지주회사를 설립했다. 알파벳은 구글의 지주회사이자 자회사다. 알파벳은 구글과 구글을 뺀 나머지 자회사로 구성돼 있다.

그런데 알파벳과 구글은 거의 동의어라고 볼 수 있을 정도로 알파벳 매출의 99%가량이 구글에서 발생한다. 구글은 무엇으로 돈을 벌까? 다양한 사업을 하니 돈이 나올 창구도 여러 곳일까? 그렇지 않다. 구글 매출의 85%가량은 광고수입이다.

구글은 세계 최대 인터넷 검색 및 광고 업체다. 매일 수십억 건의 검색 요청을 처리한다. 구글은 인터넷 검색 시장의 75%, 스마트폰 등 모바일 검색 시장의 85%라는 어마어마한 시장점유율을 갖고 있다. 검색 광고가 전체 매출의 60.8%(2019년)를 차지하고, 유튜브 광고는 9.4%를 기록하고 있다. 이것이 바로 구글이 갖고 있는 최강점이자 또한 한계점이다. 구글도 여러 사업들을 시도하고 있으나 광고수입 의존도를 낮출 만큼의 성과는 아직 내지 못하고 있다. 구글 클라우드는 구글 내 성장세가 가장 높은 사업부다. 구글 클라우드는 3분기 매출이 34억달러로 1년 전보다 무려 45%나 증가했을 정도로 높은 성장세를 보였다.[*] 클라우드의 매출 비중은 2017년 3.7%에서 2019년 5.5%로 미약하지만 점차 증가하고 있다. 다만 아마존의 아마존웹서비스(AWS), 마이크로소프트의 애져(Azure)에 비해 시장점유율이 뒤떨어져 있다.[**]

구글 클라우드는 2020년 3분기 기준 고작 7%의 점유율에 불과하다.

구글은 모바일 운영체제 안드로이드를 갖고 있다. 애플 iOS와 경쟁 관계에 있으나 시장점유율 측면에선 우위를 보이고 있다. 안드로이드의 전 세계 시장점유율은 72.9%이고, iOS는 26.5% 정도다.[***] 삼성전자의 갤럭시도 구글의 안드로이드 운영체제를 사용한다.

스마트폰의 모바일 운영체제까지 만들었으니 직접 스마트폰도 만들 수 있지 않을까? 물론 시도해봤다. 구글은 2012년 5월 모토로라를 125억달러, 우리나라 돈으로 14조원 가까이를 주고 인수했다. 그러나 2014년 초 중국 PC업체 레노버에 29억 1천만 달러에 매각할 만큼 투자에 실패했다.

● 알파벳은 12월 결산 법인으로 3분기 매출은 2020년 7~9월까지를 말한다.
●● AWS는 2020년 3분기 시장점유율 32%, 애저(Azure)는 19%를 차지하고 있다.
●●● 출처: 스타티스타(statista), 2020년 10월 기준

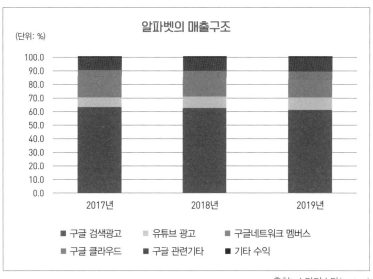

출처: 스타티스타(statista)

애플페이처럼 2018년엔 구글페이도 만들었다. 기존 구글 월렛(송금 앱)과 안드로이드 페이를 합친 것이라고 봐도 무방하다. 통계 전문업체 스타티스타(statista)에 따르면 2020년 11월 기준 애플페이의 사용자는 2억 2,700만명에 달하나 구글 페이는 1억명 수준으로 삼성페이(1억명)와 유사하다.

구글은 알파벳이란 지주회사를 통해 여러 사업에 투자하고 있다. 그러나 이 역시 아직까지 수익성이 가시화되지 않고 있다. 알파벳이 보유한 자율 주행 자동차 업체 웨이모(Waymo)는 2020년 10월 미국 애리조나주 피닉스 일부 지역에서 무인택시를 시작했다. 2009년부터 시작된 자율주행 연구에 대한 노력이 점차 상업화되고 있단 신호이지만, 안전성에선 더 많은 검증이 필요하단

지적이 제기된다. 딥마인드 역시 적자신세다.

그 밖에 알파벳은 구글 캐피털, 홈 스마트 기기 생산업체 네스트(NEST), 헬스케어 전문기업 칼리코(Calico) 등을 보유하고 있지만 별다른 성과를 내진 못하고 있다.

한편 구글은 검색엔진 시장에서 절대적인 시장 점유율을 보이고 있는 만큼 언제나 여러 나라 정부의 독점규제 타깃이 된다. 유럽은 2018년 안드로이드와 관련 반독점법 위반으로 6조원에 가까운 과징금을 부과했고, 2020년엔 미국도 알파벳을 겨냥하고 있다. 조 바이든 정부 체제에선 이런 규제 리스크가 앞으로 더 커질 전망이다.

실적: 매년 20%씩 성장하곤 있지만

알파벳은 2011년부터 2019년까지 연간 20% 안팎의 성장세를 보여왔다. 2017년부턴 매년 1천억달러가 넘는 매출액을 기록하고 있다. 영업이익은 알파벳이란 지주회사를 설립한 2015년부터 2019년까지 연평균 15%의 성장세를 보이고 있다. 영업이익률은 20% 수준으로 양호한 편이다.

광고수입 의존도가 절대적이기 때문에 2020년 코로나19 사태 때는 그다지 실적이 좋진 않았다. 코로나19로 경제활동 자체에 제약이 컸기 때문에 기업들의 광고수요가 줄어든 영향이다. 그로 인해 2019년 4분기 매출액이 48억달러를 넘은 이후 2020년 들어 3분기까지 매분기 매출액이 감소세를 보였다. 향후 코로나19 확산세가 약해지고 백신접종이 가시화된다면 구글의 실적도 증가세를 보일 것으로 예상된다.

검색엔진의 최강자 구글도 검색환경 변화에 도전을 받고 있다. 우리가 쇼핑이나 여행 또는 음식점 등을 찾을 때 개인 PC나 스마트폰에서 구글에 접속해 검색을 하기도 하지만, 앱을 통해서도 충분히 검색이 가능하기 때문이다. 구글 사이트를 통하지 않아도 '검색'이 가능한 탓에 기존과 같은 '검색 광고 수입'도 위기를 맞을 수 있다는 우려가 나온다.

미국시장 조사기관 얼라이드 마켓 리서치(Allied Market Research)에 따르면 모바일 앱 시장 규모는 2018년 106억달러 규모로 평가됐으나 2026년까지 400억달러를 넘어 매년 18% 넘게 성장할 것으로 전망됐다. 구글과 애플 중 누가 앱스토어 시장에서 우위를 보일 것이냐가 관건이다. 2020년 기준 안드로이드는 287만 개의 앱이 있고, 애플 앱스토어에는 192만 개의 앱이 있어 앱의 개수는 구글이 더 많다. 앱 다운로드 수도 구글이 앞선다. 그러나 수익성은 애플의 앱스토어가 더 낫다.

시장 조사업체 센서 타워(Sensor Tower)에 따르면 앱스토어는 2019년 3분기 142억달러의 매출을 기록한 반면 구글 플레이는 77억달러의 매출을 보였다.

이 기간 다운로드 수로 따지면 구글은 216억 건, 애플은 80억 건 정도로 구글 플레이에서의 다운로드 수가 압도적으로 많았는데도 말이다. 앱스토어가 수익성이 더 좋은 것은 돈이 되는 게임 앱의 매출비중이 높기 때문으로 풀이된다.

주가: 다른 성장주보단 더딘 상승세

알파벳은 2004년 나스닥에 상장했다. 상장 첫날부터 자동차 업체 포드, GM 등보다 시가총액에서 앞서나가며 검색엔진의 성장성을 과시했다. 2014년엔 주식분할을 통해 주식 수를 2배로 늘려 알파벳 A주와 C주를 각각 상장하게 된다. 알파벳 A주(GOOGL)는 1주당 1표의 의결권을 갖는 반면 알파벳 C주(GOOG)는 의결권이 없다.

2010년 이후 알파벳C주 주가 추이

(단위: 달러)

* 수정주가 기준

출처: 야후 파이낸스(Yahoo Finance)

이론적으론 알파벳 A주가 의결권이 있기 때문에 의결권이 없는 C주보다는 더 비싸게 거래된다. '의결권'이란 값어치 때문이다. 그러나 사실 별 차이가 나지 않는다. 2020년 12월 18일 기준 알파벳 A주는 1726.22달러, C주는 1731.01달러로 오히려 C주가 더 비싸다. 2020년 주가 수익률은 A주는 30.9%, C주는 31.0%다. 아마존, 애플 등 코로나19의 수혜를 봤던 다른 성장주보다는 주가상승세가 높진 않다.

알파벳 B주도 있지만 상장돼 있진 않다. 구글 창업자인 세르게이 브린, 래리 페이지, 에릭 슈미트 등의 경영진들이 보유한 주식이다. 주당 10표의 의결권을 갖고 있다. 상장돼 있지만 경영 판단은 다른 사람에게 맡기지 않겠다는 의지가 반영된 것이라고 할 수 있다.

재무구조: 투자에선 실패해도 여전한 현금부자

구글은 여러 투자에서 실패했지만 쌓아둔 돈이 많다는 점에선 든든하다. 인공지능, 자율주행 등 지금은 당장 돈이 안 되지만 미래를 위해 마음놓고 투자할 수 있는 이유이기도 하다. 구글의 2020년 9월 말 기준 총자산은 2,992억 4천만달러이다. 현금성 자산이 1,326억달러에 달한다. 현금부자 마이크로소프트(MSFT)에 맞먹는다. 빚도 거의 내지 않았다. 구글의 부채비율은 28.8%로 상당히 낮은 편이다.

알파벳(구글)의 재무정보

구분	2018년	2019년	2020년
매출액(억달러)	1368.2	1618.6	1256.3
영업이익(억달러)	313.9	359.3	255.7
순이익(억달러)	307.4	343.4	250.5
주당순이익(Diluted EPS, 달러)	43.7	49.16	36.4
자기자본이익률(ROE, %)	18.6%	18.1%	16.8%
영업이익률(%)	22.9%	22.2%	20.4%
총자산(억달러)	2327.9	2759.1	2992.4
현금 및 현금성자산(억달러)	1091.4	1196.8	1326
부채비율(%)	23.7%	27.0%	28.8%
주당배당금(달러)	0	0	0
배당 성향(%)	0%	0.0%	0%

알파벳(구글)은 12월 결산 법인으로 2020년 실적은 3분기 누적, 총자산 등은 9월 말 기준, ROE와 영업이익률은 9월 말 기준 연 환산 기준(구루닷컴)

출처: 모닝스타(morningstar)

배당: 알파벳C만 꾸준히 자사주 매입중

구글은 1998년 설립된 이후 한 번도 배당을 한 적이 없다. 배당은 지급하지 않아도 알파벳 C주에 대해선 2017년 4분기부터 꾸준히 자사주를 매입해왔다. 알파벳 A주보다 C주가 더 비싼 이유이기도 하다. 2019년 2월엔 125억달러, 7월엔 250억달러의 자사주 매입 계획을 발표하기도 했다.

인간의 욕망을 건드린 플랫폼 '페이스북'

관음증과 자기 과시욕을 건드려 사람을 모은 페이스북. 타깃팅 광고로 매 분기 성장 중이지만 광고 의존도가 높은 건 흠이다.

페이스북의 성공을 폄하하는 사람들은 자주 이렇게 말한다. "페이스북이 만들어지기 몇 년 전에 이미 우리나라엔 싸이월드가 있었다"거나, "결국 싸이월드, 마이스페이스의 짝퉁 아니냐"는 식의 얘기들을 말이다. 하지만 페이스북은 싸이월드도, 마이스페이스도 얻지 못한 성공을 얻었다. 대체 이유가 뭘까?

싸이월드와 마이스페이스는 왜 페이스북이 되지 못했나

페이스북은 인간의 '관음증'과 '자기 과시욕'을 절묘하게 결합했다는 측면에서 앞서 언급한 싸이월드나 마이스페이스와 비슷한 점이 있다. 사람들은 헤어진 애인의 근황이 궁금해서 페이스북에 이름을 쳐보듯, 싸이월드나 마이스페이스에서도 비슷한 행동을 했었을 것이다. 또한 싸이월드에 '내가 이렇게 감성적이다'는 것을 드러내는 글을 썼다면, 사람들은 페이스북에 '내가 이렇게 잘 났다'는 것을 과시하는 글을 쓴다. 본질은 비슷한 셈이다.

하지만 결정적인 차이가 있다. 바로 '플랫폼'화에 성공했느냐 여부다. 싸이월드에서는 다른 친구의 '일촌'이 되는 게 중요했다. 일촌에게만 공개되는 게시글이 적지 않았기 때문이다. 그래서 각자의 미니홈피는 견고한 성벽을 쌓고 서로 공유될 일이 없었다. 한편 마이스페이스는 익명으로 계정에 가입할 수 있었던 탓에 성인물 등 악성 게시물에 취약했다. 마이스페이스의 직원 3분의 1이 성인물 모니터링에 투입됐다는 얘기도 있다.

이런 상황에서 페이스북은 뉴스피드를 통해 모든 이를 한자리에 모으는 플랫폼화에 성공했다. 게시물도 '친구 공개'보다는 '전체 공개'가 기본이었다. 심지어 실명 기반이었기 때문에 지인에게 멋진 모습만 보여야만 했던 사람들이 포르노 등 악성 게시물을 올리는 일도 적었다. 앞서 몰락한 소셜네트워크서비스(SNS)들과 페이스북이 달랐던 이유다.

실적: 타겟팅 광고로 매분기 성장 중이지만

이렇듯 페이스북은 개인의 관심사와 네트워크라는 강력한 무기를 손에 넣었다. 페이스북은 이 무기로 어마어마한 돈을 벌 수 있다. 바로 광고다. 페이스북은 관심사와 네트워크를 분석해 '타겟팅 광고'를 제공한다. 광고주 입장에선 자신의 광고에 관심을 가

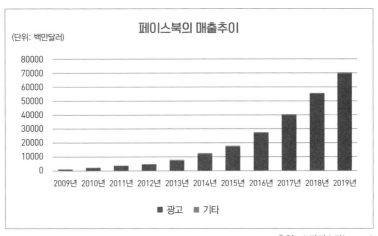

(단위: 백만달러)

페이스북의 매출추이

■ 광고 ■ 기타

출처: 스타티스타(statista)

질만한 사람들에게만 선택적으로 광고를 노출시킬 수 있으니 효율적이다. 심지어 광고를 본 A가 그 광고에 '좋아요'를 누르면 A의 친구들에게도 자동적으로 광고가 노출된다. 이 얼마나 효율적인 광고 플랫폼인가. 이런 장점으로 하여금 2020년 3분기 기준 페이스북의 매출에서 광고가 차지하는 비중은 무려 99%다.[•]

페이스북의 실적은 매년 더 증가하고 있다. 2020년 2분기에 이어 3분기에도 시장 기대치를 상회한 견조한 모습을 보여주고 있다. 2020년 3분기 매출액은 215억달러로 전년 동기 대비 21.6%, 전분기 대비 14.9%나 증가했다. 2020년 3분기 영업이익 역시 전년 대비 11.9%, 전분기 대비 34.8% 증가한 80억달러를 기록했다.

• 페이스북은 12월 결산 법인으로, 2020년 3분기는 7~9월까지를 말한다.

페이스북의 5년 평균 자기자본이익률(ROE)는 21%로 2017년 이후 줄곧 20%대를 상회하고 있으며, 상장 당시 0.12달러에 불과했던 주당순이익(EPS)은 9월 말 2.71달러까지 증가한 상태다. 페이스북은 거의 매 분기마다 성장 중이다.

다만 광고가 실적에서 차지하는 비중이 절대적이라는 사실은 페이스북의 약점이 될 수도 있다. 실제 2020년 6월 당시 도널드 트럼프 미국 대통령이 페이스북에 조지 플로이드 사망에 항의하는 시위대를 '폭도'로 규정하고, 시위대가 약탈할 경우 총격할 수도 있다는 글을 올려 물의를 일으킨 바 있다. 이때 마크 주커버그 페이스북 최고경영자(CEO)는 '표현의 자유'를 내세워 별다른 조치를 취하지 않았는데, 그 뒤로부터 '혐오 표현을 방치한다'는 이유로 광고주들의 보이콧(boycott)에 직면했다. 시민단체들의 압박에 코카콜라, 스타벅스, 파타고니아, 삼성전자 북미 법인 등 광고계의 큰손들이 잇따라 광고를 끊은 것이다. 이에 페이스북은 2020년 6월 26일 하루 만에 주가가 8.3% 떨어져 시가총액 560억달러(약 62조원)가 증발하기도 했다.

다만 앞에 서술했던 것처럼 3분기 페이스북의 실적은 타격을 받긴커녕 더 증가했다. 큰손들은 광고를 끊었지만, 중소 광고주의 수요가 강하게 나타난 덕이다. 그만큼 페이스북의 플랫폼이 강력하다는 것을 보여주는 일화다. 2020년 3분기 동안 S&P500지수가 8.47% 올랐을 때, 페이스북은 그 2배에 가까운 15.34%나 주가가 올랐다. 나스닥지수의 증가폭인 11.02%도 훌쩍 웃돌았다.

재무구조: 동종기업 대비 넉넉한 현금

페이스북은 쌓아둔 돈이 많다. 총자산은 1,464억 4천만달러(2020년 9월 말)로 한 해 매출액보다도 많다. 당장 현금화가 가능한 자산만 따져도 556억달러에 달한다. 동종 기업으로 분류되는 트위터만 해도 현금 자산이 77억달러에 불과하니 거의 8배 가까이 많은 셈이다. 그러나 구글(1,326억달러)에 비교하면 절반 수준이다.

페이스북의 재무정보

구분	2018년	2019년	2020년
매출액(억달러)	558.4	707	579
영업이익(억달러)	249.1	239.9	198.9
순이익(억달러)	221.1	184.9	179.3
주당순이익(Diluted EPS, 달러)	7.57	6.43	6.22
자기자본이익률(ROE, %)	27.9%	19.9%	23.9%
영업이익률(%)	44.6%	33.9%	36.4%
총자산(억달러)	973.3	1333.8	1464.4
현금 및 현금성자산(억달러)	411.1	548.6	556.2
부채비율(%)	13.6%	24.2%	19.6%
주당배당금(달러)	x	x	x
배당 성향(%)	x	x	x

페이스북은 12월 결산 법인으로 2020년 실적은 3분기 누적, 총자산 등은 9월 말 기준, ROE와 영업이익률은 9월 말 기준 연 환산 기준(구루닷컴)

출처: 모닝스타(morningstar)

주가: 코로나에 급등했지만 과거보단 싸다

2012년 5월 18일 나스닥에 38달러에 상장한 페이스북 주가는 2020년 12월 15일 275.55달러를 기록하며 상장 이후 무려 625%나 상승한 상태다. 특히 코로나19가 기승을 부리던 2020년엔 '언택트 테마'라는 바람이 불면서 12월 15일 기준 34.25%나 오르기도 했다.

언택트 바람을 타고 페이스북의 주가는 급격히 올랐지만 밸류에이션은 과거에 비해 오히려 낮은 상태다. 2020년 12월 20일 기준 페이스북의 주가순이익비율(PER)은 31.48배다. 2018년 (19.74배)보다는 비싸지만 2019년(32.89배)보다는 싼 편이다. 상장

2010년 이후 페이스북 주가 추이

(단위: 달러)

* 수정주가 기준

출처: 야후 파이낸스(Yahoo Finance)

당시인 2012년엔 PER이 무려 2662배에 달하기도 했고, 2015년에도 무려 105.72배에 육박했다.

배당: 배당은 안 하지만 자사주 매입은 조금 해

페이스북은 상장 이후 지금까지 한 번도 배당을 한 적이 없다. 여느 성장주처럼 아직은 배당보다는 성장에 집중하려는 전략으로 해석된다. 다만 2018년 이후 자사주 매입으로 주주환원에 동참해왔다. 2018년 자사주 매입 수익률(Buyback Yield, 자사주 매입 규모를 시가총액으로 나눈 것)은 2.76%였고, 2019년엔 1.09%였다. 2020년 12월 20일 기준 0.72%다.

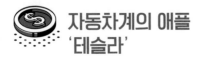

자동차계의 애플 '테슬라'

테슬라는 당장 돈을 잘 벌진 못해도 꾸준히 성장 중이다. 주가는 미래에 대한 기대감으로 폭주하고 있다(2020년 말 기준).

테슬라를 두고 흔히 '자동차계의 애플'이라고 부른다. 뛰어난 기술력과 참신한 발상으로 혁신을 보여주고 있다는 이유에서다.

전기차는 이미 많은 자동차 회사들이 만들고 있고, 자율주행 기술도 다른 자동차 회사들이 개발에 나서는 중이다. 그런데 대체 테슬라는 왜 '자동차계의 애플'이라고 불리고, 전 세계 투자자로부터 열광적인 지지를 받는 걸까?

테슬라는 자동차 제조사가 아니다?

테슬라는 자율주행이 가능한(물론 아직은 인간의 개입이 필요한 수준이지만) 전기차를 생산하는 업체다. 그러나 많은 이들이 테슬라라는 회사를 두고 애플과 비교하며 단순한 자동차 제조사가 아니라고 말한다. 애플은 자체 칩도 만들고 자신만의 운영체제(iOS)

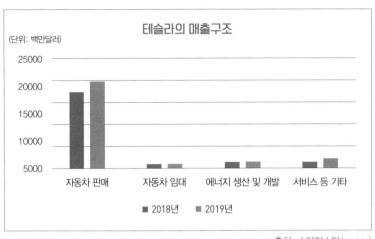

출처: 스타티스타(statista)

를 갖고 있다. 아이폰을 사면 때때로 iOS 업데이트가 자동적으로 이뤄진다. 테슬라 역시 마찬가지다. 자율 주행 칩을 스스로 만들고, 앞으론 자동차 배터리도 직접 만들 것이라고 한다.

또한 테슬라 차 안에 설치된 차량용 OS인 OTA(Over the air)는 와이파이를 통해 업데이트가 가능하다. 차 사고만 나지 않는다면 알맹이(소프트웨어)는 항상 신차의 것으로 유지할 수 있는 것이다. 이런 특징 때문에 테슬라를 자동차 제조사가 아닌 애플과 같은 IT 기업이라고 얘기하는 사람도 있다.

실제로 테슬라는 자신이 만든 소프트웨어를 판매하기도 한다. FSD(Full Self Driving˙완전자율주행) 시스템은 차선을 변경하거나 주차할 때 자율주행 기능을 제공하는데, 테슬라는 이를 자신의 고객들에게 옵션으로 판매하고 있다.

일각에선 테슬라가 이런 OS를 다른 완성차 업체에 팔아 이윤을 남길 수도 있다고 보고 있다.

더 큰 미래의 청사진도 갖고 있다. 완전자율주행 기술을 바탕으로 '테슬라 네트워크'라는 자동차 공유플랫폼을 만들겠다는 것이다. 테슬라 차주가 자동차를 이용하지 않을 때 자동차가 주차장에 머물지 않고 무인 상태로 거리를 돌아다니며 승객을 태우고 요금을 받는 '로보택시'가 그것이다. 승객한테 받은 돈을 테슬라와 차주가 나눠 가진다는 계획이다.

실적: 아주 잘 벌지는 못해도 꾸준히 성장 중

테슬라가 꿈꾸는 미래도 중요하지만, 중요한 건 현재 실적이다. 당장 돈을 벌어오지 않는다면 테슬라의 꿈은 허황된 꿈으로 치부될 수 있어서다.

2020년 테슬라는 매출이 많은 편은 아니지만 꾸준히 성장하고 있다. 2020년 3분기 테슬라의 매출액은 87억달러로 전년 대비 39.2% 증가했다.* 2020년 3분기 영업이익은 무려 전년 대비 210% 증가한 8억 1천만달러를 기록했다. 영업이익은 2019년 3분기 흑자 전환한 이후 매분기 흑자를 내고 있으며, 2020년 1분기부터는 꾸준한 우상향을 보이고 있다. 전기차 판매량이 늘어난

---

* 테슬라는 12월 결산 법인으로, 2020년 3분기는 7~9월까지를 말한다.

게 주요요인인데, 3분기에는 무려 13만 9,300대를 고객에게 인도해 자체 신기록을 세우기도 했다.

뿐만 아니라 테슬라는 탄소배출권을 팔아 매출을 올리고 있다. 최근 세계 주요 국가들은 환경을 지키기 위해 생산되는 모든 차량의 이산화탄소 배출량을 정해놓고, 이 기준을 못 맞추는 업체에겐 과징금을 부과한다.

만약 이 과징금을 내고 싶지 않으면 다른 자동차 업체가 가진 탄소배출권을 사면 된다. 테슬라는 전기차, 즉 친환경차만 생산하기 때문에 탄소 배출량이 정해진 기준을 한참 밑돌고, 그렇게 얻은 탄소배출권을 다른 자동차 업체에 판다. 2020년 3분기 테슬라가 탄소배출권을 팔아 올린 매출은 3억 9,700만달러로, 전체 매출의 5% 정도다.

다만 이 매출 때문에 테슬라의 실적을 폄훼하는 이들도 적지 않다. 탄소배출권을 팔아서 쥔 돈은 테슬라 사업과 무관한 부분에서 번 돈이란 점이 비판의 주된 이유다.•

또 다른 자동차 업체도 전기차를 만들기 시작했기 때문에 테슬라의 전기차 시장점유율도 흔들릴 수 있다는 우려도 나온다. 테

• 테슬라는 스톡옵션에 쓴 비용을 제외할 뿐 아니라 크레딧(탄소배출권) 매출에서 벌어들인 돈도 빼고 Non GAAP EPS를 계산하고 있다. 스톡옵션으로 나가는 비용은 일시적이고, 크레딧 매출도 앞으로도 꾸준히 들어올 돈이라고 보지 않는 것이다. 따라서 Non-GAAP EPS로는 테슬라가 자동차를 팔아 순수하게 남긴 돈이 얼마인지 볼 수 있다. 실제 테슬라의 2020년 3분기 GAAP EPS는 0.27달러지만, Non-GAAP EPS는 0.76달러로 차이가 난다. 이는 스톡옵션에 쓴 비용이 그만큼 많다는 것을 보여준다.

슬라는 2020년 1~7월 기준(SNE리서치 조사) 세계 전기차 시장 점유율 24.3%를 차지해 1위를 기록하고 있다. 그러나 르노닛산(2위, 6.6%), 중국 BYD(3위, 5.5%), 현대차(4위, 4.6%) 등도 전기차 생산에 박차를 가하고 있는 상황이다. 이에 모건스탠리는 2030년에는 테슬라의 시장 점유율이 14%로 떨어질 것이라고 전망했다.

다만 아직까진 테슬라의 영업이익률은 매분기마다 좋아지고 있다. 2020년 '1분기 4.7%, 2분기 5.4%, 3분기 9.2%' 등 수익성이 점점 증가하는 모습을 보여주고 있다. 다만 2019년 2분기까진 적자가 지속됐었기 때문에 5년 평균 자기자본이익률(ROE)은 -34.64%다.

주가: 세계 9대 자동차 기업을 합쳐도 테슬라가 우위

테슬라 주가는 매번 고평가 논란에 시달릴 정도로 수직 상승 중이다. 테슬라 주가는 2019년 총 28.9%나 올랐는데, 2020년엔 무려 656.8%(2020년 12월 15일 기준)나 올랐다. 2020년 코로나19 사태가 터지면서 전반적으로 경제가 둔화된 반면 성장주에는 돈이 쏠리는 경향이 강해졌기 때문이다.

또한 테슬라는 5분기 연속 흑자달성에 성공하면서 S&P500지수에 편입될 수 있는 조건을 충족했는데, 지수에 편입되면 글로벌 자금이 더 들어올 것이라는 기대감도 주가를 끌어올렸다. 테슬라는 2020년 7월과 9월의 두 차례 S&P500지수 편입에 실패했

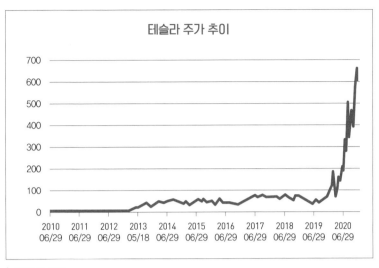

테슬라 주가 추이

* 수정주가 기준

출처: 야후 파이낸스(Yahoo Finance)

지만 결국 12월 편입에 성공했다. 이 밖에 2020년 8월 주식분할을 단행한 것도 주가를 끌어올린 또 다른 요인이었다. 주식분할을 하면 1주당 주가가 싸지기 때문에 매수자금이 더 들어올 수 있다는 기대감이 쏠리면서 주가가 올랐다.

2020년 12월 18일 기준 테슬라의 시가총액은 6590억달러에 달한다. 세계 9대 자동차 기업(도요타·폴크스바겐·닛산·현대차·제너럴모터스·포드·혼다·피아트크라이슬러·푸조)의 시가총액을 모두 합친 것보다도 덩치가 커졌다. 주가수익비율(PER)은 무려 1321배에 이른다. 동종업계의 GM의 PER은 18.39배, 포드의 PER은 24.1배라는 점을 감안하면 굉장히 비싼 주식인 셈이다.

재무구조: 꾸준한 투자 때문에 현금은 적어

테슬라의 총자산은 456억 9천만달러(이하 모두 2020년 9월 말 기준)로 지난해 연간 매출액(245억 8천만달러)의 2배다. 당장 현금화가 가능한 자산은 145억 3천만달러 정도다.

이는 동종업계의 다른 회사들과 비교해선 상대적으로 규모가 작은 수준이다. 지난해 1,372억 4천만달러의 매출을 올린 제너럴 모터스(GM)의 경우 총자산이 2,396억 7천만달러에 달하며, 현금성 자산도 369억달러에 이른다. 지난해 1,559억달러의 매출을 올

테슬라의 재무정보

구분	2018년	2019년	2020년
매출액(억달러)	214.6	245.8	208
영업이익(억달러)	-2.5	0.8	14.2
순이익(억달러)	-9.8	-8.6	4.5
주당순이익(Diluted EPS, 달러)	-1.14	-0.98	0.39
자기자본이익률(ROE, %)	−21.3%	−14.9%	5.8%
영업이익률(%)	−1.2%	0.3%	6.3%
총자산(억달러)	297.4	343.1	456.9
현금 및 현금성자산(억달러)	36.9	62.7	145.3
부채비율(%)	80.6%	78.2%	63.0%
주당배당금(달러)	x	x	x
배당 성향(%)	x	x	x

페이스북은 12월 결산 법인으로 2020년 실적은 3분기 누적, 총자산 등은 9월 말 기준, ROE와 영업이익률은 9월 말 기준 연 환산 기준(구루닷컴)

출처: 모닝스타(morningstar)

린 포드 역시 총자산이 2,599억 4천만달러나 되며, 현금성 자산도 448억 3천만달러에 육박한다.

배당: "성장하기도 급한데 배당이라뇨"

테슬라는 상장된 이후 지금까지 단 한 번도 배당을 한 적이 없다. 흑자 전환을 한 것도 얼마 되지 않았다는 점을 고려하면 납득 가능한 일이다. 또한 자사주 매입도 2020년 12월 15일까지 한 번도 시행한 바 없다.

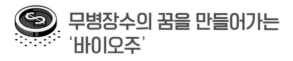

무병장수의 꿈을 만들어가는 '바이오주'

미국의 바이오주는 역사가 길다. 대표 바이오주 3종목의 굴곡진 역사와 투자 포인트를 알아보자.

최근 몇 년 사이 환갑잔치에 초대된 적이 있는가? 아마 대부분의 사람이 없다고 대답할 것이다. 요즘엔 거의 환갑잔치를 열지 않기 때문이다. 60세 정도면 은퇴한 지 얼마 지나지 않은, 아직도 쌩쌩한 나이라고 여겨진다. 문제는 나이 듦에 따라 생기는 여러 가지 질병들이다. "오래 사는 건 좋은데, 건강하게 오래 살고 싶다", 이런 욕구는 인간 말년의 본능이자 꿈이 됐다.

그런데 이런 꿈을 현실로 만들어가는 기업들이 있다. 글로벌 '빅 파마(Big Pharma)'라고 불리는 거대 제약회사들이 그 주인공이다. 그리고 빅 파마 중 상당수가 미국에 상장돼 있다. 코로나19 백신을 가장 먼저 만들고 가장 먼저 맞은 곳도 이 나라다. 그런 기업에 투자하는 것은 무병장수란 꿈에 간접적으로 다가가는 방법이 될 수 있을 것이다. 여기선 미국 헬스케어 섹터 내의 시가총액이 큰 종목 3개를 중점적으로 다룬다.

이 구역의 대장주인 '존슨앤존슨'

헬스케어 업종의 대장주는 존슨앤존슨(JNJ)으로 시가총액이 2020년 12월 20일 기준 4,067억 5,400만달러에 이른다. 존슨앤 존슨은 클린앤클리어와 같은 화장품부터 타이레놀과 같은 비상 약까지 다양한 제품을 만들며 바다 건너 우리나라에도 익숙한 기업이다.

존슨앤존슨의 매출비중을 보면 2020년 3분기 기준으로 제약 부문이 54.16%로 가장 많고, 그 다음이 의료기기(29.17%)다.* 화 장품 등 소비용품 부문도 16.67%의 매출비중을 차지하고 있다. 2020년 3분기 매출액은 210억 8,200만달러로 전년 대비 1.7% 증가하는 등 꾸준한 성장을 보이고 있다. 2019년 전체 매출액은 820억 5,900만달러, 영업이익은 200억 8천만달러를 기록했다.

제약부분 매출에서 가장 큰 기여를 하고 있는 건 존슨앤존슨의 자회사 센토코가 개발한 '스텔라라(Stelara)'로, 2019년 올린 매출 액만 63억 6,100만달러다. 전년 대비로는 23.37% 성장했다. 스텔 라라가 여러 병에 쓰이는 것은 존슨앤존슨이 약의 효능을 여러 병에 확대 적용(적응증 확대)할 수 있도록 꾸준한 임상시험을 거쳐 온 덕이다. 애초 건선 치료제로 허가를 받은 스텔라라는 이후 크 론병, 건선성 관절염, 궤양성 대장염 임상에도 성공하면서 보폭

---

* 존슨앤존슨은 12월 결산 법인으로, 2020년 3분기는 7~9월까지를 말한다.

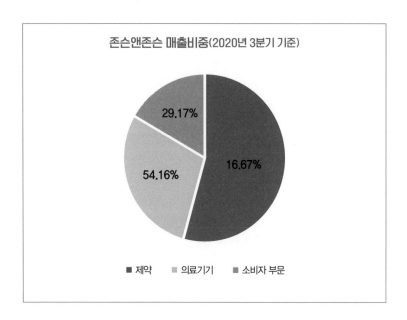

존슨앤존슨 매출비중(2020년 3분기 기준)

29.17%

16.67%

54.16%

■ 제약   ■ 의료기기   ■ 소비자 부문

을 넘혔다.

이 밖에 다발성골수종 치료제 '다잘렉스(darzalex)'와 혈액암 치료제 '임브루비카(Imbruvica)'도 대표적인 제품으로, 2019년 매출액이 각각 29억 9,700만달러, 34억 1,100만달러에 이른다. 각각 전년 대비 매출이 48%, 30% 증가했다.

존슨앤존슨은 꾸준한 연구개발(R&D) 투자*에도 불구하고 재

---

* 유럽연합(EU) 집행위원회가 발간한 'R&D 스코어보드 2019'에 따르면 존슨앤존슨은 2018년 한 해 동안 94억유로를 R&D에 투자했는데, 이는 전 세계 제약회사 중 두 번째로 많은 투자금액이었다. 매출 대비 R&D 투자금액 비중도 13.2%에 달한다. 가장 많은 금액을 투자했던 회사는 스위스의 '로슈'로 98억유로였다. 이 밖에 미국에 상장된 제약회사 중에서는 '머크(3위 85억유로), 노바티스(4위 80억유로), 화이자(5위 68억유로), 사노피(6위 59억유로), 브리스톨마이어스스큅(7위 55억유로), 아스트라제네카(9위 46억유로), 애브비(10위 46억유로)' 등이 R&D에 활발히 투자했다.

1990년대 이후 존슨앤존슨 주가

* 수정주가 기준

출처: 야후 파이낸스(Yahoo Finance)

무구조가 탄탄한 편이다. 2019년 총자산이 1,577억달러나 되며, 부채비율은 62.3%에 그친다. 배당도 꾸준하게 주는 편인데, 58년 연속 배당금이 증가해 '배당왕(50년 이상 배당금 연속 증가 기업)'에 이름을 올렸다. 2019년 주당배당금(DPS)은 3.75달러로, 배당수익률도 2.57%로 준수하다.

코로나19로 인해 모든 기업이 힘들었던 2020년 2분기에도 존슨앤존슨은 배당금을 전분기 대비 0.06달러 올려 주당배당금이 1.01달러가 됐다.

● 존슨앤존슨은 3월, 6월, 9월, 12월에 분기 배당금을 지급한다.

하지만 최근 주가흐름은 지지부진한 편이다. 다른 제약업체들이 코로나19 백신 임상에서 좋은 결과를 내면서 2020년 주가가 폭등한 반면, 존슨앤존슨은 아직 이렇다 할 성과를 내지 못했던 탓이다. 뿐만 아니라 존슨앤존슨은 두 건의 집단 소송에도 시달리고 있다. 존슨앤존슨이 판매해온 베이비파우더에 발암 성분이 들어 있었다는 것과 마약성 진통제의 강한 중독성을 감춰왔다는게 각각의 이유다. 2020년 들어 12월 15일까지 주가(종가기준)는 단 3.22% 올랐다. 같은 기간 나스닥지수는 40.37% 올랐다. 다만 상장 이후 줄곧 우상향 중인 주식에는 틀림없다.

코로나 백신으로 이름 알린 '화이자'

미국에서 두 번째로 시가총액이 큰 헬스케어 종목은 화이자(PFE)로 12월 20일 기준 2,094억 4,100만달러를 기록 중이다. 화이자는 2020년 코로나19 백신개발에 앞서가면서 이름을 알린 제약사인데, 이미 과거에 비아그라라는 약을 히트치는 등 저력이 있는 회사다. 화이자의 매출비중을 보면 2020년 3분기 기준 항암제(Oncology)가 22.76%로 가장 많이 차지하고, 이어 내과질환(Internal Medicine)이 17.19%로 그 다음으로 많다.* 호스피탈 사업부가 14.24%를, 백신이 14.15%를 각각 차지한다. 염증&면

---

* 화이자는 12월 결산 법인으로, 2020년 3분기는 7~9월까지를 말한다.

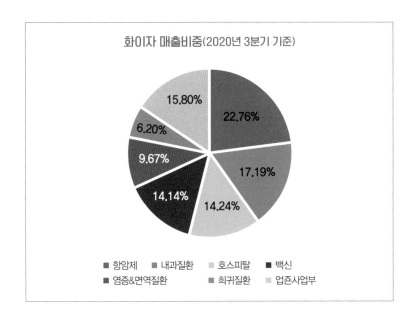

화이자 매출비중(2020년 3분기 기준)

22.76%

17.19%

14.24%

14.14%

9.67%

6.20%

15.80%

■ 항암제 ■ 내과질환 ■ 호스피탈 ■ 백신
■ 염증&면역질환 ■ 희귀질환 ■ 업존사업부

역질환도 9.67%, 희귀질환약도 6.2%나 차지한다. 이 밖에 업존 (UPJOHN) 사업부도 매출에 15.80%만큼 기여하고 있다.

약 종류별로 보면 폐렴백신 '프리베나13(Prevnar 13)'의 매출이 가장 많은데, 2019년 한 해 58억 4,700만달러어치를 팔았다. 그 다음으론 유방암 치료제 '입랜스(Ibrance)'의 매출이 49억 6천만 달러를 기록했다. 입랜스 덕에 항암제 부문 매출성장도 급격히 증가 중이다. 이 밖에 류머티스 관절염 치료제 '젤란즈(Xeljanz)' 도 22억 4,200만달러어치의 매출을 올렸다.

과거 신경병증성 통증 치료제인 '리리카(Lyrica)'가 화이자의 블록버스터 품목이었으나, 지난해 유럽에 이어 2020년 7월 미국에서도 특허가 만료되면서 매출액이 급감했다. 리리카의 분기 매출액은 2019년 2분기만 해도 11억 7천만달러를 기록했으나, 2020년 2분기엔 3억 4천만달러로 쪼그라들었다. 그럼에도 화이자는 다양한 파이프라인을 통해 견조한 수익을 창출하고 있다.

화이자의 재무구조 역시 대규모 R&D 투자에도 불구하고 안정적이다. 총자산은 2019년 기준 1,675억달러나 되며, 부채비율은 62.12%에 지나지 않는다. 견고한 실적을 바탕으로 배당도 준다. 2019년 기준 주당배당금(DPS)은 1.44달러다.

화이자의 주가는 변동성이 큰 편이다. 2020년 들어 4.23%(12월 15일 기준) 올랐으나, 코로나19 백신 개발 관련 소식이 들려올 때

1990년대 이후 화이자 주가

* 수정주가 기준

출처: 야후 파이낸스(Yahoo Finance)

마다 단기적으로 주가가 요동쳤다. 장기적으로 봐도 비아그라 출시 전후인 1999년~2000년까지 주가가 폭등하다가 이후 몇 년 동안은 합병 관련 잡음과 미진한 신약 개발 등 실적 부진으로 인해 꾸준히 내리막길을 걷는다. 그러다 2010년대 이후로 우상향 중이다.

면역 항암제 분야의 선두주자인 '머크'

머크(MRK)는 1668년 독일에서 창립한 머크(Merck)의 미국 법인으로 1891년 설립됐다. 하지만 독일이 1918년 제1차 세계대전에서 패전하면서 머크의 미국 법인을 미국정부에 통째로 빼앗겼다.

이후 이 법인은 미국에서 새 주인을 만나 '머크샤프앤드돔(MSD)'이라는 회사로 재탄생한다. 지금은 독일 머크와는 아무런 관련이 없다. 미국 지사로 출발한 기업이지만 어느덧 시가총액은 2012억 1300만달러로, 미국 헬스케어 업종 내 3위의 자리를 차지하고 있다.

머크의 매출비중을 보면 2020년 3분기 기준 면역 항암제 '키트루다(Keytruda)'가 29.6%를 차지할 정도로 독보적이다.[•] 키트루다는 간암, 췌장암, 폐암 등 다양한 암종에 사용되는 치료제로, 지미 카터 전 미국 대통령이 앓고 있던 흑색종 암을 4개월 만에

• 머크는 12월 결산 법인으로 2020년 3분기는 7~9월까지를 말한다.

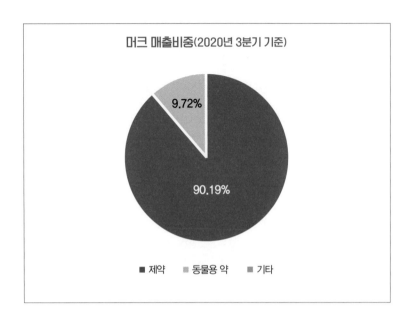

머크 매출비중(2020년 3분기 기준)

9.72%

90.19%

■ 제약   ■ 동물용 약   ■ 기타

완치시킨 약이기도 하다. 키트루다는 매출 비중이 클 뿐만 아니라 성장률도 높은데, 3분기 기준 전년 대비 21%나 매출이 성장했다. 꾸준히 두 자릿수 이상의 성장률을 보이고 있는 블록버스터 품목이다.

이어 당뇨병 치료제인 '자누비아(Januvia)'가 매출의 10.57%를 차지한다. 자궁경부암(HPV) 백신인 '가다실(Gardasil)'의 비중도 9.46%나 된다. 3가지 약, 즉 키트루다, 자누비아, 가다실이 전체 매출에서 차지하는 비중이 무려 49.6%나 되는 셈이다.

항암제의 성장률도 높다. 난소암 치료제인 '린파자(Lynparza)'는 2020년 3분기 1억 9,600만달러를 벌어들이며 전년 대비 59% 성장했다. 간암 및 갑상선암 치료제 '렌비마(Lenvima)' 역시 같은

1990년대 이후 머크 주가

* 수정주가 기준

출처: 야후 파이낸스(Yahoo Finance)

기간 1억 4,200만달러를 벌어들이며 30% 성장했다.

머크 역시 재무구조가 꽤 튼튼하다. 2019년 기준 총자산이 1,675억달러에 이르는 데 반해 부채비율은 62.12%에 그친다. 영업이익 역시 2018년 89억 3천만달러에서 2019년 122억 4천만달러로 급증하는 등 실적도 견고하다. 이에 배당도 꾸준히 늘려오고 있는데 코로나19에도 불구하고 2020년 11월 주당 배당금을 전분기(0.61달러) 대비 0.04달러 늘린 0.65달러로 지급하겠다고 밝히기도 했다.•

• 머크는 1월, 4월, 7월, 10월에 분기 배당금을 지급한다.

머크의 주가궤적을 보면 굴곡진 회사의 역사를 알 수 있다. 1980년 대 중반 개발한 고혈압 치료제 '바소텍(Vasotec)'이 연간 10억 달러를 벌어들이며 첫 블록버스터 품목이 됐고, 2000년까지 주가는 고공행진했다. 그러나 바소텍의 특허는 2000년 완료되며 기세가 사그라들었고, 주가 역시 이후 지지부진해진다.

콜레스테롤 치료제인 '조코르(Zocor)' 역시 비슷한 시기에 개발돼 연간 10억달러를 벌어들이는 블록버스터 품목이 되었으나 2006년 6월 특허가 만료됐다.

뿐만 아니라 머크가 개발했던 관절염 진통제인 '바이옥스(Vioxx)'가 심장마비와 발작 위험을 높일 수 있다는 연구결과가 나온 뒤 해당 약은 리콜 조치됐고, 주가 역시 2000년대 후반까지 힘을 받지 못한다. 그러나 2010년대 들어선 대체로 오르는 모습을 보여주고 있다.

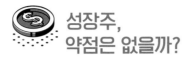

성장주,
약점은 없을까?

성장주는 성장이 흔한 시대엔 주목을 못 받고, 지나치게 큰 덩치가 문제
가 될 수 있다.

2020년 12월 20일 기준 미국 빅테크 5개 종목의 시가총액은 7조
3,683억달러에 이른다.[*] 이게 얼마나 큰 규모인가 하면, 일본에
상장된 모든 종목의 시가총액 합(6조 6,257억달러)보다도 큰 것이
다. 단 5개 종목의 시가총액이 전 세계 3위의 경제대국인 일본의
모든 상장사를 합한 규모보다 크단 얘기다.

　빅테크의 가치를 끌어올린 건 성장 프리미엄 덕이었다. 미국을
비롯한 대부분의 선진국들이 매년 고작 1~3% 남짓의 경제성장
률을 보이면서 성장하는 기업을 찾기 어려웠기 때문이다. 주식시
장은 미래를 먹고사는데, 먹고살 미래가 도통 보이지 않았다. 그
상황에서 꾸준히 성장 중인 기업들, 특히 코로나19 사태에도 언
택트 붐을 타고 꾸준히 성장할 수 있었던 빅테크 기업들에 주목

● 애플, 마이크로소프트, 아마존, 알파벳, 페이스북

이 쏠린 건 어쩌면 당연한 일이었다. 그러나 이런 팔방미인에게도 단점이 없기란 불가능한 것. 도저히 나쁜 점이 보이지 않는 성장주에도 몇 가지 치명적인 문제들이 도사리고 있다.

성장주는 성장에 취약(?)

성장주는 성장이 희소한 시대이기 때문에 각광을 받는 종목들이다. <u>따라서 너도나도 성장해 성장이 흔해진다면 오히려 주목을 받지 못한다.</u> 경제가 성장하지 못할 때는 이익이 나오는 종목이 그나마 성장주뿐이라서 주가가 비싸도 꾸역꾸역 해당 종목을 살 수밖에 없지만 성장이 흔해진 시대엔 그동안 주가가 안 올랐던 종목 중에서 곧 실적이 오를 것 같은 종목들을 사면 되니 말이다.

코로나19로 인해 2020년 폭발적인 주가상승을 보였던 성장주들은 백신 임상 성공소식이 들려오고 경기 회복에 대한 기대감이 높아지자 다소 기세가 꺾인다. 뱅가드가 낸 대형 성장주 중심의 상장지수펀드(ETF) VUG와 가치주 중심의 ETF인 VTV의 주가추이로 가늠해보면, 연초 대비로는 성장주(VUG)가 37.18% 오르며(12월 15일, 수정주가 기준) 가치주(VTV, 1.35%)를 압도했지만, 2020년 11월 1일부터 12월 15일까지 보면 가치주(15.59%)가 성장주(12.45%)의 주가상승률을 압도한다.

성장이 흔해지는 시대가 오는지 판별할 수 있는 지표가 있는데, 바로 금리다. 경기가 살아나면 인플레이션, 즉 물가상승 압력

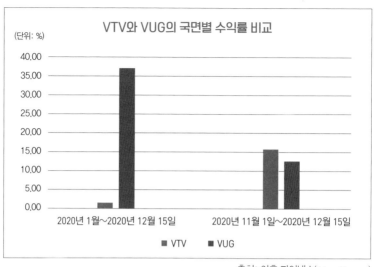

출처: 야후 파이낸스(Yahoo Finance)

이 커지면서 자연스럽게 금리가 오른다. 그런데 금리가 오르면 성장주의 높은 주가가 부담으로 다가오기 시작한다. 금리가 오르면 아무런 리스크를 지지 않는 국채로도 어느 정도의 수익을 올릴 수 있으니, 구태여 성장주라는 높은 리스크를 질 필요가 없어지는 탓이다.

IT 공룡들의 발을 묶어라

서로 사이가 좋지 않은 미국, 중국, 유럽이지만 이들에겐 한 가지 공통점이 있다. 바로 초대형 IT 기업들에 대한 공격에 나섰다는 점이다. '빅테크'로 불리는 IT 기업들이 지나치게 비대해졌고, 그만큼의 힘이 생겨 독점에 가까운 이익을 보고 있다는 이유에서다.

2020년 10월 미국 법무부는 구글의 모회사 알파벳을 반독점 혐의로 고소했다. 미국 내 검색엔진의 90% 이상의 점유율을 차지하고 있는 구글이 검색이나 광고에서의 지위를 유지하기 위해 애플 등 스마트폰 제조사와 손잡고 타사 앱을 탑재하는 걸 방해했다는 이유에서다. 이어 미국 법무부는 2020년 12월 페이스북에 대해서도 소규모 경쟁업체들을 압도하기 위해 소셜네트워킹 시장 지배력을 남용하고 있다며 소송을 제기했다. 향후에도 다른 IT 공룡들이 타깃이 될지 모른다.

이는 미국만의 움직임은 아니다. 중국 역시 2020년 11월 알리바바그룹의 핀테크 계열사 '앤트그룹'의 기업공개(IPO)를 전격 무산시킨 데 이어 인터넷 플랫폼 반독점 규제 지침을 공표했다. 유럽은 이미 일찍부터 미국 거대 기술기업들의 독주체제가 공고해졌다며 더 많은 세금을 내야 한다고 압박해온 바 있다.

각국이 빅테크 규제에 나서는 건 어쩌면 예견된 일이었을지도 모른다. 자본주의의 기본원칙은 효율적인 경쟁이다.

예를 들어 현재 거의 모든 사람들이 동영상은 유튜브를 통해서만 본다고 가정해보자. 그런데 유튜브가 어느 날 몇몇 영상을 보려면 돈을 내야 한다고 규칙을 정했다. 그러면 대부분의 소비자들은 울며 겨자먹기로 돈을 내고 영상을 볼 수밖에 없다. 유튜브 아니면 이만큼 영상이 올라오는 플랫폼이 없으니 말이다.

수많은 사람들이 올린 영상으로 규모를 키운 유튜브가 이젠 그

덩치로 장사하며 돈을 받는 셈이다. 유튜브는 앉아서 돈 벌게 생겼으니 앞으로 별다른 투자에 나설 필요가 없다. 그럴수록 동영상 서비스의 질은 낮아진다. 자본시장에 경쟁이 필요한 이유다.

심지어 빅테크 공룡들을 보는 사람들의 시선도 점점 날카로워져 가고 있다. 빅테크가 기존 업체들과 공생하긴커녕 잡아먹는 경우가 왕왕 있어서다. 실제 미국에선 아마존의 주가가 오를 때마다 오프라인 유통업체들은 쓰러져갔다는 지적이 자주 나온다. 빅테크만 잘 살고 나머지 기업들이 죽어간다면 불평등에 대한 논의가 활발해질 수밖에 없다.

이런 상황에서 정부는 약자의 편에 설 수밖에 없을 것이다. 경제가 전반적으로 성장하는 추세라면 소수의 강자를 더 밀어줘도 나머지도 함께 성장하니 상관없겠지만, 절대 다수인 약자가 죽어가는데 소수의 강자 편만 들어줄 수도 없는 노릇 아닌가.

시장에 우호적이었던 도널드 트럼프 정권이 가고 조 바이든 정권이 새로 들어선 것도 빅테크로서는 고민거리다.* 바이든은 빅테크의 시장 지배력에 비판적 입장을 보여왔다. 앞으로 각 나라의 정부가 보다 강하게 빅테크 규제를 밀어붙인다면 빅테크의 주가가 크게 흔들릴 수 있다.

---

* 2021년 1월 제15대 미국 대통령 도널드 트럼프의 임기가 끝나고 제16대 대통령 조 바이든의 임기가 시작됐다.

미국증시의 휴장일 캘린더

미국증시의 휴장일 캘린더(현지시간 기준)		
내용	2021년	2022년
신년(New Year's Day)	1월 1일 금요일	1월 1일 토요일
마틴루터킹 목사 탄생일 (Birthday of Martin Luther King, Jr)	1월 18일 월요일	1월 17일 월요일
조지 워싱턴 기념일 (Washington's Birthday)	2월 15일 월요일	2월 21일 월요일
부활절(Good Friday)	4월 2일 금요일	4월 15일 금요일
현충일(Memorial Day)	5월 31일 월요일	5월 30일 월요일
독립기념일(Independence Day)	7월 5일 월요일	7월 4일 월요일
노동절(Labor Day)	9월 6일 월요일	9월 5일 월요일
추수감사절(Thanksgiving Day)	11월 25일 목요일	11월 24일 목요일
추수감사절 조기폐장	11월 26일 금요일*	11월 25일 금요일*
크리스마스이브(Christmas)	12월 24일 금요일	12월 26일 월요일

출처: 뉴욕증권거래소(NYSE)

- 오전 9시 30분부터 오후 1시까지만 거래
- 추수감사절 다음날에는 증권시장이 오후 1시에 조기 폐장됨
- 크리스마스가 평일인 경우 전날은 증권시장 오후 1시에 조기 폐장되고, 크리스마스가 휴일인 경우 전날 또는 그 다음 날에 휴장

부록

주린이도 술술 읽는
주식 용어사전

주식의 기본

주식　•기업이 자금을 조달할 때 발행하는 증서를 말한다. 기업에 투자하고 이 증서를 가지면 주주가 된다. 주식이 한국거래소에 상장돼 있다면 그 주식은 상장주식이 된다. 주식에 투자해서 손실을 보게 되면 전적으로 투자자가 책임져야 한다.

티커/심볼(Ticker/Symbol)　•종목코드. 한국에선 숫자 6자리로 된 종목코드를 쓰지만, 미국에선 알파벳 1~4글자로 구성된 종목코드를 이용한다. 테슬라의 티커(심볼)는 TSLA, 애플의 티커(심볼)은 AAPL이다.

시가총액　•모든 상장주식을 시가로 평가한 총액이다. 상장종목 별로 주가에 상장주식수를 곱해서 산출한다. 현재 주식시장 규모가 얼마나 되는지를 판단할 수 있는 지표로 여겨진다.

IPO(기업공개) • 기업이 거래소에 상장돼 거래되기 위해 외부투자자에게 자사의 경영내역 등을 시장에 공개하는 일이다.

상장폐지(Delist) • 주식시장에 상장됐던 주식이 매매대상으로 자격을 상실해 상장이 취소되는 것을 말한다. 보통 투자한 회사의 주식이 상장폐지되면 그 주식의 가치가 0으로 떨어져 휴지가 된다. 통상 상장폐지 전에 해당 기업은 관리종목 또는 상장적격성 실질심사 대상이 되고 주식거래가 정지되는 일련의 과정을 거치게 된다. 상장폐지돼도 장외시장에서 주식거래는 계속 이어갈 수 있으나 장외시장의 유동성이 충분하지 않기 때문에 제때 매매하기 어렵다.

공모주 투자 • IPO(기업공개)하는 회사들이 코스피시장이나 코스닥시장에 상장되기 전에 상장주관사, 즉 증권사를 통해 사전에 주식청약을 하는 방식으로 투자하는 기법이다. 주당 공모가액, 공모가격의 50%를 청약증거금으로 내고 청약경쟁률에 따라 주식을 배당받게 된다. 이후 상장일 이후부터 해당 주식을 팔 수 있다. 상장일 주가는 공모가격의 90~200% 사이에서 시가가 형성된다.

발행주식총수 • 상장회사가 발행한 주식의 총수를 말한다. 발행주식총수(상장주식 수)에 주당 액면가액을 곱하면 그 회사의 자본금이 되고, 발행주식총수에 주당 주가를 곱하면 시가총액이 된다.

액면가액 • 주식회사가 처음 설립될 때 주주들에게 주식을 나눠주고 투자금을 받아 자본금을 마련하게 되는데, 이때 주당 가격을 얼마로 할지를 결정하게 된다. 이때의 가격을 액면가액 혹은 액면가격이라고 한다. 자본금이 10억원인 회사가 있을 경우 주당 액면가액을 5천원으로 하게 되면 주식 20만 장을 찍어야 할 것이고, 1만원이라고 한다면 10만 장을 찍게 된다. 액면가액과 회사의 가치는 아무런 상관관계가 없다.

ADR •미국시장에서 미국 외 해외주식을 거래할 수 있도록 은행이 외국 증권사와의 협약을 통해 발행한 증권이다. 미국시장에서 직접 주식을 발행하려면 여러 가지 절차가 필요하나, 이 절차를 생략하고 본주는 자신의 나라에 상장하되 이를 대신하는 증서만 미국시장에서 유통시킨다. ADR은 달러로 거래하지만 본국에 상장된 주가를 따라가도록 설계돼 있다. 이를 통해 대만의 TSMC나 프랑스의 LVMH도 미국시장에서 거래할 수 있다.

불마켓/베어마켓 •불마켓(Bull Market)은 강세장을 의미하고, 베어마켓(Bear Market)은 약세장을 의미한다. 거래가 부진한 약세장이 행동이 느린 곰과 비슷하다고 해서 베어마켓이라고 부르고, 이 곰과 맞서 싸울 만한 동물이 황소인 데다 황소가 공격할 때 아래에서 위로 쳐서 올리는 모습이 주식시장의 상승곡선과 비슷하다고 해서 불마켓이라고 부른다. 통상적으로 고점 대비 20% 하락하면 베어마켓에 진입했다고 본다.

EPS(주당순이익) ・기업의 당기순이익을 발행주식수로 나눈 값이다. 1주당 얼마의 이익을 창출했는지를 보여주는 지표로, 기업의 수익성을 평가하는 잣대이기도 하다. EPS가 높을수록 경영실적이 양호하다는 뜻으로, 배당여력도 많다고 여겨진다. 다만 분모에는 발행주식총수가 있기 때문에 주식 발행이 줄어들어 발행수식종수가 줄어들게 되면 이익이 늘어나지 않았더라도 EPS가 올라갈 수 있다.

ROE(자기자본이익률) ・당기순이익을 순자산으로 나눈 값이다. 기업이 자기자본(주주지분)을 활용해 1년간 얼마를 벌어들였는가를 나타내는 지표다. 얼마나 효율 좋게 경영하고 있는지를 알아보는 잣대다.

K-IFRS ・국제회계기준에 맞춰 2007년 말 제정된 새로운 회계기준이다. 2011년부터는 모든 상장기업이 의무적으로 K-IFRS를 적용해야 한다. 종전 K-GAAP이 규정중심의 회계처리 방식이었다면, K-IFRS는 원칙중심의 회계처리에 더 초점을 두고 있다. 즉 K-IFRS는 기업의 자율성에 더 무게를 두고 있다.

GAAP EPS ・미국이 채택하고 있는 회계처리 방식이다. 표준화된 회계기준(GAAP)으로 계산한 주당순이익. 일시적인 비용까지 포함해서 EPS를 계산한다.

Non-GAAP EPS · 표준화된 회계기준이 아닌, 인수합병이나 일회성 비용 등 비정기적인 비용을 제외해 산출한 EPS다. GAAP EPS보다 추세를 볼 수 있는 잣대로 여겨진다. 예를 들어 테슬라는 스톡옵션에 쓴 비용을 제외할 뿐 아니라 크레딧(탄소배출권) 매출에서 벌어들인 돈도 빼고 Non-GAAP EPS를 계산하고 있다. 스톡옵션으로 나가는 비용은 일시적이고, 크레딧 매출도 앞으로도 꾸준히 들어올 돈이라고 보지 않는 것이다. 따라서 Non-GAAP EPS로는 테슬라가 자동차를 팔아 순수하게 남긴 돈이 얼마인지 볼 수 있다. 실제 테슬라의 2020년 3분기 GAAP EPS는 0.27달러지만, Non-GAAP EPS는 0.76달러로 차이가 난다. 이는 스톡옵션에 쓴 비용이 그만큼 많다는 것을 보여준다.

컨센서스 · 증권사 애널리스트들이 기업의 실적 등을 추정한 것을 평균 낸 값. 이 평균 추정치보다 기업 실적이 실제 10% 이상 더 좋았을 경우 '어닝 서프라이즈'라고 표현하고, 반대로 10% 이상 안 좋았을 경우 '어닝쇼크'라고 표현한다.

밸류에이션 · 기업의 실적, 자산 등에 비해 주가가 높은지, 낮은지를 평가하는 잣대. 밸류에이션이 높다는 것은 실적 대비 주가가 고평가돼 있다는 얘기이고, 밸류에이션이 낮다는 것은 실적 대비 주가가 저평가돼 있다는 얘기로 통한다.

목표주가 · 증권사 애널리스트들이 기업의 이익이나 자산가치 등을 고려해 주가가 이 정도까지 오를 수 있다는 것을 추산한 지표. 다만 목표주가는 언제까지나 목표일 뿐 꼭 도달하리란 보장은 없다.

투자의견 • 애널리스트들이 이 종목은 살 만 한지, 매도해야 하는지 여부를 표현한 것. 매수는 Buy, 비중확대는 Overweight, 매도는 Sell, 비중축소는 Underweight으로 표현한다. 이 외에 단기매수 의견은 Trading Buy로 표현한다.

에드가(EDGAR) • 미국의 전자공시시스템을 말한다. 상장회사 등이 회사의 중요 정보를 공시 형태로 올리는 사이트다. 분기, 연간 단위의 실적은 물론 지분 변동 사실 등도 알 수 있다. 회사매출에서 차지하는 비중이 큰 계약 건도 공시한다. 한국의 금융감독원이 전자공시시스템(DART)를 운영하고 있듯, 미국 역시 증권거래위원회(SEC)가 EDGAR를 운영하고 있다.

밸류에이션

PER(주가수익비율) • 현재 주가를 주당 순이익으로 나눠서 계산한 값이다. PER이 낮을수록 거둔 이익에 비해 주가가 낮다는 의미를, 높을수록 거둔 이익에 비해 주가가 높게 평가됐다는 의미를 뜻한다. 기업의 적정주가를 평가할 때 쓰이는 지표다.

PBR(주가순자산비율) • 현재 주가를 주당순자산가치로 나눠서 계산한 값이다. 기업의 순자산에 대해 1주당 몇 배에 거래되고 있는지 측정한 것으로, 1배 미만일 경우 장부가치보다 주가가 낮다는 뜻으로 주가가 극심한 저평가 상황에 있다고 판단한다.

PDR(Price to Dream Ratio) • 주식의 밸류에이션을 평가하는 전통적 수단인 주가수익비율(PER), 주가순자산비율(PBR)로는 설명할 수 없는 높은 주가를 정당화하는 데 사용된 신조어다. 2020년 코로나19 이후 강세장에서 생겼다. 꿈에 대비해 주가가 어느 정도 수준에 있는지를 나타낸다.

주식의 성격

성장주 • 지금보다 앞으로 성장할 가능성이 큰 종목을 이르는 말이다. 성장할 가능성에 가치를 부여해서 거래되기 때문에 당장 실적을 내지 못하고 있어도 주가가 고평가된 경우가 많다.

가치주 • 현재 실적이나 갖고 있는 자산가치에 비해 주가가 저평가된 종목을 뜻한다. 저평가 우량주라고도 얘기한다. 고성장은 아닐지언정 안정적인 성장세를 유지하는 종목들이 많다.

빅테크 • 대형정보기술(IT) 기업을 뜻하는 말로, FAANG(페이스북·애플·아마존·넷플릭스·구글)과 같은 기업들을 뜻한다.

지수

코스피지수 • 우리나라 대표 주가지수다. 코스피시장은 비교적 규모가 크고 안정적인 종목들이 모여 있는 시장이다. 코스피시장의 대장주는 삼성전자이고,

이 외에 현대차, 네이버, 카카오 등 이름만 들어도 알 수 있는 대기업들이 상장돼 있다. 코스피 상장종목 중 시가총액이 큰 종목 순서대로 시가총액, 업종대표성, 거래량을 감안해 200개를 뽑아 만든 코스피200 지수가 있다.

코스닥지수 • 코스피시장보다 더 규모가 작고 아직은 이익을 내지 못하는 기업들도 상장할 수 있는 시장이다. 신약개발 등을 하는 바이오주와 IT부품주 등이 코스닥시장에 상장돼 있다. 상장요건이 낮아 코스피보다 코스닥 시장에 더 쉽게 진입할 수 있으나 퇴출도 쉬운 편이다. 일정 기간 이상 기업이 이익을 내지 못할 경우 상장이 폐지될 수 있음에 유의해야 한다.

나스닥지수 • 다우존스산업평균지수, S&P500지수와 더불어 뉴욕 증시의 3대 주가지수 중 하나다. 나스닥 시장에 상장된 종목을 시가총액에 따라 가중치를 부여해 주가의 흐름을 지수화한 것이다. 애플, 마이크로소프트, 아마존, 테슬라 등 성장주들이 대거 포함돼 있어 성장주의 대표지수로 꼽힌다.

다우지수 • 다우존스산업평균지수로 뉴욕 증시 3대 주가지수로 꼽힌다. 미국의 우량주 30곳을 뽑아 주가의 흐름을 지수화한 것이다. 30곳만 뽑아 산출하기 때문에 대표성에 대한 의문이 있다.

S&P500지수 • 뉴욕증권거래소와 나스닥에 상장된 주식 중 미국 500대 대기업의 시가총액 기준 주가지수를 나타낸 지수다. 포함된 기업의 수가 500곳으로 많을뿐더러 다양한 업종에 분포돼 있어 미국의 대표적인 주가지수로 꼽힌다.

러셀2000지수 • 미국 중소형주의 주식시세를 반영하는 지수로, 중소형주 2천 개를 선별해 만든 지수다. 경기가 좋으면 중소형주에 온기가 돌아 러셀2000지수가 상승하는 경향을 보인다.

주주환원 정책

주주환원 • 배당을 확대하거나 자사주를 매입하는 방식으로 주주가치를 제고하는 행위다. 주주들에게 돌아가는 돈을 늘리거나 유통 주식수를 줄여 1주당 가치를 높인다.

배당 • 주식을 가지고 있는 사람들에게 그 소유 지분에 따라 기업이 이윤을 분배하는 것을 뜻한다. 달리 말하면 주주에 대한 회사의 이익분배금이다. 기업은 영업활동으로 돈을 벌고, 그 이익을 주주에게 배분하는 게 원칙이다.

배당 성향 • 당기순이익 중 현금으로 지급된 배당금 총액의 비율을 뜻한다. 당기순이익 100억원 중 배당금으로 20억원이 지급됐다면 배당 성향은 20%가 된다. 배당 성향이 높을수록 주주에게 베푸는 게 많다는 뜻이 되나, 무조건 높다고 해서 좋은 건 아니다. 벌어들이는 돈에 비해 배당이 지나치게 많으면 실적에 악영향을 미칠 수 있다.

배당락일 • 아무리 주식을 사도 배당을 받을 수 없게 되는 날을 배당락일이라고 한다. 배당락일에 주식을 산다는 것은 이미 수확이 끝난 논밭을 사는 것과 같다. 배당락일에는 이론적으로 주가가 떨어진다. 배당을 못 받기 때문에 주식의 가치도 그만큼 떨어지기 때문이다.

자사주 매입　• 회사가 자기 회사의 주식을 주식시장에서 사들이는 것을 뜻한다. 자사주매입은 일반 주주들의 주식가치 상승을 불러 대표적인 주주환원정책으로 꼽힌다. 예를 들어 A회사의 주식 100주가 시장에 유통되고 있다고 가정하고, 만약 50주가 매물로 나온 상황에서 A회사가 이를 모두 사들이면 시중에 유통되는 A회사의 주식은 50주로 줄어든다. 유통주식수는 2분의 1로 줄어들면서 내가 갖고 있던 주식의 가치는 2배가 된다.

자사주 소각　• 매입한 자사주를 서류상에서 없는 주식으로 만들어버리는 것이다. 회사가 기껏 돈을 주고 사들인 자사주를 없애는 건 회사의 자기자본(순자산)을 줄여 자기자본이익률(ROE)을 높이는 효과가 있다. 자본을 이용해 산 주식이 사라지니 자본만 사라지는 셈이다.

주식 의결권

보통주　• 회사가 주식시장에 상장할 때 발행하는 주식이 보통주다. 보통주는 회사가 발행한 주식 수의 얼마만큼을 보유하고 있느냐에 따라 의결권을 갖게 된다. 발행주식총수가 100주인데 이중 20주를 갖고 있다면 의결권 역시 20% 만큼 권한을 갖는 식이다. 의결권은 상장회사가 대표를 누구로 할지, 주주들에게 배당을 얼마나 줄지 등 회사의 의사결정에 참여할 수 있는 권리를 말한다.

우선주 • 우선주를 발행하는 회사도 있고, 그렇지 않은 회사도 있다. 우선주는 보통주와 달리 의결권을 갖고 있지 않다. 회사가 발행하는 우선주를 전부 갖고 있다고 해도 회사의 의사결정에 참여할 권한이 없다. 그 대신 우선주는 보통주보다 배당에서 우선권을 갖는다. 보통주보다 우선주가 주당 배당금이 높다. 우선주는 '삼성전자우'처럼 종목명 마지막에 '우'가 붙는다.

차등의결권제도 • 경영권 약화의 염려 없이 사업을 할 수 있도록 전체 발행 주식 중 일부 주식(주로 경영자의 주식)에 일반 주식보다 더 많은 의결권을 부여하는 제도를 말한다. 티커 뒤에 'A'와 'B'를 붙여 구분 짓거나 티커 자체를 달리 부여한다. 예를 들어 버크셔해서웨이는 'BRK-A'와 'BRK-B'로 나뉘어져 상장돼 있으며, 구글은 'GOOG'와 'GOOGL'로 나뉘어 상장돼 있다.

주식발행

유상증자 • 회사가 자금이 부족할 때 새로운 주식(신주)을 발행해 주주 등 투자자에게 자금을 받는 것을 말한다. 회사는 이를 통해 자본금을 늘릴 수 있다. 신주를 발행하는 대상이 특정인이라면 이를 '제3자 배정'이라고 하고, 기존 주주라면 '주주 배정'이라고 부른다. 불특정 다수를 상대로 신주를 발행한다면 '일반 공모' 방식이라고 한다.

유상감자 • 회사가 주주로부터 주식을 사들여 해당 주식을 소각해 없애는 것을 말한다. 돈이 회사에서 주주로 흘러가고 해당 주식은 사라지기 때문에 최대주주 또는 주요 주주가 차익을 챙기고 싶을 때 사용된다. 어쨌든 주주 입장에선 유통되는 주식의 일부를 소각하는 것이기 때문에 자사주를 매입해 소각하는 효과와 유사한 효과를 누릴 수 있다.

무상증자 • 주주들에게 공짜로 주식을 나눠주는 것을 말한다. 유상증자처럼 신주가 발행되지만 공짜로 발행되니 실제 회사로 들어오는 돈은 없다. 발행주식 총수를 늘려 주당 가치를 떨어뜨릴 수는 있지만 주주들에게 공짜로 주식이 생기는 것이기 때문에 주주환원 정책에 가깝다고 할 수 있다. 일반적으로 무상증자는 주주들에게 호재다.

무상감자 • 주주들에게 어떤 보상도 없이 주주들이 보유한 주식을 없애는 것을 말한다. 10대 1의 비율로 무상감자를 하게 되면 10주를 갖고 있던 주주는 1주만 주식을 갖게 된다. 100만원어치의 주식이 10만원으로 줄어들게 된다. 회사가 무상감자를 했다는 것은 회사가 심각한 경영난, 재정난을 겪고 있다는 뜻이다.

전환사채(CB) • 채권을 주식으로 전환할 수 있는 권리가 부여된 채권을 말한다. 통상 3년 만기로 발행되며, 투자자한테는 발행된 지 1년이 지나면서부터 주식으로 전환할 권리가 생긴다. 전환사채는 1주당 전환가액을 사전에 정해놓고 주가가 하락하면 전환가액을 조정(refixing)한다. 주가하락 시엔 주당 전환가액이 낮아져 전환권을 행사한 투자자에게 더 많은 주식을 발행해야 한다. 전환사채를 너무 많이 발행한 경우 최대주주가 바뀔 수 있다는 것에 유의해야 한다. 전환사채 보유자가 전환권 행사를 통해 기존 최대주주보다 더 많은 주식을 확보할 수 있기 때문이다.

신주인수권부사채(BW) • 채권을 그대로 보유하면서 만기에 이자도 받을 수 있으면서 동시에 주식을 새로 발행받을 수 있는 권리가 부여된 채권이다. 채권이 주식으로 바뀌는 전환사채와는 차이가 있다. 신주인수권부사채에서 주식인수권만 따로 팔 수는 없다. 주식인수권 별도 매도 방식이 특정 주주의 지배력을 확대하는 방식으로 악용되고 있다는 비판이 나온 영향이다.

리픽싱(Refixing) • 상장회사가 전환사채를 발행할 때 1주당 전환가액, 전환가격을 정해놓는다. 그런데 전환사채 투자자가 주식 전환권을 행사하기 전에 해당 회사의 주가가 계속해서 하락한다. 이럴 경우 회사는 전환가액을 하향 조정하게 되는데 이를 리픽싱이라고 한다. 전환사채 발행 당시 100만원어치 전환사채에 해당하는 1주당 전환가액이 1만원이었다면 100주를 발행하면 되지만, 주가가 계속 하락해 1주당 전환가액을 5천원으로 조정할 경우 발행해야 할 주식 수는 두 배로 늘어나게 된다.

주식분할 및 병합

주식분할 • 1주를 여러 개로 쪼개는 것을 말한다. 자본금 변동 없이 주당 가격이 하락하게 된다. 보통 주가가 너무 올라 투자자가 1주를 사는 데 부담을 느끼면서 주식거래가 활발하지 않을 때 주당 가격을 낮추기 위해 분할을 하게 된다.

우리나라는 액면가액을 기준으로 주식이 발행되기 때문에 이를 액면분할이라고 한다. 미국처럼 무액면가액을 기준으로 주식을 발행하는 경우엔 그냥 주식분할 이라고 칭한다.

주식병합 ㆍ여러 주를 1주로 합치는 것을 말한다. 자본금 변동 없이 주당 가격 이 올라가게 된다. 보통 주가가 워낙 낮아 사고 파는 것이 너무 자유롭다 보니 주 가 변동성이 커질 때 주당 가격을 높이기 위해 병합을 하게 된다. 우리나라는 액 면가액을 기준으로 주식이 발행되기 때문에 이를 액면병합이라고 한다. 미국처 럼 무액면가액을 기준으로 주식을 발행하는 경우엔 그냥 주식병합이라고 한다.

매매방법과 매매시간

호가 ㆍ호가는 부르는 가격이다. 주식을 매수 혹은 매도하려는 투자자들은 해 당 주식을 얼마에 사거나 팔고 싶은지를 호가로 제시한다. 매수하려는 투자자가 낸 호가를 '매수 호가'라 하고, 매도하려는 투자자가 낸 호가를 '매도 호가'라고 한다. 호가는 아직 거래가 체결되지 않은 가격이므로 거래를 원하는 특정 상대방 이 일방적으로 제시한 가격에 불과하다.

프로그램매매 ㆍ주식을 대량으로 거래하는 기관투자자들이 일정한 전산 프로 그램에 따라 수십 종목씩 주식을 묶어서(바스켓) 거래하는 것을 말한다. 매도나 매수에 대한 의사결정은 매매자가 하지만 나머지 모든 과정은 시스템이 알아서 하는 식이다.

알고리즘매매 • 컴퓨터 프로그래밍을 통해 일정한 조건이 되면 자동 매수·매도 주문을 내도록 조건(알고리즘)을 설정해 전산에 의해 매매가 이뤄지도록 하는 거래 방식이다. 일정 가격이 되면 자동으로 사고 팔도록 설계할 수도 있고, 유명인의 SNS에 특정 발언이 올라오면 자동으로 사고 팔도록 설계할 수도 있다.

공매도 • '없는 것을 판다'는 뜻이다. 주가가 떨어질 것 같은 종목이 있는데 현재 그 종목을 갖고 있지는 않을 경우 그 종목을 빌려다가 미리 팔고 해당 종목의 주가가 하락하면 그때 사서 다시 갚는 방식의 투자 기법을 말한다. 주가하락을 기대하고 투자한다는 측면에서 주가상승을 기대한 투자자와는 이해관계가 충돌한다. 물론 공매도 투자자의 예상과 달리 주가가 오르면 더 비싼 값에 해당 주식을 사서 갚아야 하기 때문에 공매도 투자자는 손실을 보게 된다.

프리마켓(Pre-market) • 정규시장이 열리기 전에 이뤄지는 장 전 거래를 뜻한다. 원칙적으론 미국 동부시간으로 오전 4시부터 오전 9시 30분까지 열리나, 대부분은 오전 8시부터 오전 9시 30분까지 장 전 거래를 행한다.

애프터마켓(After market) • 정규시장이 닫힌 뒤에 이뤄지는 장 종료 후 거래를 뜻한다. 동부시간으로 오후 4시부터 오후 8시까지 이뤄진다.

서머타임(Summer time) • 여름에 긴 낮 시간을 효과적으로 이용하기 위해 표준 시간보다 시각을 앞당기는 시간으로, 미국의 서머타임은 3월 둘째 주 일요일 오전 2시에 시작된다. 이땐 오전 1시 59시에서 바로 오전 3시로 시간이 넘어간다. 반대로 11월 첫 번째 일요일 서머타임이 해제될 땐, 오전 1시 59분이 지나면 다시 오전 1시로 시간이 되돌려진다.

가격제한폭 • 하루에 주식이 위 아래로 움직일 수 있는 제한폭을 말한다. 한국의 경우 가격제한폭이 있어 종목당 일일 ±30% 움직일 수 있지만, 미국의 경우 가격제한폭이 없어 하루에 100%씩 움직이는 것도 가능하다.

VWAP과 TWAP • 미국주식을 거래할 때 사용되는 매매 방식이다. VWAP(거래량가중평균가격), TWAP(시간가중평균가격)는 각각 거래량과 시간을 기준으로 주문수량을 균등 분할해 체결시키는 알고리즘 매매 방식이다. VWAP(Volume Weighted Average Price)는 20~30일 매매데이터를 기초로 시장가격과 거래량의 변화를 실시간으로 모니터링해 주문을 분할체결하는 방식이다. 거래량이 많고 뉴스 등에 민감해 장중 변동성이 클 때 유리한 방식이다. TWAP(Time Weighted Average Price)는 시간을 기준으로 주문 수량을 균등 분할해 체결하는 방식으로, 거래량이 상대적으로 적을 때 유리하다.

지정가 주문과 시장가 주문 • 투자자가 특정 종목에 대해 특정 가격에 사거나 팔겠다고 명확하게 제시한 후 주문을 내는 방법을 지정가 주문이라고 한다. 1만원에 사겠다고 하면 1만원 이하에 나와 있는 매도 주문과 체결되고 1만원에 팔겠다고 하면 1만원 이상으로 사겠다는 매수 주문과 체결된다. 시장가 주문은 시장 가격에 따라 매수 혹은 매도하겠다는 주문이다. 지정가 주문보다 해당 주식을 매매하겠다는 마음이 크기 때문에 통상 시장가 주문이 지정가 주문보다 먼저 체결된다.

대주거래와 대차거래 • 공매도 투자를 하기 위해선 사전에 반드시 주식을 빌리는 절차가 이뤄져야 한다. 주식을 빌릴 때 기관 간 거래는 대차거래라고 하고, 개인투자자가 주식을 빌리는 행위는 대주거래라고 한다. 대차거래는 기관 등이 한국예탁결제원, 한국증권금융 등 대차중개기관을 통해 거래 당사자 간 증권을 대여·차입하는 서비스이다. 대주거래는 개인투자자가 증권사를 통해 주식을 차입하는 서비스로, 주로 주식담보대출로 맡겨진 주식이 대주 거래로 이용된다.

신용융자 • 주식에는 투자하고 싶은데 돈이 부족할 경우 증권사를 통해 돈을 빌려 주식에 투자하는 것을 말한다. 통상 증권사의 신용융자 담보유지비율은 140%이다. 증권사 계좌에 들어있는 현금과 주식평가액이 대출액의 140% 이상이 돼야 한다는 얘기다. 내 돈 400만원과 증권사 대출금 600만원을 합해서 총 1천만원어치 주식을 샀다면 담보유지비율 140%를 유지하기 위해선 1천만원어치 주식이 840만원 밑으로 떨어져선 안 된다. 주가가 하락해 840만원 밑으로 떨어졌다면 담보유지비율을 맞추기 위해 증거금을 더 넣어야 한다. 그렇지 않다면 증권사로부터 주식을 강제로 매도당하는 '반대매매'를 당한다.

마진콜 • 투자손실로 인해 추가증거금을 요구하는 것을 말한다. 신용거래를 통해 주식을 매수했는데, 주가가 내려 담보금 밑으로 자산가치가 하락하면 증권사는 추가 증거금을 요구하는데, 이때 추가증거금을 요구하는 전화가 온다고 해서 마진콜이라고 붙여졌다.

미수금 • 고객이 증권사에 납부해야 할 현금 또는 유가증권 부족액을 말한다. 즉 증권사 계좌에는 100만원 밖에 없는데 120만원어치의 주식을 사는 미수거래를 했다면 20만원의 미수금이 발생한 것이고 이는 결제일인 2거래일 내 채워넣어야 한다. 삼성전자의 증거금율이 30%인데 100만원어치 삼성전자 주식을 사고 싶다면, 일단 30만원만 증거금으로 내고 나머지 70만원을 2거래일 내 계좌에 넣게 된다. 증거금율을 증권사마다, 종목마다 다르다.

반대매매 • 증권사가 담보유지비율이 부족한 계좌에 대해 고객 의사와 관계없이 주식을 강제로 매도하는 것을 말한다. 대출금을 못 받아 손실을 보는 것을 방지하기 위한 절차다. 증권사에서 돈을 빌려 주식에 투자했는데 신용융자 담보유지비율을 충족하지 못한 경우 증거금을 추가로 납부하라는 '마진콜'이 발생하는데, 고객이 정해진 시간까지 증거금을 납부하지 못하면 증거금 부족이 발생한 종목에 한해 그 다음날 고객이 보유한 주식 전량을 매도하게 된다.

시장안정 장치

서킷브레이커 • 주식시장에서 주가가 급등 또는 급락하는 경우 주식매매를 일시 정지하는 제도를 뜻한다. 뉴욕증권거래소든 나스닥시장이든 S&P500지수를 기준으로 '1단계 7% 이상 하락, 2단계 13% 이상 하락, 3단계 20% 이상 하락' 시 서킷 브레이커가 발동된다. 1~2단계는 미국 동부시간으로 오후 3시 25분 이전에 해당될 경우 발동되고, 15분간 거래 중단된다. 3단계 서킷 브레이커 발동 땐 그날 거래는 즉시 마감된다. 서킷 브레이커는 각 단계별로 한 번씩만 발동된다.

사이드카 • 코스피지수나 코스닥지수가 단기간에 빠르게 급등 혹은 급락한 경우 프로그램매매를 중단하는 시장조치를 말한다. 코스피200선물 가격이 전일 마감가보다 5% 이상 상승 또는 하락해 1분간 지속하는 경우, 코스닥150선물 가격이 6% 이상 상승 또는 하락하고 동시에 코스닥150지수가 3% 이상 상승 또는 하락해 1분간 지속되는 경우에 발동된다. 사이드카가 발동하면 프로그램매매 거래가 5분간 정지된다. 다만 하루에 한 번 발동하고 장 개시 후 5분이 안 된 경우, 장 종료 40분 전에는 발동하지 않는다. 미국은 사이드카 도입 이후에도 발동횟수가 적다는 등 실효성에 문제가 제기돼 폐지된 상태다.

관리종목 • 한국거래소의 관리 대상이 된 종목을 말한다. 상장회사가 갖춰야 할 여러 조건 중 일부를 충족하지 못했거나 상장폐지 대상이 될 수 있어 투자에 주의가 필요한 종목을 말한다. 다만 해당 종목이 코스피 상장회사인지, 코스닥 상장회사인지에 따라 관리종목으로 지정되는 요건이 다르다. 관리종목이 되면 증권사 신용융자를 통한 투자가 불가능하다.

기술적 분석

양봉과 음봉 • 주가의 움직임을 촛불 모양의 봉으로 표시한 차트다. 양봉은 시가보다 종가가 높은 경우로 빨간색으로 표시된다. 음봉은 반대로 시가보다 종가가 낮은 경우이며 파란색으로 표시된다. 봉차트만 봐도 하루, 1주일, 월간의 주가 흐름을 알 수 있는 데다 주가가 상승으로 끝났는지, 하락으로 끝났는지도 알 수 있다.

이동평균선 • 일정 기간 동안 주가를 평균한 후 이를 줄로 그은 선을 '이동평균선'이라고 한다. 일정 기간은 5일, 20일, 60일, 120일, 200일, 250일 등으로 나눠진다. 이동평균선은 현 주가가 평균선에 비해 위에 있는지, 아래에 있는지를 따져 주가가 고평가 혹은 저평가됐다고 판단하는 데 사용한다. 이동평균선보다 주가가 멀리 떨어져 있다면 조만간 이동평균선으로 돌아올 것이란 '회귀본능'을 전제로 분석하게 된다.

골든크로스와 데드크로스 • 이동평균선은 5일, 20일, 60일, 120일, 200일, 250일 등 기간별로 나눠지는데 단기 이동평균선이 중기·장기 이동평균선 위를 뚫고 올라서는 것을 '골든크로스'라고 한다. 이를 주식매수 신호로 본다. 반면 단기 이동평균선이 중기·장기 이동평균선을 아래로 뚫고 내려가는 것을 '데드크로스'라고 한다. 주식매도 신호로 불린다.

지지선 • 이론적으로 주가의 의미 있는 저점들을 이은 선을 말한다. 주가가 일정 선까지만 떨어지고 그 선에 도달할 경우 더 이상 하락하지 않게 되는 선을 지지선이라고 한다.

저항선 • 이론적으로 주가의 의미 있는 고점들을 이은 선을 말한다. 주가가 일정 선까지만 오르고 그 선에 도달할 경우 더 이상 상승하지 않게 되는 선을 저항선이라고 한다.

연방준비제도(연준, Fed) • 미국의 중앙은행을 말한다. 우리나라로 따지면 한국은행이다. 연방준비제도 의장을 '세계 경제 대통령'이라고 부를 만큼 연방준비제도에서 하는 정책들은 우리나라를 비롯해 전 세계경제에 영향을 미치고 통화정책에도 영향을 준다. 연방준비제도 의장의 임기는 4년이지만 제한 없이 연임이 가능하다.

연방공개시장위원회(FOMC) • 우리나라 금융통화위원회와 유사하다. 연방준비제도의 의사결정 협의체다. FOMC는 6주에 한 번씩, 매년 여덟 차례에 걸쳐 회의가 열린다. FOMC에 참여하는 위원(멤버)는 총 19명이다. 연방준비제도 의장을 포함한 연준 이사회(FRB) 위원 7명과 뉴욕 연방준비은행 총재(부의장 역할)를 포함한 지역 연은 총재 12명으로 구성돼 있다. 다만 이들 모두 통화정책 결정에 투표권을 갖진 않는다. 연준 위원 7명과 뉴욕 연방준비은행 총재 등 8명은 매년 투표권을 갖고, 나머지 11곳의 지역 연은 총재가 4명씩 번갈아 가면서 투표권을 갖는다. 총 12명이 투표권을 갖는 식이다(2020년 말 연준 위원 2명 공석으로 10명이 투표권 행사).

금리 점도표 • 금리 점도표는 연방공개시장위원회(FOMC) 회의 직후에 공개된다. 금리 점도표는 투표권을 갖지 않은 멤버 모두를 포함해 연준 멤버들이 향후 3년간 금리가 어디에 위치할지를 점으로 찍어서 나타낸 도표다. 누가 어떤 점을 찍었는지는 알 수 없다. FOMC 멤버 다수가 현시점에 향후 금리 변화를 어떻게 예측하는지를 살펴볼 수 있다는 장점이 있다. 금리 점도표는 말 그대로 현재의 전망치일 뿐, 금리는 경기변화에 따라 항상 달라질 수 있다는 점에 유념해야 한다.

FOMC 의사록 ・연방공개시장위원회(FOMC) 회의가 끝나고 3주 뒤에는 '의사록'이 공개된다. FOMC 회의에 참가했던 멤버들이 어떤 대화를 했는지를 알 수 있다. 이는 향후 FOMC가 어떤 방향으로 통화정책을 펼칠 수 있을지를 예측할 수 있는 도구가 된다.

양적완화(QE) ・2008년 금융위기가 발생했을 당시 연방준비제도가 대대적인 양적완화를 실시해 전 세계에 달러 공급을 늘리면서 주요국 중앙은행의 중요한 통화정책으로 자리 잡았다. 양적완화는 금리를 떨어뜨리기 위해 국채, 모기지증권 등을 매달 일정 규모씩 매수하는 것을 말한다. 연준이 국채를 사는 과정에서 달러가 시중에 공급되는 효과가 있다. 기준금리를 0%로 내려 더 이상 금리를 인하하는 정책으론 한계가 있을 때 양적완화를 도입하게 된다.

테이퍼링(Tapering) ・중앙은행이 위기를 극복하기 위해 양적완화로 달러를 공급하다가 경제상황이 안정됐다 싶을 때 매달 매입하는 국채 규모를 줄여나가는데 이를 테이퍼링이라고 한다. 매달 매입해야 하는 국채규모를 꾸준히 단계적으로 줄이면서 종국에는 양적완화 자체를 종료하게 된다.

구매관리자지수(PMI) ・기업의 구매 관리자들, 즉 기업 내 자재를 구매하는 담당직원이 현재 혹은 향후 경기를 어떻게 보는지를 조사한 결과다. 구체적으론 신규주문, 생산 및 출하 정도, 고용상태 등을 조사해 집계한다.

달러인덱스　·달러인덱스는 유로, 엔, 파운드, 캐나다 달러, 스웨덴 크로나, 스위스 프랑 등 경제규모가 크고 통화가치가 비교적 안정된 6개 나라 통화를 기준으로 달러가치를 지수로 나타낸 것이다.

공포지수(VIX)　·S&P500지수 옵션의 향후 30일간 움직임에 대한 시장 기대치를 나타낸 숫자다. 빅스 지수의 숫자가 커질수록 옵션의 변동성이 커진단 얘기이고, 즉 투자자들의 공포심이 커진단 뜻이기도 하다.

피어앤그리드지수(Fear and Greed Inex)　·CNN이 만든 투자자들의 심리 상태를 숫자로 표시한 것이다. 투자자들의 심리가 낙관적인지, 비관적인지 알 수 있다. 숫자가 0에 가깝다면 투자자들이 공포감을 느끼고 있어 주식 등 위험한 자산을 팔려는 심리가 강할 것이고, 100에 가깝다면 주가 등이 오를 것이란 생각이 강해 위험자산에 투자하려는 마음이 커질 것이다. 50 언저리라면 중립 상태다.

풋콜 레이쇼(put/call ratio)　·풋옵션 거래량을 콜옵션 거래량으로 나눈 것이다. 숫자가 작을수록 콜옵션 거래량이 풋옵션 거래량보다 많아 주가상승에 베팅하는 투자자들이 많다는 것을 의미한다. 통상 풋콜 레이쇼가 0.6 이하라면 과도한 매수권이라고 본다. 주가가 오를 것이라고 보는 투자자들이 많다는 얘기다.

선물과 옵션

선물　•미래에 약속한 날짜에 정해진 가격으로 거래를 주고받는 것을 말한다. 만약 배추농부가 배추 가격이 6개월 뒤 1천원에서 500원으로 떨어질 것 같다고 생각한다면, 6개월 뒤 1천원에 배추를 매도하는 선물 거래를 현 시점에서 맺을 수 있다. 즉 미래에 가격이 하락 혹은 상승할 것을 우려해 현 시점에 계약을 맺는 것을 말한다.

롤오버　•선물 계약을 종료하는 방법은 크게 2가지다. 6개월 뒤 배추를 정해진 가격에 매매하는 것이 첫 번째 방법이고, 배추를 매매하지 않고 현물과 선물의 가격차이만 결제해 계약을 종료할 수도 있다. 다만 선물 계약 만기를 연장하고 싶을 때도 있다. 현재 갖고 있는 선물 계약을 청산한 뒤 다음 만기의 동일한 포지션의 계약을 새로 맺으면 된다. 이를 롤오버라고 한다.

콘탱고　•콘탱고는 선물 가격이 현물 가격보다 높은 상태, 만기가 길수록 가격이 높은 상태를 말한다. 일반적으로 선물 가격이 현물 가격보다 높다. 지금 파는 배추와 1개월 뒤에 팔아야 할 배추는 보관비용 등에서 차이가 벌어지기 때문이다.

백워데이션　•선물 가격이 현물 가격보다 낮은 상태를 말한다. 일반적으로 선물 가격이 보관비용 등을 고려하면 현물 가격보다 높아야 하는데 정반대 상태가 된 것이다. 공급이 수요를 초과해 앞으로도 가격이 떨어질 것 같기 때문에 선물 가격이 현물 가격보다 낮게 거래된다.

콜옵션 매수 · 콜옵션은 미래에 정해진 가격에 살 수 있는 권리를 말한다. 콜옵션을 매수했다는 것은 그것이 무엇이든 간에 현시점보다 가격이 오를 것이란 데 베팅한다. 만약 배추 가격이 현재 포기당 1천원인데 6개월 뒤 5천원이 될 것 같은 직감이 들어 콜옵션을 매수했다고 치자. 이 투자자는 6개월 뒤 다른 사람들은 배추를 한 포기 당 5천원에 살 때 혼자 1천원에 살 수 있는 자격이 생기게 되는 것이다. 그런데 오히려 배추 가격이 500원이 됐다면 계약금을 날린다고 생각하고 콜옵션 권리를 포기하면 된다. 손실은 한정되나 이익은 무한대다.

콜옵션 매도 · 콜옵션 매수의 반대편에 있는 거래자를 말한다. 콜옵션 매도자는 배추 가격이 1천원보다 더 떨어질까봐 걱정돼 미래에도 이 가격에 팔면 충분하다고 생각하는 거래자다. 콜옵션 매도자는 콜옵션 매수자한테 일종의 계약금, 프리미엄을 받고 6개월 뒤 배추를 1천원에 넘기는 계약을 체결한 것이다. 콜옵션 매도자의 바람대로 배추 가격이 1천원보다 떨어지면 좋겠지만 만약 오른다면 오르면 오를수록 발생하는 손실을 무한대로 감당해야 한다. 이익은 한정되나 손실은 무한대다.

풋옵션 매수 · 풋옵션을 미래에 정해진 가격에 팔 수 있는 권리를 말한다. 풋옵션을 매수했다는 것은 그것이 무엇이든 간에 현시점보다 가격이 하락할 것이란 데 베팅한다. 배추 가격이 현재 한 포기당 1천원인데 6개월 뒤 500원으로 떨어질 것 같다고 느낀 배추 농부가 6개월 뒤에도 배추를 1천원에 팔고 싶을 때 풋옵션을 매수하게 된다. 배추 농부의 예상과 달리 배추 가격이 1천원보다 올랐다면 배추 농부는 계약금을 버린다고 생각하고 풋옵션 행사를 포기하면 된다. 이익은 배추 가격이 내리는 대로 커진다. 손실은 한정되나 이익은 무한대다.

풋옵션 매도 •풋옵션 매수의 반대편에 있는 거래자를 말한다. 풋옵션 매도자는 배추 가격이 1천원보다 더 오를 것이라고 생각한다. 그래서 6개월 뒤에도 배추를 포기당 1천원에 구매하길 원한다. 풋옵션 매도자는 풋옵션 매수자에게 일종의 계약금, 프리미엄을 받고 6개월 뒤 배추를 1천원에 구입할 수 있는 계약을 체결한 것이다. 풋옵션 매도자는 배추 가격이 오르면 좋겠지만 1천원보다 하락하면 하락할수록 발생하는 손실을 무한대로 감당해야 한다. 이익은 한정되나 손실은 무한대다.

마녀의 날 •선물 만기일과 옵션 만기일이 겹치는 날이다. 코스피200 선물과 옵션, 미니코스피200 선물과 옵션, 코스닥150 선물, KRX300 선물, 변동성 지수 선물, 섹터지수 선물, 개별주식 선물, 개별주식 옵션 등이 동시에 만기가 도래한다. 주가 지수 옵션, 주식 옵션은 매월 두 번째 목요일에 만기일이 돌아오고, 주가 지수 선물, 주식 선물은 3월, 6월, 9월, 12월 두 번째 목요일 만기가 된다. 그러니 마녀의 날은 3월, 6월, 9월, 12월 두 번째 목요일이 된다.

주식 관련 상품

리츠(Reits) •여러 투자자들로부터 돈을 모아 부동산 또는 부동산 관련 유가 증권에 투자·운영하는 부동산 간접투자 방식의 회사나 투자신탁이다. 소액투자자들도 리츠를 통해 부동산 투자가 가능하다.

ETF(상장지수펀드) •펀드인데 주식시장에 상장돼서 거래되는 펀드를 뜻한다. 보통 코스피200과 같은 주가지수나 특정 업종 지수를 기계적으로 따라간다.

ETN(상장지수증권, 상장지수채권) •상장지수증권, 상장지수채권이라도 한다. 증권사가 투자자에게 만기 때 특정 자산이나 특정 지수의 가격 변동에 따라 투자금을 돌려주겠다고 약속한 상품이다. 상장지수펀드(ETF)처럼 거래소에서 주식처럼 거래가 가능하다. 다만 증권사에 돈을 빌려주고 원금과 이자 등을 특정 자산의 가격변동에 따라 받겠다고 약속한 것과 같기 때문에 특정 자산의 가격이 하락하면 손실이 발생하게 된다. 또한 채무자인 증권사가 파산해도 한 푼도 돌려받지 못한다.

주가연계증권(ELS) •주가연계증권(ELS)은 증권사가 투자자에게 특정 주가지수나 종목의 가격이 일정 수준으로만 하락·상승하지 않으면 사전에 정해진 이자를 주겠다고 약속한 상품이다. ELS는 거래소에서 주식처럼 거래되지 않고 펀드에 가입하듯이 은행, 증권에서 가입·투자할 수 있다. 통상 3년 만기로 6개월마다 특정 주가지수, 종목의 가격을 평가해 사전에 정해진 범위 내에 가격이 있다면 원금과 이자를 조기 상환한다.

기타

통합증거금 제도 •원화 계좌로 해외 주식을 매수할 수 있게 해주는 서비스를 말한다. 해외주식을 사려면 원래는 환전 절차를 별도로 밟아야 하지만 이 서비스를 이용하면 해외주식을 매수할 때 매수한 주식만큼 자동으로 환전이 된다.

환차익/환차손 • 환차익은 외화자산이나 부채를 보유한 상황에서 환율변동에 따라 이익이 발생한 경우를, 환차손은 같은 상황에서 손실이 발생한 경우를 이른 다. 달러가치가 하락할 때 미국주식에 투자하면 주가가 오르더라도 환차손으로 실질적으론 손실을 볼 수 있다.

로빈후드 • 미국의 온라인 주식거래 플랫폼이다. 수수료 무료와 편리한 사용 자 환경을 통해 젊은 투자자들을 끌어모았다. 2020년 코로나19 이후 로빈후드 를 사용한 투자자들이 주식시장에 급격히 유입됐는데, 미국의 개인투자자 자체 를 '로빈후더'라고 부르기도 한다.

■ 독자 여러분의 소중한 원고를 기다립니다 ━━━━━━━━━━━━━━━

메이트북스는 독자 여러분의 소중한 원고를 기다리고 있습니다. 집필을 끝냈거나 집필중인 원고가 있으신 분은 khg0109@hanmail.net으로 원고의 간단한 기획의도와 개요, 연락처 등과 함께 보내주시면 최대한 빨리 검토한 후에 연락드리겠습니다. 머뭇거리지 마시고 언제라도 메이트북스의 문을 두드리시면 반갑게 맞이하겠습니다.

■ 메이트북스 SNS는 보물창고입니다 ━━━━━━━━━━━━━━━━━━

메이트북스 유튜브 bit.ly/2qXrcUb

활발하게 업로드되는 저자의 인터뷰, 책 소개 동영상을 통해 책에서는 접할 수 없었던 입체적인 정보들을 경험하실 수 있습니다.

메이트북스 블로그 blog.naver.com/1n1media

1분 전문가 칼럼, 화제의 책, 화제의 동영상 등 독자 여러분을 위해 다양한 콘텐츠를 매일 올리고 있습니다.

메이트북스 네이버 포스트 post.naver.com/1n1media

도서 내용을 재구성해 만든 블로그형, 카드뉴스형 포스트를 통해 유익하고 통찰력 있는 정보들을 경험하실 수 있습니다.

STEP 1. 네이버 검색창 옆의 카메라 모양 아이콘을 누르세요.   STEP 2. 스마트렌즈를 통해 각 QR코드를 스캔하시면 됩니다.
STEP 3. 팝업창을 누르시면 메이트북스의 SNS가 나옵니다.